GÉNESIS
INTERLINEAL
HEBREO-ESPAÑOL

VOLUMEN IV

VOLUMEN IV

GÉNESIS

INTERLINEAL
HEBREO-ESPAÑOL

GEMATRÍA | RAÍZ | TEXTO MASORÉTICO

PRONUNCIACIÓN | HEBREO CONSONÁNTICO

PROTOHEBREO | TRADUCCIÓN

JONATÁN MIRA

Bereshit Ediciones (España)
bienvenidoalorigen@gmail.com
www.bienvenidoalorigen.com

Génesis. Interlineal Hebreo-Español, Vol. IV
© 2022, Bereshit Ediciones

ÍNDICE

INTRODUCCIÓN

¿QUÉ ES UN INTERLINEAL?

Un interlineal es un recurso excelente para el estudio bíblico, tanto de la Biblia Hebrea como del llamado Nuevo Testamento, que permite comparar el texto en el idioma original con otros campos de interés, generalmente la traducción al español, ya que presenta un idioma debajo del otro, línea por línea en el texto.

Gracias a este sistema de estudio y análisis, muchos teólogos y eruditos bíblicos, así como amantes de la Biblia en general, disponen de una herramienta única que permite acercarse mucho más al sentido original del texto hebreo, sin necesidad de tener conocimiento alguno de las lenguas originales.

El valor de este interlineal reside en los campos que complementan a los idiomáticos. El resultado es una poderosa herramienta de exégesis para todos aquellos que buscan familiarizarse con los idiomas originales de la Biblia y profundizar en el conocimiento del hebreo.

CAMPOS COMPARATIVOS

Este interlineal contiene un total de 7 campos de estudio que garantizan una inmersión completa en el texto bíblico. Además, al final de cada capítulo se incluye un recuento del total de palabras, del total de consonantes y si hay alguna consonante hebrea que no aparezca en todo el capítulo. A continuación se puede ver una muestra y, en las siguientes páginas, se añade una explicación de cada uno de los campos para facilitar el manejo de este interlineal.

1. GEMATRÍA

La gematría es un método de interpretación de nombres, palabras y frases hebreas basado en la asignación de números a cada consonante del alfabeto hebreo. Este método, usado por muchos eruditos judíos, permite establecer relaciones entre palabras con el mismo valor numérico y descubrir nuevos temas y significados dentro del texto bíblico.

Dentro de la gematría hay varios tipos de cifrado. Por ejemplo, *At Bash*, *Mispar Hakadmi*, *Mispar Haperati*, entre otros. Sin embargo, en este interlineal se han incluido los dos más comunes que son el *Mispar Hejrají* (número necesario) y el *Mispar Gadol* (número grande).

El Mispar Hejrají es el cifrado en el cual se computa el valor de cada letra del Alefato sumando. Por ejemplo, la palabra אל *El,* que significa "Poderoso", se deletrea con *Álef* y *Lámed*; el valor de *Álef* es 1 y el de *Lámed* es 30, luego la gematría de אל *El* es 31 (1+30).

Ésta es la secuencia de los números asignados basados en el método de *Mispar Hejrají*:

א	1	י	10	ק	100
ב	2	כ | ך	20	ר	200
ג	3	ל	30	ש	300
ד	4	מ | ם	40	ת	400
ה	5	נ | ן	50		
ו	6	ס	60		
ז	7	ע	70		
ח	8	פ | ף	80		
ט	9	צ | ץ	90		

El *Mispar Gadol* es prácticamente igual que el *Mispar Hejrají*, a excepción de que las cinco consonantes que cambian de forma cuando se colocan al final de una palabra, llamadas *sofit* o finales, reciben sus propios valores que van desde el 500 al 900. Ésta es la secuencia de los números asignados basados en el método de *Mispar Gadol*:

א	1	י	10	ק	100
ב	2	כ	20	ר	200
ג	3	ל	30	ש	300
ד	4	מ	40	ת	400
ה	5	נ	50	ך	500
ו	6	ס	60	ם	600
ז	7	ע	70	ן	700
ח	8	פ	80	ף	800
ט	9	צ	90	ץ	900

2. RAÍZ

En lingüística la raíz es la parte que se mantiene invariable en todas las palabras de una misma familia; y expresa el significado común a toda la familia. En otras palabras, la raíz abarca el contenido semántico básico de la palabra.

Cada palabra hebrea tiene un juego de consonantes, llamadas también "radicales", que forman su raíz (שֹׁרֶשׁ *soresh*). En general, las raíces son trilíteras, es decir, tienen tres consonantes, aunque también existen raíces de dos y cuatro consonantes.

Las palabras hebreas se construyen a partir de una raíz y un patrón que se añade a la raíz. La combinación de esos elementos forma las palabras en hebreo. Por ejemplo, la primera palabra de la Torá es בְּרֵאשִׁית *bereshit* y suele traducirse como "en el principio". La raíz de esta palabra está formada por ר *Resh*, א *Álef*, שׁ *Shin*, tres letras que dan lugar a la palabra רֹאשׁ *rosh*, cabeza. A esta raíz se le agrega la preposición בְּ bet con shvá, "en" o "con", y el sufijo ית "-it".

Sufijo   Raíz   Prefijo

En resumen, la raíz contiene la esencia del significado de las palabras. Por tanto, este campo de estudio, además de ayudar al lector a comprender el origen de cada palabra hebrea, permitirá conocer y relacionar palabras que compartan una misma raíz y agruparlas por familias.

3. TEXTO MASORÉTICO

El texto hebreo que se encuentra en este interlineal es el del manuscrito de Leningrado B19[A] que es el más completo y más antiguo manuscrito de los que se conocen hasta el día de hoy. Es considerado el más genuino representante de la escuela masorética tiberiense de Ben Aser, y se conoce como texto masorético (TM).

El texto masorético es la versión hebraica de la Biblia Hebrea usada oficialmente entre los judíos, y en el cristianismo se utiliza con frecuencia como base para las traducciones del llamado Antiguo Testamento. De ahí que sea un campo de obligada presencia en un interlineal.

4. PRONUNCIACIÓN

Este campo pretende ser una ayuda para la lectura del hebreo, pero hay que tener en cuenta que la pronunciación del hebreo bíblico es distinta a la del hebreo moderno y que existen diferencias fonéticas según distintas tradiciones, por lo que es posible que el lector encuentre variantes entre la transcripción presentada en este interlineal y otras fuentes existentes.

5. HEBREO CONSONÁNTICO

En las etapas anteriores al texto masorético el hebreo carecía de vocales, sencillamente era consonántico. Sin embargo, el texto carente de la puntuación masorética da lugar a otras lecturas a las que fueron fijadas por los masoretas. Por ejemplo, en Génesis 1:1 encontramos el verbo *bará*; si a este verbo le quitamos la vocalización nos quedan tres consonantes que pueden ser puntuadas de otro modo, por ejemplo, *beró*. La diferencia es que según la primera puntuación leeríamos: *Bereshit bará Elohim...*, "En el principio creó Dios..."; mientras que según la segunda acepción debería leerse: *Bereshit beró Elohim...*, "En el principio de crear Dios...".

Así que este campo, libre de la interpretación masorética, sirve para contemplar nuevas lecturas del texto hebreo y aportar otras maneras de entender los relatos.

6. PROTOHEBREO

La lengua hebrea pertenece al grupo de lenguas semíticas y, concretamente, al grupo noroccidental. El hebreo es un desarrollo de la lengua hablada en Canaán antes de la llegada de los israelitas, tal y como se menciona en Isaías 19:18, hablada también por los fenicios, moabitas, amonitas y edomitas.

El gran parentesco existente entre el hebreo y los idiomas de los pueblos vecinos se puede corroborar mediante la Estela de Mesha, una piedra de basalto negro, que muestra una inscripción de Mesha, rey moabita del siglo IX a. C., la cual fue descubierta en 1868. Fue erigida por Mesha, alrededor de 850 a. C., como un registro y recuerdo de sus victorias en su revuelta contra el Reino de Israel, que emprendió tras la muerte de su gobernante, Ahab.

En este campo se ha usado una tipografía que procura reproducir con fidelidad los caracteres de la Estela de Mesha, ya que, sin duda, aporta un indudable valor histórico, y permite cotejar con facilidad otros manuscritos que usen esta fuente o similar.

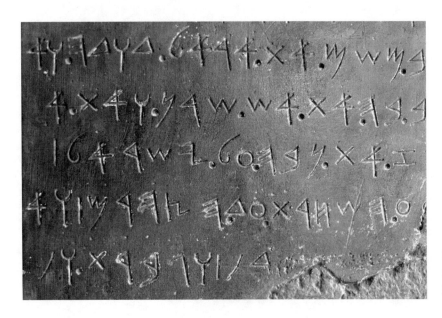

Fragmento de la
Estela de Mesha.
Siglo IX d.C.

7. TRADUCCIÓN

La traducción es la actividad que consiste en comprender el significado de un texto en un idioma, llamado texto origen o «texto de salida», para producir un texto con significado equivalente, en otro idioma, llamado texto traducido o «texto meta».

En el último campo de cada tabla se encuentra la traducción de cada palabra hebrea y, aunque se ha procurado llevar a cabo una equivalencia formal para acercar al lector el texto original, cotejándola con documentos de gran valor lingüístico e histórico como por ejemplo la Biblia de Ferrara, no siempre ha sido posible por las dificultades intrínsecas a la traducción.

Nada puede sustituir al conocimiento de los idiomas bíblicos de primera mano. Por ello, se añaden las siguientes recomendaciones:

· El hebreo se lee de derecha a izquierda. Por tanto los distintos campos están ordenados en la misma dirección.

· El hebreo no diferencia entre mayúsculas y minúsculas. Este es un aspecto que se ha procurado respetar en este interlineal. Por eso, palabras que figuran en mayúscula en las distintas traducciones y versiones bíblicas aquí pueden aparecer en minúscula.

· Las palabras en hebreo no siempre tienen una equivalencia formal con el español. De manera que una palabra que en hebreo es masculina puede ser femenina en español, y viceversa. Lo mismo ocurre en cuanto al número.

· La estructura del verbo hebreo es sustancialmente diferente del español. Luego, la elección de la traducción se debe al criterio del traductor, pero no del autor original.

· Las preposiciones hebreas son muy polivalentes y ello significa que el traductor se encuentra con un amplio abanico de preposiciones españolas para emplear en cada caso, con lo que el criterio del traductor tiene que resolver el dilema.

· La traducción interlineal constituye la forma de traducción más cercana al original, pero no puede sustituir a la lectura directa del texto hebreo. El lector debe procurar no sacar conclusiones precipitadas.

· El texto original hebreo no estaba dividido en capítulos y versículos como están las Biblias actuales. La división en capítulos data del siglo XIII, y los versículos fueron introducidos en el siglo XVI. No obstante, se han mantenido para facilitar la búsqueda de los pasajes.

31:1

138	271	82 | 732	62	216	401	426
לקח	אמר	לבן	בנה	דבר	את	שמע
לָקַ֣ח	לֵאמֹ֔ר	לָבָן֙	בְנֵֽי־	דִּבְרֵ֤י	אֶת־	וַיִּשְׁמַ֗ע
lakaj	*lemor*	*Laván*	*veney*	*divrey*	*et*	*Vayishmá*
לקח	לאמר	לבן	בני	דברי	את	וישמע
𐤋𐤒𐤇	𐤋𐤀𐤌𐤓	𐤋𐤁𐤍	𐤁𐤍𐤉	𐤃𐤁𐤓𐤉	𐤀𐤕	𐤅𐤉𐤔𐤌𐤏
tomó	al-decir	Laván	hijos-de edificador	palabras-de asunto; cosa	..	Y-oyó

99	547	99	501	50	401	182
אב	אשר	אב	אשר	כלל	את	עקב
לְאָבִ֔ינוּ	וּמֵאֲשֶׁ֣ר	לְאָבִ֑ינוּ	אֲשֶׁ֣ר	כָּל־	אֵ֖ת	יַעֲקֹ֔ב
le'avinu	*ume'asher*	*le'avinu*	*asher*	*kol*	*et*	*Ya'akov*
לאבינו	ומאשר	לאבינו	אשר	כל	את	יעקב
𐤋𐤀𐤁𐤉𐤍𐤅	𐤅𐤌𐤀𐤔𐤓	𐤋𐤀𐤁𐤉𐤍𐤅	𐤀𐤔𐤓	𐤊𐤋	𐤀𐤕	𐤉𐤏𐤒𐤁
a-nuestro-padre	y-de-que	a-nuestro-padre	que	todo	..	Ya'akov

31:2

182	217	17	31	50	401	375
עקב	ראה	זה	כבד	כלל	את	עשה
יַעֲקֹ֖ב	וַיַּ֥רְא	הַזֶּֽה׃	הַכָּבֹ֖ד	כָּל־	אֵ֥ת	עָשָׂ֕ה
Ya'akov	*Vayar*	*. hazeh*	*hakabod*	*kol*	*et*	*asah*
יעקב	וירא	הזה	הכבד	כל	את	עשה
𐤉𐤏𐤒𐤁	𐤅𐤉𐤓𐤀	𐤄𐤆𐤄	𐤄𐤊𐤁𐤃	𐤊𐤋	𐤀𐤕	𐤏𐤔𐤄
Ya'akov	Y-vio	. el-éste	el-peso gloria; riqueza	todo	..	hizo

496	116	117	66	82 | 732	140	401
תמל	עם	אין	הן	לבן	פנה	את
כִּתְמ֥וֹל	עִמּ֖וֹ	אֵינֶ֛נּוּ	וְהִנֵּ֥ה	לָבָ֑ן	פְּנֵ֣י	אֶת־
kitmol	*imó*	*eynenu*	*vehineh*	*Laván*	*peney*	*et*
כתמול	עמו	איננו	והנה	לבן	פני	את
𐤊𐤕𐤌𐤅𐤋	𐤏𐤌𐤅	𐤀𐤉𐤍𐤍𐤅	𐤅𐤄𐤍𐤄	𐤋𐤁𐤍	𐤐𐤍𐤉	𐤀𐤕
como-ayer [escritura plena]	con-él	no-era-él	y-¡Mira! he-aquí	Laván	faces-de presencia; superficie	..

31:3

31	308	182	31	26	257	676 | 1236
אל	שוב	עקב	אל	היה	אמר	שלש
אֶל־	שׁ֛וּב	יַעֲקֹ֔ב	אֶֽל־	יְהֹוָה֙	וַיֹּ֤אמֶר	שִׁלְשֽׁוֹם׃
el	*shuv*	*Ya'akov*	*el*	*YHVH*	*Vayómer*	*. shilshom*
אל	שוב	יעקב	אל	יהוה	ויאמר	שלשום
𐤀𐤋	𐤔𐤅𐤁	𐤉𐤏𐤒𐤁	𐤀𐤋	𐤉𐤄𐤅𐤄	𐤅𐤉𐤀𐤌𐤓	𐤔𐤋𐤔𐤅𐤌
a hacia	vuelve	Ya'akov	a hacia	YHVH	Y-dijo	. anteayer [escritura plena]

31:4

182	354	130 | 610	27	536 | 1016	439 | 919	291 | 1101
עקב	שלח	עם	היה	ילד	אב	ארץ
יַעֲקֹ֗ב	וַיִּשְׁלַ֣ח	עִמָּֽךְ׃	וְאֶֽהְיֶ֖ה	וּלְמוֹלַדְתֶּ֑ךָ	אֲבוֹתֶ֛יךָ	אֶ֧רֶץ
Ya'akov	*Vayishlaj*	*. imaj*	*ve'ehyeh*	*ulemoladteja*	*avoteyja*	*érets*
יעקב	וישלח	עמך	ואהיה	ולמולדתך	אבותיך	ארץ
𐤉𐤏𐤒𐤁	𐤅𐤉𐤔𐤋𐤇	𐤏𐤌𐤊	𐤅𐤀𐤄𐤉𐤄	𐤅𐤋𐤌𐤅𐤋𐤃𐤕𐤊	𐤀𐤁𐤅𐤕𐤉𐤊	𐤀𐤓𐤑
Ya'akov	Y-envió	. contigo	y-estaré	y-a-tu-parentela linaje; nacimiento	tus-padres	tierra-de [la seca]

31:5

257	147	31	314	72	268	317
אמר	צאן	אל	שדה	לאה	רחל	קרא
וַיֹּ֥אמֶר	צֹאנֽוֹ׃	אֶל־	הַשָּׂדֶ֖ה	וּלְלֵאָ֑ה	לְרָחֵ֣ל	וַיִּקְרָ֣א
Vayómer	*. tsonó*	*el*	*hasadeh*	*uleLe'ah*	*leRajel*	*vayikrá*
ויאמר	צאנו	אל	השדה	וללאה	לרחל	ויקרא
𐤅𐤉𐤀𐤌𐤓	𐤑𐤀𐤍𐤅	𐤀𐤋	𐤄𐤔𐤃𐤄	𐤅𐤋𐤋𐤀𐤄	𐤋𐤓𐤇𐤋	𐤅𐤉𐤒𐤓𐤀
Y-dijo	. su-rebaño [ganado menor]	a hacia	el-campo	y-a-Le'ah	a-Rajel	y-llamó

30	83 | 733	140	401	81	206	85 | 735
כי	אב	פנה	את	אנך	ראה	·
כִּֽי־	אֲבִיכֶ֔ן	פְּנֵ֣י	אֶת־	אָנֹכִי֙	רֹאֶ֤ה	לָהֶ֗ן
ki	*avijén*	*peney*	*et*	*anojí*	*ro'eh*	*lahén*
כי	אביכן	פני	את	אנכי	ראה	להן
𐤊𐤉	𐤀𐤁𐤉𐤊𐤍	𐤐𐤍𐤉	𐤀𐤕	𐤀𐤍𐤊𐤉	𐤓𐤀𐤄	𐤋𐤄𐤍
que porque	vuestro-padre	faces-de presencia; superficie	..	yo	estoy-viendo	a-ellas

20	13	52	670 | 1230	490	41	117
היה	אב	אלהה	שלש	תמל	אלה	אין
הָיָ֥ה	אָבִ֔י	וֵֽאלֹהֵ֣י	שִׁלְשֹׁ֑ם	כִּתְמֹ֣ל	אֵלַ֖י	אֵינֶ֥נּוּ
hayah	*aví*	*velohey*	*shilshom*	*kitmol*	*elay*	*eynenu*
היה	אבי	ואלהי	שלשם	כתמל	אלי	איננו
𐤄𐤉𐤄	𐤀𐤁𐤉	𐤅𐤀𐤋𐤄𐤉	𐤔𐤋𐤔𐤌	𐤊𐤕𐤌𐤋	𐤀𐤋𐤉	𐤀𐤉𐤍𐤍𐤅
ha-estado	mi-padre	y-Dios-de y-dioses-de [plural]	anteayer [escritura defectiva]	como-ayer [escritura defectiva]	a-mí	no-es-él

31:6

486	38	52	30	534 | 1184	462	124
עבד	כוח	כלל	כי	ידע	·	עמד
עָבַ֖דְתִּי	כֹּחִ֔י	בְּכָל־	כִּ֚י	יְדַעְתֶּ֑ן	וְאַתֵּ֖נָה	עִמָּדִֽי׃
avadti	*kojí*	*bejol*	*ki*	*yedatén*	*Ve'aténah*	*. imadí*
עבדתי	כחי	בכל	כי	ידעתן	ואתנה	עמדי
𐤏𐤁𐤃𐤕𐤉	𐤊𐤇𐤉	𐤁𐤊𐤋	𐤊𐤉	𐤉𐤃𐤏𐤕𐤍	𐤅𐤀𐤕𐤍𐤄	𐤏𐤌𐤃𐤉
serví	mi-fuerza capacidad; vigor	con-toda	que porque	conocéis	Y-vosotras	. conmigo a-mi-lado

31:7

<table>
<tr><td>401</td><td>129 | 849</td><td>12</td><td>435</td><td>89 | 739</td><td>83 | 733</td><td>401</td></tr>
<tr><td>את</td><td>חלף</td><td>·</td><td>התל</td><td>אב</td><td>אב</td><td>את</td></tr>
<tr><td>אֶת־</td><td>וְהֶחֱלִף</td><td>בִּי</td><td>הֵתֶל</td><td>וַאֲבִיכֶן֙</td><td>אֲבִיכֶן׃</td><td>אֶת־</td></tr>
<tr><td>et</td><td>vehejelif</td><td>bi</td><td>hétel</td><td>Va'avijén</td><td>. avijén</td><td>et</td></tr>
<tr><td>את</td><td>והחלף</td><td>בי</td><td>התל</td><td>ואביכן</td><td>אביכן</td><td>את</td></tr>
<tr><td>𐤀𐤕</td><td>𐤅𐤄𐤇𐤋𐤐</td><td>𐤁𐤉</td><td>𐤄𐤕𐤋</td><td>𐤅𐤀𐤁𐤉𐤊𐤍</td><td>𐤀𐤁𐤉𐤊𐤍</td><td>𐤀𐤕</td></tr>
<tr><td>..</td><td>y-cambió</td><td>de-mí</td><td>se-burló
engañar</td><td>Y-vuestro-padre</td><td>. vuestro-padre</td><td>..</td></tr>
</table>

<table>
<tr><td>305</td><td>86 | 646</td><td>506</td><td>37</td><td>140 | 700</td><td>970</td><td>970</td></tr>
<tr><td>רעע</td><td>אלהה</td><td>נתן</td><td>לא</td><td>מנה</td><td>עשר</td><td>שכר</td></tr>
<tr><td>לְהָרַע</td><td>אֱלֹהִים</td><td>נְתָנוֹ</td><td>וְלֹא־</td><td>מֹנִים</td><td>עֲשֶׂרֶת</td><td>מַשְׂכֻּרְתִּי</td></tr>
<tr><td>lehará</td><td>Elohim</td><td>netanó</td><td>veló</td><td>monim</td><td>aséret</td><td>maskurtí</td></tr>
<tr><td>להרע</td><td>אלהים</td><td>נתנו</td><td>ולא</td><td>מנים</td><td>עשרת</td><td>משכרתי</td></tr>
<tr><td>𐤋𐤄𐤓𐤏</td><td>𐤀𐤋𐤄𐤉𐤌</td><td>𐤍𐤕𐤍𐤅</td><td>𐤅𐤋𐤀</td><td>𐤌𐤍𐤉𐤌</td><td>𐤏𐤔𐤓𐤕</td><td>𐤌𐤔𐤊𐤓𐤕𐤉</td></tr>
<tr><td>para-arruinar</td><td>elohim
Dios; dioses; magistrados</td><td>le-dio</td><td>y-no</td><td>veces</td><td>diez</td><td>mi-salario
galardón; recompensa</td></tr>
</table>

31:8

<table>
<tr><td>540 | 1020</td><td>32</td><td>204 | 764</td><td>251</td><td>25</td><td>41 | 601</td><td>124</td></tr>
<tr><td>שכר</td><td>היה</td><td>נקד</td><td>אמר</td><td>כה</td><td>אם</td><td>עמד</td></tr>
<tr><td>שְׂכָרֶךָ</td><td>יִהְיֶה</td><td>נְקֻדִּים֙</td><td>יֹאמַר</td><td>כֹּה</td><td>אִם־</td><td>עִמָּדִי׃</td></tr>
<tr><td>sjareja</td><td>yihyeh</td><td>nekudim</td><td>yomar</td><td>koh</td><td>Im</td><td>. imadí</td></tr>
<tr><td>שכרך</td><td>יהיה</td><td>נקדים</td><td>יאמר</td><td>כה</td><td>אם</td><td>עמדי</td></tr>
<tr><td>𐤔𐤊𐤓𐤊</td><td>𐤉𐤄𐤉𐤄</td><td>𐤍𐤒𐤃𐤉𐤌</td><td>𐤉𐤀𐤌𐤓</td><td>𐤊𐤄</td><td>𐤀𐤌</td><td>𐤏𐤌𐤃𐤉</td></tr>
<tr><td>tú-salario
galardón; recompensa</td><td>será</td><td>punteados</td><td>decía</td><td>así</td><td>Si</td><td>. conmigo
a-mi-lado</td></tr>
</table>

<table>
<tr><td>251</td><td>25</td><td>47 | 607</td><td>204 | 764</td><td>146 | 796</td><td>50</td><td>56</td></tr>
<tr><td>אמר</td><td>כה</td><td>אם</td><td>נקד</td><td>צאן</td><td>כלל</td><td>ילד</td></tr>
<tr><td>יֹאמַר</td><td>כֹּה</td><td>וְאִם־</td><td>נְקֻדִּים</td><td>הַצֹּאן</td><td>כָל־</td><td>וְיָלְדוּ</td></tr>
<tr><td>yomar</td><td>koh</td><td>ve'im</td><td>nekudim</td><td>hatsón</td><td>jol</td><td>veyaldú</td></tr>
<tr><td>יאמר</td><td>כה</td><td>ואם</td><td>נקדים</td><td>הצאן</td><td>כל</td><td>וילדו</td></tr>
<tr><td>𐤉𐤀𐤌𐤓</td><td>𐤊𐤄</td><td>𐤅𐤀𐤌</td><td>𐤍𐤒𐤃𐤉𐤌</td><td>𐤄𐤑𐤀𐤍</td><td>𐤊𐤋</td><td>𐤅𐤉𐤋𐤃𐤅</td></tr>
<tr><td>decía</td><td>así</td><td>y-si</td><td>punteados</td><td>el-rebaño
[ganado menor]</td><td>todo</td><td>y-engendraban</td></tr>
</table>

<table>
<tr><td>224 | 784</td><td>146 | 796</td><td>50</td><td>56</td><td>540 | 1020</td><td>32</td><td>224 | 784</td></tr>
<tr><td>עקד</td><td>צאן</td><td>כלל</td><td>ילד</td><td>שכר</td><td>היה</td><td>עקד</td></tr>
<tr><td>עֲקֻדִּים׃</td><td>הַצֹּאן</td><td>כָל־</td><td>וְיָלְדוּ</td><td>שְׂכָרֶךָ</td><td>יִהְיֶה</td><td>עֲקֻדִּים֙</td></tr>
<tr><td>. akudim</td><td>hatsón</td><td>jol</td><td>veyaldú</td><td>sjareja</td><td>yihyeh</td><td>akudim</td></tr>
<tr><td>עקדים</td><td>הצאן</td><td>כל</td><td>וילדו</td><td>שכרך</td><td>יהיה</td><td>עקדים</td></tr>
<tr><td>𐤏𐤒𐤃𐤉𐤌</td><td>𐤄𐤑𐤀𐤍</td><td>𐤊𐤋</td><td>𐤅𐤉𐤋𐤃𐤅</td><td>𐤔𐤊𐤓𐤊</td><td>𐤉𐤄𐤉𐤄</td><td>𐤏𐤒𐤃𐤉𐤌</td></tr>
<tr><td>. listados</td><td>el-rebaño
[ganado menor]</td><td>todo</td><td>y-engendraban</td><td>tú-salario
galardón; recompensa</td><td>será</td><td>listados</td></tr>
</table>

31:9

40	466 | 1116	73 | 633	195	401	86 | 646	136
·	נתן	אב	קנה	את	אלהה	נצל
לִֽי׃	וַיִּתֶּן־	אֲבִיכֶם	מִקְנֵה	אֶת־	אֱלֹהִים	וַיַּצֵּל
. li	*vayitén*	*avijem*	*mikneh*	*et*	*Elohim*	*Vayatsel*
לי	ויתן	אביכם	מקנה	את	אלהים	ויצל
𐤋𐤉	𐤅𐤉𐤕𐤍	𐤀𐤁𐤉𐤊𐤌	𐤌𐤒𐤍𐤄	𐤀𐤕	𐤀𐤋𐤄𐤉𐤌	𐤅𐤉𐤑𐤋
. a-mí	y-dio	vuestro-padre	propiedad-de adquisición [ganado]	..	*elohim* Dios; dioses; magistrados	Y-quitó despojar; recuperar

31:10

208	140	308	146 | 796	58 | 618	472	31
ראה	עין	נשא	צאן	יחם	עת	היה
וָאֵרֶא	עֵינַי	וָאֶשָּׂא	הַצֹּאן	יַחֵם	בְּעֵת	וַיְהִי
va'ere	*eynay*	*va'esá*	*hatsón*	*yajem*	*be'et*	*Vayehí*
וארא	עיני	ואשא	הצאן	יחם	בעת	ויהי
𐤅𐤀𐤓𐤀	𐤏𐤉𐤍𐤉	𐤅𐤀𐤔𐤀	𐤄𐤑𐤀𐤍	𐤉𐤇𐤌	𐤁𐤏𐤕	𐤅𐤉𐤄𐤉
y-vi	mis-ojos	y-alcé	el-rebaño [ganado menor]	calentar	en-tiempo-de	Y-fue

224 | 784	146 | 796	100	155 | 715	529 | 1089	66	86 | 646
עקד	צאן	עלה	עלה	עתד	הן	חלם
עֲקֻדִּים	הַצֹּאן	עַל־	הָעֹלִים	הָעַתֻּדִים	וְהִנֵּה	בַּחֲלוֹם
akudim	*hatsón*	*al*	*ha'olim*	*ha'atudim*	*vehineh*	*bajalom*
עקדים	הצאן	על	העלים	העתדים	והנה	בחלום
𐤏𐤒𐤃𐤉𐤌	𐤄𐤑𐤀𐤍	𐤏𐤋	𐤄𐤏𐤋𐤉𐤌	𐤄𐤏𐤕𐤃𐤉𐤌	𐤅𐤄𐤍𐤄	𐤁𐤇𐤋𐤅𐤌
listados	el-rebaño [ganado menor]	sobre	los-que-ascendían	los-machos-cabríos magnates; potentados	y-¡Mira! he-aquí	en-el-sueño

31:11

86 | 646	91 | 651	91 | 571	41	257	262 | 822	204 | 764
חלם	אלהה	לאך	אלה	אמר	ברד	נקד
בַּחֲלוֹם	הָאֱלֹהִים	מַלְאַךְ	אֵלַי	וַיֹּאמֶר	וּבְרֻדִּים׃	נְקֻדִּים
bajalom	*ha'elohim*	*malaj*	*elay*	*Vayómer*	*. uverudim*	*nekudim*
בחלום	האלהים	מלאך	אלי	ויאמר	וברדים	נקדים
𐤁𐤇𐤋𐤅𐤌	𐤄𐤀𐤋𐤄𐤉𐤌	𐤌𐤋𐤀𐤊	𐤀𐤋𐤉	𐤅𐤉𐤀𐤌𐤓	𐤅𐤁𐤓𐤃𐤉𐤌	𐤍𐤒𐤃𐤉𐤌
en-el-sueño	*ha'elohim* Dios; dioses; magistrados	mensajero-de	a-mí	Y-dijo	. y-jaspeados [como granizo]	punteados

31:12

160 | 640	51	301	257	115	247	182
עין	נא	נשא	אמר	הן	אמר	עקב
עֵינֶיךָ	נָא	שָׂא־	וַיֹּאמֶר	הִנֵּנִי׃	וָאֹמַר	יַעֲקֹב
eyneyja	*na*	*sa*	*Vayómer*	*. hineni*	*va'omar*	*Ya'akov*
עיניך	נא	שא	ויאמר	הנני	ואמר	יעקב
𐤏𐤉𐤍𐤉𐤊	𐤍𐤀	𐤔𐤀	𐤅𐤉𐤀𐤌𐤓	𐤄𐤍𐤍𐤉	𐤅𐤀𐤌𐤓	𐤉𐤏𐤒𐤁
tus-ojos	por-favor ahora	alza	Y-dijo	¡Mírame! heme-aquí	y-dije	Ya'akov

224 | 784	146 | 796	100	155 | 715	529 | 1089	50	212
עקד	צאן	עלה	עלה	עתד	כלל	ראה
עֲקֻדִּים	הַצֹּאן	עַל־	הָעֹלִים	הָעַתֻּדִים֙	כָּל־	וּרְאֵה֙
akudim	*hatsón*	*al*	*ha'olim*	*ha'atudim*	*kol*	*ure'eh*
עקדים	הצאן	על	העלים	העתדים	כל	וראה
𐤏𐤒𐤃𐤉𐤌	𐤄𐤑𐤀𐤍	𐤏𐤋	𐤄𐤏𐤋𐤉𐤌	𐤄𐤏𐤕𐤃𐤉𐤌	𐤊𐤋	𐤅𐤓𐤀𐤄
listados	el-rebaño [ganado menor]	sobre	los-que-ascendían	los-machos-cabríos magnates; potentados	todos	y-mira

501	50	401	621	30	262 | 822	204 | 764
אשר	כלל	את	ראה	כי	ברד	נקד
אֲשֶׁר	כָּל־	אֶת	רָאִיתִי	כִּי	וּבְרֻדִּים	נְקֻדִּים
asher	*kol*	*et*	*ra'iti*	*ki*	*uverudim*	*nekudim*
אשר	כל	את	ראיתי	כי	וברדים	נקדים
𐤀𐤔𐤓	𐤊𐤋	𐤀𐤕	𐤓𐤀𐤉𐤕𐤉	𐤊𐤉	𐤅𐤁𐤓𐤃𐤉𐤌	𐤍𐤒𐤃𐤉𐤌
que	todo	··	he-visto	que porque	y-jaspeados [como granizo]	punteados

31:13

31	412	36	81	50 | 530	375	82 | 732
·	בנה	·	אנך	·	עשה	לבן
אֵל	בֵּית־	הָאֵל֙	אָנֹכִי	לָךְ׃	עֹשֶׂה	לָבָן
El	*Beyt*	*ha'El*	*Anojí*	*. laj*	*óseh*	*Laván*
אל	בית	האל	אנכי	לך	עשה	לבן
𐤀𐤋	𐤁𐤉𐤕	𐤄𐤀𐤋	𐤀𐤍𐤊𐤉	𐤋𐤊	𐤏𐤔𐤄	𐤋𐤁𐤍
El	Beyt [casa-de]	el-El-de	Yo	. a-ti	está-haciendo	Laván

40	654	501	137	340 | 900	748	501
·	נדר	אשר	נצב	שם	משח	אשר
לִּי	נָדַרְתָּ	אֲשֶׁר	מַצֵּבָה	שָּׁם֙	מָשַׁחְתָּ	אֲשֶׁר
li	*nadarta*	*asher*	*matsevah*	*sham*	*mashajta*	*asher*
לי	נדרת	אשר	מצבה	שם	משחת	אשר
𐤋𐤉	𐤍𐤃𐤓𐤕	𐤀𐤔𐤓	𐤌𐤑𐤁𐤄	𐤔𐤌	𐤌𐤔𐤇𐤕	𐤀𐤔𐤓
a-mí	prometiste hacer-voto	que	estela monumento; pilar	allí [ubicación]	ungiste	que

296 | 1106	90 | 740	91	146 | 706	475	254	340 | 900
ארץ	מן	יצא	קום	עת	נדר	שם
הָאָרֶץ	מִן־	צֵא	קוּם	עַתָּה	נֶדֶר	שָׁם
ha'árets	*min*	*tse*	*kum*	*atah*	*néder*	*sham*
הארץ	מן	צא	קום	עתה	נדר	שם
𐤄𐤀𐤓𐤑	𐤌𐤍	𐤑𐤀	𐤒𐤅𐤌	𐤏𐤕𐤄	𐤍𐤃𐤓	𐤔𐤌
la-tierra [la seca]	de desde	sal	levántate	ahora en-este-tiempo	promesa voto	allí [ubicación]

31:14

238	526 | 1176	500 | 980	291 | 1101	31	314	413
רחל	ענה	ילד	ארץ	אל	שוב	זה
רָחֵל֙	וַתַּ֤עַן	מוֹלַדְתֶּֽךָ׃	אֶ֥רֶץ	אֶל־	וְשׁ֛וּב	הַזֹּ֔את
Rajel	*Vata'an*	*. moladteja*	*érets*	*el*	*veshuv*	*hazot*
רחל	ותען	מולדתך	ארץ	אל	ושוב	הזאת
𐤓𐤇𐤋	𐤅𐤕𐤏𐤍	𐤌𐤅𐤋𐤃𐤕𐤊	𐤀𐤓𐤑	𐤀𐤋	𐤅𐤔𐤅𐤁	𐤄𐤆𐤀𐤕
Rajel	Y-respondió	. tu-parentela linaje; nacimiento	tierra-de [la seca]	a hacia	y-vuelve	la-ésta

99	138	86	85	36	702	42
נחל	חלק	·	עד	הוא	אמר	לאה
וְנַחֲלָ֖ה	חֵ֥לֶק	לָ֛נוּ	הַע֥וֹד	ל֔וֹ	וַתֹּאמַ֣רְנָה	וְלֵאָ֔ה
venajalah	*jélek*	*lanu*	*ha'od*	*lo*	*vatomárnah*	*veLe'ah*
ונחלה	חלק	לנו	העוד	לו	ותאמרנה	ולאה
𐤅𐤍𐤇𐤋𐤄	𐤇𐤋𐤒	𐤋𐤍𐤅	𐤄𐤏𐤅𐤃	𐤋𐤅	𐤅𐤕𐤀𐤌𐤓𐤍𐤄	𐤅𐤋𐤀𐤄
y-heredad	porción parte	para-nosotras	¿Aún otra-vez	a-él	y-dijeron	y-Le'ah

31:15

30	36	416	686	36	69	414
כי	הוא	חשב	נכר	לא	אב	בנה
כִּ֥י	ל֑וֹ	נֶחְשַׁ֥בְנוּ	נָכְרִיּ֛וֹת	הֲל֧וֹא	אָבִֽינוּ׃	בְּבֵ֥ית
ki	*lo*	*nejshavnu*	*nojri'ot*	*Haló*	*. avinu*	*beveyt*
כי	לו	נחשבנו	נכריות	הלוא	אבינו	בבית
𐤊𐤉	𐤋𐤅	𐤍𐤇𐤔𐤁𐤍𐤅	𐤍𐤊𐤓𐤉𐤅𐤕	𐤄𐤋𐤅𐤀	𐤀𐤁𐤉𐤍𐤅	𐤁𐤁𐤉𐤕
que porque	para-él	somos-consideradas	extrañas	¿Acaso-no	. nuestro-padre	en-casa-de

31:16

30	216	401	57	43 | 603	67	316
כי	כסף	את	אכל	גם	אכל	מכר
כִּ֣י	כַּסְפֵּֽנוּ׃	אֶת־	אָכ֖וֹל	גַּם־	וַיֹּ֥אכַל	מְכָרָ֑נוּ
Ki	*. kaspenu*	*et*	*ajol*	*gam*	*vayojal*	*mejaranu*
כי	כספנו	את	אכול	גם	ויאכל	מכרנו
𐤊𐤉	𐤊𐤎𐤐𐤍𐤅	𐤀𐤕	𐤀𐤊𐤅𐤋	𐤂𐤌	𐤅𐤉𐤀𐤊𐤋	𐤌𐤊𐤓𐤍𐤅
Que porque	. nuestra-plata	..	comer	también	y-comió	nos-vendió

86	109	86 | 646	135	501	575	50
·	אב	אלהה	נצל	אשר	עשר	כלל
לָ֥נוּ	מֵֽאָבִ֔ינוּ	אֱלֹהִים֙	הִצִּ֤יל	אֲשֶׁ֨ר	הָעֹ֜שֶׁר	כָל־
lanu	*me'avinu*	*Elohim*	*hitsil*	*asher*	*ha'ósher*	*jol*
לנו	מאבינו	אלהים	הציל	אשר	העשר	כל
𐤋𐤍𐤅	𐤌𐤀𐤁𐤉𐤍𐤅	𐤀𐤋𐤄𐤉𐤌	𐤄𐤑𐤉𐤋	𐤀𐤔𐤓	𐤄𐤏𐤔𐤓	𐤊𐤋
para-nosotras	de-nuestro-padre	elohim Dios; dioses; magistrados	quitó despojar; recuperar	que	la-riqueza fortuna	toda

86 | 646	241	501	50	481	154	12
אלהה	אמר	אשר	כלל	עת	בנה	הוא
אֱלֹהִים	אָמַר	אֲשֶׁר	כֹּל	וְעַתָּה	וּלְבָנֵינוּ	הִוא
Elohim	*amar*	*asher*	*kol*	*ve'atah*	*ulevaneynu*	*hu*
אלהים	אמר	אשר	כל	ועתה	ולבנינו	הוא
𐤀𐤋𐤄𐤉𐤌	𐤀𐤌𐤓	𐤀𐤔𐤓	𐤊𐤋	𐤅𐤏𐤕𐤄	𐤅𐤋𐤁𐤍𐤉𐤍𐤅	𐤄𐤅𐤀
elohim Dios; dioses; magistrados	dijo	que	todo	y-ahora en-este-tiempo	y-para-nuestros-hijos edificador	él

31:17

68	401	317	182	156 | 716	375	61 | 541
בנה	את	נשא	עקב	קום	עשה	אלה
בָּנָיו	אֶת־	וַיִּשָּׂא	יַעֲקֹב	וַיָּקָם	עֲשֵׂה׃	אֵלֶיךָ
banav	*et*	*vayisá*	*Ya'akov*	*Vayákom*	*. aseh*	*eleyja*
בניו	את	וישא	יעקב	ויקם	עשה	אליך
𐤁𐤍𐤉𐤅	𐤀𐤕	𐤅𐤉𐤔𐤀	𐤉𐤏𐤒𐤁	𐤅𐤉𐤒𐤌	𐤏𐤔𐤄	𐤀𐤋𐤉𐤊
sus-hijos edificador	··	y-alzó	Ya'akov	Y-se-levantó	. haz	a-ti

31:18

50	401	74	128 | 688	100	366	407
כלל	את	נהג	גמל	עלה	אנש	את
כָּל־	אֶת־	וַיִּנְהַג	הַגְּמַלִּים׃	עַל־	נָשָׁיו	וְאֶת־
kol	*et*	*Vayinhag*	*. hagemalim*	*al*	*nashav*	*ve'et*
כל	את	וינהג	הגמלים	על	נשיו	ואת
𐤊𐤋	𐤀𐤕	𐤅𐤉𐤍𐤄𐤂	𐤄𐤂𐤌𐤋𐤉𐤌	𐤏𐤋	𐤍𐤔𐤉𐤅	𐤅𐤀𐤕
toda	··	Y-condujo arrear; guiar	. los-camellos	sobre	sus-mujeres	y-···

195	520	501	526	50	407	201
קנה	רכש	אשר	רכש	כלל	את	קנה
מִקְנֵה	רָכָשׁ	אֲשֶׁר	רְכֻשׁוֹ	כָּל־	וְאֶת־	מִקְנֵהוּ
mikneh	*rajash*	*asher*	*rejushó*	*kol*	*ve'et*	*miknehu*
מקנה	רכש	אשר	רכשו	כל	ואת	מקנהו
𐤌𐤒𐤍𐤄	𐤓𐤊𐤔	𐤀𐤔𐤓	𐤓𐤊𐤔𐤅	𐤊𐤋	𐤅𐤀𐤕	𐤌𐤒𐤍𐤄𐤅
propiedad-de adquisición [ganado]	ganó adquirir; posesión	que	su-ganancia adquirir; posesión	toda	y-···	su-propiedad adquisición [ganado]

31	39	241 | 801	136 | 786	520	501	216
אל	בוא	ארם	פדן	רכש	אשר	קנה
אֶל־	לָבוֹא	אֲרָם	בְּפַדַּן	רָכַשׁ	אֲשֶׁר	קִנְיָנוֹ
el	*lavó*	*Aram*	*beFadán*	*rajash*	*asher*	*kinyanó*
אל	לבוא	ארם	בפדן	רכש	אשר	קנינו
𐤀𐤋	𐤋𐤁𐤅𐤀	𐤀𐤓𐤌	𐤁𐤐𐤃𐤍	𐤓𐤊𐤔	𐤀𐤔𐤓	𐤒𐤍𐤉𐤍𐤅
a hacia	para-venir	Aram	en-Padán	ganó adquirir; posesión	que	su-adquisición comprar

31:19

47	55 | 535	88 | 738	190 | 840	296	19	208
גזז	הלך	לבן	כנע	ארץ	אב	צחק
לִגְזֹז	הָלַךְ	וְלָבָן	כְּנָעַן׃	אַרְצָה	אָבִיו	יִצְחָק
ligzoz	*halaj*	*VeLaván*	*. Kena'an*	*artsah*	*aviv*	*Yitsjak*
לגזז	הלך	ולבן	כנען	ארצה	אביו	יצחק
𐤋𐤂𐤆𐤆	𐤄𐤋𐤊	𐤅𐤋𐤁𐤍	𐤊𐤍𐤏𐤍	𐤀𐤓𐤑𐤄	𐤀𐤁𐤉𐤅	𐤉𐤑𐤇𐤒
a-esquilar	anduvo	Y-Laván	. Kena'an	a-tierra-de [la seca]	su-padre	Yitsjak

501	735 | 1295	401	238	461	147	401
אשר	תרף	את	רחל	גנב	צאן	את
אֲשֶׁר	הַתְּרָפִים	אֶת־	רָחֵל	וַתִּגְנֹב	צֹאנוֹ	אֶת־
asher	*haterafim*	*et*	*Rajel*	*vatignov*	*tsonó*	*et*
אשר	התרפים	את	רחל	ותגנב	צאנו	את
𐤀𐤔𐤓	𐤄𐤕𐤓𐤐𐤉𐤌	𐤀𐤕	𐤓𐤇𐤋	𐤅𐤕𐤂𐤍𐤁	𐤑𐤀𐤍𐤅	𐤀𐤕
que	los-*terafim* [ídolo; talismán]	..	Rajel	y-hurtó	su-rebaño [ganado menor]	..

31:20

256	82 | 732	32	401	182	71	48
ארם	לבן	לבב	את	עקב	גנב	אב
הָאֲרַמִּי	לָבָן	לֵב	אֶת־	יַעֲקֹב	וַיִּגְנֹב	לְאָבִיהָ׃
ha'aramí	*Laván*	*lev*	*et*	*Ya'akov*	*Vayignov*	*. le'aviha*
הארמי	לבן	לב	את	יעקב	ויגנב	לאביה
𐤄𐤀𐤓𐤌𐤉	𐤋𐤁𐤍	𐤋𐤁	𐤀𐤕	𐤉𐤏𐤒𐤁	𐤅𐤉𐤂𐤍𐤁	𐤋𐤀𐤁𐤉𐤄
el-aramí	Laván	corazón-de	..	Ya'akov	Y-hurtó	. para-su-padre

12	210	30	36	22	42	100
הוא	ברח	כי	הוא	נגד	בלה	עלה
הוּא׃	בֹרֵחַ	כִּי	לוֹ	הִגִּיד	בְּלִי	עַל־
. hu	*voré'aj*	*ki*	*lo*	*higid*	*belí*	*al*
הוא	ברח	כי	לו	הגיד	בלי	על
𐤄𐤅𐤀	𐤁𐤓𐤇	𐤊𐤉	𐤋𐤅	𐤄𐤂𐤉𐤃	𐤁𐤋𐤉	𐤏𐤋
. él	estaba-huyendo	que porque	a-él	manifestó contar; declarar	no	por

31:21

288	156 | 716	36	501	56	12	226
עבר	קום	הוא	אשר	כלל	הוא	ברח
וַיַּעֲבֹר	וַיָּקָם	לוֹ	אֲשֶׁר־	וְכָל־	הוּא	וַיִּבְרַח
vaya'avor	*vayákom*	*lo*	*asher*	*vejol*	*hu*	*Vayivraj*
ויעבר	ויקם	לו	אשר	וכל	הוא	ויברח
𐤅𐤉𐤏𐤁𐤓	𐤅𐤉𐤒𐤌	𐤋𐤅	𐤀𐤔𐤓	𐤅𐤊𐤋	𐤄𐤅𐤀	𐤅𐤉𐤁𐤓𐤇
y-cruzó	y-se-levantó	para-él	que	y-todo	él	Y-huyó

<table>
<tr><td>112</td><td>205</td><td>146</td><td>401</td><td>356 | 916</td><td>260</td><td>401</td></tr>
<tr><td>גלל + עוד</td><td>הרר</td><td>פנה</td><td>את</td><td>שים</td><td>נהר</td><td>את</td></tr>
<tr><td>הַגִּלְעָד׃</td><td>הַר</td><td>פָּנָיו</td><td>אֶת־</td><td>וַיָּשֶׂם</td><td>הַנָּהָר</td><td>אֶת־</td></tr>
<tr><td>. haGilad</td><td>har</td><td>panav</td><td>et</td><td>vayásem</td><td>hanahar</td><td>et</td></tr>
<tr><td>הגלעד</td><td>הר</td><td>פניו</td><td>את</td><td>וישם</td><td>הנהר</td><td>את</td></tr>
<tr><td>𐤄𐤂𐤋𐤏𐤃</td><td>𐤄𐤓</td><td>𐤐𐤍𐤉𐤅</td><td>𐤀𐤕</td><td>𐤅𐤉𐤔𐤌</td><td>𐤄𐤍𐤄𐤓</td><td>𐤀𐤕</td></tr>
<tr><td>. el-Gilad</td><td>monte-de</td><td>sus-faces
presencia; superficie</td><td>..</td><td>y-puso
[ubicación]</td><td>el-río
brillar; fluir</td><td>..</td></tr>
</table>

31:22

<table>
<tr><td>182</td><td>210</td><td>30</td><td>655</td><td>58 | 618</td><td>112 | 762</td><td>23</td></tr>
<tr><td>עקב</td><td>ברח</td><td>כי</td><td>שלש</td><td>יום</td><td>לבן</td><td>נגד</td></tr>
<tr><td>יַעֲקֹב׃</td><td>בָרַח</td><td>כִּי</td><td>הַשְּׁלִישִׁי</td><td>בַּיּוֹם</td><td>לְלָבָן</td><td>וַיֻּגַּד</td></tr>
<tr><td>. Ya'akov</td><td>varaj</td><td>ki</td><td>hashelishí</td><td>bayom</td><td>leLaván</td><td>Vayugad</td></tr>
<tr><td>יעקב</td><td>ברח</td><td>כי</td><td>השלישי</td><td>ביום</td><td>ללבן</td><td>ויגד</td></tr>
<tr><td>𐤉𐤏𐤒𐤁</td><td>𐤁𐤓𐤇</td><td>𐤊𐤉</td><td>𐤄𐤔𐤋𐤉𐤔𐤉</td><td>𐤁𐤉𐤅𐤌</td><td>𐤋𐤋𐤁𐤍</td><td>𐤅𐤉𐤂𐤃</td></tr>
<tr><td>. Ya'akov</td><td>huyó</td><td>que
porque</td><td>el-tercero</td><td>en-el-día
tiempo [la luz]</td><td>a-Laván</td><td>Y-fue-manifestado
contar; declarar</td></tr>
</table>

31:23

<table>
<tr><td>224 | 704</td><td>225</td><td>300 | 1020</td><td>116</td><td>25</td><td>401</td><td>124</td></tr>
<tr><td>דרך</td><td>אחר</td><td>רדף</td><td>עם</td><td>אח</td><td>את</td><td>לקח</td></tr>
<tr><td>דֶּרֶךְ</td><td>אַחֲרָיו</td><td>וַיִּרְדֹּף</td><td>עִמּוֹ</td><td>אֶחָיו</td><td>אֶת־</td><td>וַיִּקַּח</td></tr>
<tr><td>dérej</td><td>ajarav</td><td>vayirdof</td><td>imó</td><td>ejav</td><td>et</td><td>Vayikaj</td></tr>
<tr><td>דרך</td><td>אחריו</td><td>וירדף</td><td>עמו</td><td>אחיו</td><td>את</td><td>ויקח</td></tr>
<tr><td>𐤃𐤓𐤊</td><td>𐤀𐤇𐤓𐤉𐤅</td><td>𐤅𐤉𐤓𐤃𐤐</td><td>𐤏𐤌𐤅</td><td>𐤀𐤇𐤉𐤅</td><td>𐤀𐤕</td><td>𐤅𐤉𐤒𐤇</td></tr>
<tr><td>camino-de</td><td>tras-él</td><td>y-persiguió</td><td>con-él</td><td>sus-hermanos</td><td>..</td><td>Y-tomó</td></tr>
</table>

31:24

<table>
<tr><td>19</td><td>112</td><td>207</td><td>407</td><td>122</td><td>100 | 660</td><td>772</td></tr>
<tr><td>בוא</td><td>גלל + עוד</td><td>הרר</td><td>את</td><td>דבק</td><td>יום</td><td>שבע</td></tr>
<tr><td>וַיָּבֹא</td><td>הַגִּלְעָד׃</td><td>בְּהַר</td><td>אֹתוֹ</td><td>וַיַּדְבֵּק</td><td>יָמִים</td><td>שִׁבְעַת</td></tr>
<tr><td>Vayavó</td><td>. haGilad</td><td>behar</td><td>otó</td><td>vayadbek</td><td>yamim</td><td>shivat</td></tr>
<tr><td>ויבא</td><td>הגלעד</td><td>בהר</td><td>אתו</td><td>וידבק</td><td>ימים</td><td>שבעת</td></tr>
<tr><td>𐤅𐤉𐤁𐤀</td><td>𐤄𐤂𐤋𐤏𐤃</td><td>𐤁𐤄𐤓</td><td>𐤀𐤕𐤅</td><td>𐤅𐤉𐤃𐤁𐤒</td><td>𐤉𐤌𐤉𐤌</td><td>𐤔𐤁𐤏𐤕</td></tr>
<tr><td>Y-vino</td><td>. el-Gilad</td><td>en-monte-de</td><td>a-él</td><td>y-alcanzó
[pisar los talones]</td><td>días
tiempo [la luz]</td><td>siete</td></tr>
</table>

<table>
<tr><td>257</td><td>80</td><td>86 | 646</td><td>256</td><td>82 | 732</td><td>31</td><td>86 | 646</td></tr>
<tr><td>אמר</td><td>ליל</td><td>חלם</td><td>ארם</td><td>לבן</td><td>אל</td><td>אלהה</td></tr>
<tr><td>וַיֹּאמֶר</td><td>הַלָּיְלָה</td><td>בַּחֲלֹם</td><td>הָאֲרַמִּי</td><td>לָבָן</td><td>אֶל־</td><td>אֱלֹהִים</td></tr>
<tr><td>vayómer</td><td>haláylah</td><td>bajalom</td><td>ha'aramí</td><td>Laván</td><td>el</td><td>Elohim</td></tr>
<tr><td>ויאמר</td><td>הלילה</td><td>בחלם</td><td>הארמי</td><td>לבן</td><td>אל</td><td>אלהים</td></tr>
<tr><td>𐤅𐤉𐤀𐤌𐤓</td><td>𐤄𐤋𐤉𐤋𐤄</td><td>𐤁𐤇𐤋𐤌</td><td>𐤄𐤀𐤓𐤌𐤉</td><td>𐤋𐤁𐤍</td><td>𐤀𐤋</td><td>𐤀𐤋𐤄𐤉𐤌</td></tr>
<tr><td>y-dijo</td><td>la-noche
[oscuridad]</td><td>en-el-sueño-de</td><td>el-aramí</td><td>Laván</td><td>a
hacia</td><td>elohim
Dios; dioses; magistrados</td></tr>
</table>

182	110 | 670	606	130 | 780	50 | 530	545	36
עקב	עם	דבר	פן	·	שמר	הוא
יַעֲקֹב	עִם־	תְּדַבֵּר	פֶּן־	לְךָ	הִשָּׁמֶר	לוֹ
Ya'akov	*im*	*tedaber*	*pen*	*lejá*	*hishámer*	*lo*
יעקב	עם	תדבר	פן	לך	השמר	לו
𐤉𐤏𐤒𐤁	𐤏𐤌	𐤕𐤃𐤁𐤓	𐤐𐤍	𐤋𐤊	𐤄𐤔𐤌𐤓	𐤋𐤅
Ya'akov	con	hables	no-sea-que quizá	para-ti	guarda	a-él

31:25

182	401	82 | 732	319	270	74	57
עקב	את	לבן	נשג	רעע	עדה	טוב
יַעֲקֹב	אֶת־	לָבָן	וַיַּשֵּׂג	רָע׃	עַד־	מִטּוֹב
Ya'akov	*et*	*Laván*	*Vayaseg*	*. ra*	*ad*	*mitov*
יעקב	את	לבן	וישג	רע	עד	מטוב
𐤉𐤏𐤒𐤁	𐤀𐤕	𐤋𐤁𐤍	𐤅𐤉𐤔𐤂	𐤓𐤏	𐤏𐤃	𐤌𐤈𐤅𐤁
Ya'akov	..	Laván	Y-alcanzó	. mal malo	hasta	de-bien bueno; hermoso

570	88 | 738	207	42	401	570	188
תקע	לבן	הרר	אהל	את	תקע	עקב
תָּקַע	וְלָבָן	בָּהָר	אָהֳלוֹ	אֶת־	תָּקַע	וְיַעֲקֹב
taká	*veLaván*	*vahar*	*oholó*	*et*	*taká*	*veYa'akov*
תקע	ולבן	בהר	אהלו	את	תקע	ויעקב
𐤕𐤒𐤏	𐤅𐤋𐤁𐤍	𐤁𐤄𐤓	𐤀𐤄𐤋𐤅	𐤀𐤕	𐤕𐤒𐤏	𐤅𐤉𐤏𐤒𐤁
hincó [clavar estacas]	y-Laván	en-el-monte	su-tienda	..	hincó [clavar estacas]	y-Ya'akov

31:26

212	82 | 732	257	112	207	25	401
עקב	לבן	אמר	גלל + עוד	הרר	אח	את
לְיַעֲקֹב	לָבָן	וַיֹּאמֶר	הַגִּלְעָד׃	בְּהַר	אֶחָיו	אֶת־
leYa'akov	*Laván*	*Vayómer*	*. haGilad*	*behar*	*ejav*	*et*
ליעקב	לבן	ויאמר	הגלעד	בהר	אחיו	את
𐤋𐤉𐤏𐤒𐤁	𐤋𐤁𐤍	𐤅𐤉𐤀𐤌𐤓	𐤄𐤂𐤋𐤏𐤃	𐤁𐤄𐤓	𐤀𐤇𐤉𐤅	𐤀𐤕
a-Ya'akov	Laván	Y-dijo	. el-Gilad	en-monte-de	sus-hermanos	..

401	464	44	401	461	780	45
את	נהג	לבב	את	גנב	עשה	מה
אֶת־	וַתְּנַהֵג	לְבָבִי	אֶת־	וַתִּגְנֹב	עָשִׂיתָ	מֶה
et	*vatenaheg*	*levaví*	*et*	*vatignov*	*asita*	*meh*
את	ותנהג	לבבי	את	ותגנב	עשית	מה
𐤀𐤕	𐤅𐤕𐤍𐤄𐤂	𐤋𐤁𐤁𐤉	𐤀𐤕	𐤅𐤕𐤂𐤍𐤁	𐤏𐤔𐤉𐤕	𐤌𐤄
..	y-has-conducido arrear; guiar	mi-corazón	..	y-has-hurtado	hiciste	¿Qué

31:27

461	240	461	75	210	738	462
גנב	ברח	חבא	מה	חרב	שבה	בנה
וַתִּגְנֹב	לִבְרֹחַ	נַחְבֵּאתָ	לָמָּה	חָרֶב׃	כִּשְׁבֻיוֹת	בְּנֹתַי
vatignov	*livró'aj*	*najbeta*	*Lámah*	*. járev*	*kishvuyot*	*benotay*
ותגנב	לברח	נחבאת	למה	חרב	כשביות	בנתי
𐤅𐤕𐤂𐤍𐤁	𐤋𐤁𐤓𐤇	𐤍𐤇𐤁𐤀𐤕	𐤋𐤌𐤄	𐤇𐤓𐤁	𐤊𐤔𐤁𐤉𐤅𐤕	𐤁𐤍𐤕𐤉
y-has-hurtado	para-huir	te-escondiste encubrir; recatar	¿Por-qué	. espada	como-cautivas-de	mis-hijas

558 | 1118	355	365 | 845	40	412	37	411
שיר	שמח	שלח	·	נגד	לא	את
וּבְשִׁרִים	בְּשִׂמְחָה	וָאֲשַׁלֵּחֲךָ	לִּי	הִגַּדְתָּ	וְלֹא־	אֹתִי
uveshirim	*besimjah*	*va'ashalejaja*	*li*	*higadta*	*veló*	*otí*
ובשרים	בשמחה	ואשלחך	לי	הגדת	ולא	אתי
𐤅𐤁𐤔𐤓𐤉𐤌	𐤁𐤔𐤌𐤇𐤄	𐤅𐤀𐤔𐤋𐤇𐤊	𐤋𐤉	𐤄𐤂𐤃𐤕	𐤅𐤋𐤀	𐤀𐤕𐤉
y-con-cantares	con-alegría	y-te-habría-enviado [con fuerza o urgencia]	a-mí	manifestaste contar; declarar	y-no	a-mí

31:28

498	92	480	819	37	284	482 | 1202
בנה	בנה	נשק	נטש	לא	כנר	תפף
וְלִבְנֹתָי	לְבָנַי	לְנַשֵּׁק	נְטַשְׁתַּנִי	וְלֹא	וּבְכִנּוֹר׃	בְּתֹף
velivnotay	*levanay*	*lenashek*	*netashtani*	*Veló*	*. uvejinor*	*betof*
ולבנתי	לבני	לנשק	נטשתני	ולא	ובכנור	בתף
𐤅𐤋𐤁𐤍𐤕𐤉	𐤋𐤁𐤍𐤉	𐤋𐤍𐤔𐤒	𐤍𐤈𐤔𐤕𐤍𐤉	𐤅𐤋𐤀	𐤅𐤁𐤊𐤍𐤅𐤓	𐤁𐤕𐤐
y-a-mis-hijas	a-mis-hijos edificador	para-besar	me-dejaste	Y-no	. y-con-arpa laúd [instr. de cuerda]	con-tamboril

31:29

806	24	61	310	376	515	475
עשה	יד	אול	יש	עשה	סכל	עת
לַעֲשׂוֹת	יָדִי	לְאֵל	יֶשׁ־	עֲשׂוֹ׃	הִסְכַּלְתָּ	עַתָּה
la'asot	*yadí*	*le'el*	*Yesh*	*. asó*	*hiskalta*	*atah*
לעשות	ידי	לאל	יש	עשו	הסכלת	עתה
𐤋𐤏𐤔𐤅𐤕	𐤉𐤃𐤉	𐤋𐤀𐤋	𐤉𐤔	𐤏𐤔𐤅	𐤄𐤎𐤊𐤋𐤕	𐤏𐤕𐤄
para-hacer	mi-mano	poder-a	Hay	. hacer	fuiste-insensato	ahora en-este-tiempo

41	241	341	73 | 633	52	270	170 | 730
אלה	אמר	אמש	אב	אלהה	רעע	עם
אֵלַי	אָמַר	אֶמֶשׁ	אֲבִיכֶם	וֵאלֹהֵי	רָע	עִמָּכֶם
elay	*amar*	*émesh*	*avijem*	*velohey*	*ra*	*imajem*
אלי	אמר	אמש	אביכם	ואלהי	רע	עמכם
𐤀𐤋𐤉	𐤀𐤌𐤓	𐤀𐤌𐤔	𐤀𐤁𐤉𐤊𐤌	𐤅𐤀𐤋𐤄𐤉	𐤓𐤏	𐤏𐤌𐤊𐤌
a-mí	dijo	anoche	vuestro-padre	y-Dios-de y-dioses-de [plural]	mal malo	con-vosotros

<table>
<tr><td>57</td><td>182</td><td>110 | 670</td><td>246</td><td>50 | 530</td><td>545</td><td>271</td></tr>
<tr><td>טוב</td><td>עקב</td><td>עם</td><td>דבר</td><td>·</td><td>שמר</td><td>אמר</td></tr>
<tr><td>מִטֹּוב</td><td>יַעֲקֹב</td><td>עִם־</td><td>מִדַּבֵּר</td><td>לְךָ</td><td>הִשָּׁמֶר</td><td>לֵאמֹר</td></tr>
<tr><td>mitov</td><td>Ya'akov</td><td>im</td><td>midaber</td><td>lejá</td><td>hishámer</td><td>lemor</td></tr>
<tr><td>מטוב</td><td>יעקב</td><td>עם</td><td>מדבר</td><td>לך</td><td>השמר</td><td>לאמר</td></tr>
<tr><td>𐤌𐤈𐤅𐤁</td><td>𐤉𐤏𐤒𐤁</td><td>𐤏𐤌</td><td>𐤌𐤃𐤁𐤓</td><td>𐤋𐤊</td><td>𐤄𐤔𐤌𐤓</td><td>𐤋𐤀𐤌𐤓</td></tr>
<tr><td>de-bien
bueno; hermoso</td><td>Ya'akov</td><td>con</td><td>de-hablar</td><td>para-ti</td><td>guarda</td><td>al-decir</td></tr>
</table>

31:30

<table>
<tr><td>210 | 930</td><td>30</td><td>455</td><td>61 | 541</td><td>481</td><td>270</td><td>74</td></tr>
<tr><td>כסף</td><td>כי</td><td>הלך</td><td>הלך</td><td>עת</td><td>רעע</td><td>עדה</td></tr>
<tr><td>נִכְסֹף</td><td>כִּי־</td><td>הָלַכְתָּ</td><td>הָלֹךְ</td><td>וְעַתָּה</td><td>רָע׃</td><td>עַד־</td></tr>
<tr><td>nijsof</td><td>ki</td><td>halajta</td><td>haloj</td><td>Ve'atah</td><td>. ra</td><td>ad</td></tr>
<tr><td>נכסף</td><td>כי</td><td>הלכת</td><td>הלך</td><td>ועתה</td><td>רע</td><td>עד</td></tr>
<tr><td>𐤍𐤊𐤎𐤐</td><td>𐤊𐤉</td><td>𐤄𐤋𐤊𐤕</td><td>𐤄𐤋𐤊</td><td>𐤅𐤏𐤕𐤄</td><td>𐤓𐤏</td><td>𐤏𐤃</td></tr>
<tr><td>añorar</td><td>que
porque</td><td>anduviste</td><td>andar</td><td>Y-ahora
en-este-tiempo</td><td>. mal
malo</td><td>hasta</td></tr>
</table>

<table>
<tr><td>46</td><td>401</td><td>455</td><td>75</td><td>33 | 513</td><td>442</td><td>615</td></tr>
<tr><td>אלהה</td><td>את</td><td>גנב</td><td>מה</td><td>אב</td><td>בנה</td><td>כסף</td></tr>
<tr><td>אֱלֹהָי׃</td><td>אֶת־</td><td>גָנַבְתָּ</td><td>לָמָּה</td><td>אָבִיךָ</td><td>לְבֵית</td><td>נִכְסַפְתָּה</td></tr>
<tr><td>. elohay</td><td>et</td><td>ganavta</td><td>lámah</td><td>avija</td><td>leveyt</td><td>nijsaftah</td></tr>
<tr><td>אלהי</td><td>את</td><td>גנבת</td><td>למה</td><td>אביך</td><td>לבית</td><td>נכספתה</td></tr>
<tr><td>𐤀𐤋𐤄𐤉</td><td>𐤀𐤕</td><td>𐤂𐤍𐤁𐤕</td><td>𐤋𐤌𐤄</td><td>𐤀𐤁𐤉𐤊</td><td>𐤋𐤁𐤉𐤕</td><td>𐤍𐤊𐤎𐤐𐤕𐤄</td></tr>
<tr><td>. mis-dioses</td><td>..</td><td>hurtaste</td><td>¿Por-qué</td><td>tu-padre</td><td>a-casa-de</td><td>añoraste</td></tr>
</table>

31:31

<table>
<tr><td>30</td><td>621</td><td>30</td><td>112 | 762</td><td>257</td><td>182</td><td>136 | 786</td></tr>
<tr><td>כי</td><td>ירא</td><td>כי</td><td>לבן</td><td>אמר</td><td>עקב</td><td>ענה</td></tr>
<tr><td>כִּי</td><td>יָרֵאתִי</td><td>כִּי</td><td>לְלָבָן</td><td>וַיֹּאמֶר</td><td>יַעֲקֹב</td><td>וַיַּעַן</td></tr>
<tr><td>ki</td><td>yareti</td><td>ki</td><td>leLaván</td><td>vayómer</td><td>Ya'akov</td><td>Vaya'an</td></tr>
<tr><td>כי</td><td>יראתי</td><td>כי</td><td>ללבן</td><td>ויאמר</td><td>יעקב</td><td>ויען</td></tr>
<tr><td>𐤊𐤉</td><td>𐤉𐤓𐤀𐤕𐤉</td><td>𐤊𐤉</td><td>𐤋𐤋𐤁𐤍</td><td>𐤅𐤉𐤀𐤌𐤓</td><td>𐤉𐤏𐤒𐤁</td><td>𐤅𐤉𐤏𐤍</td></tr>
<tr><td>que
porque</td><td>temí</td><td>que
porque</td><td>a-Laván</td><td>y-dijo</td><td>Ya'akov</td><td>Y-respondió</td></tr>
</table>

31:32

<table>
<tr><td>110 | 670</td><td>160</td><td>488 | 968</td><td>401</td><td>440</td><td>130 | 780</td><td>651</td></tr>
<tr><td>עם</td><td>עם</td><td>בנה</td><td>את</td><td>גזל</td><td>פן</td><td>אמר</td></tr>
<tr><td>עִם</td><td>מֵעִמִּי׃</td><td>בְּנוֹתֶיךָ</td><td>אֶת־</td><td>תִּגְזֹל</td><td>פֶּן־</td><td>אָמַרְתִּי</td></tr>
<tr><td>Im</td><td>. me'imí</td><td>benoteyja</td><td>et</td><td>tigzol</td><td>pen</td><td>amarti</td></tr>
<tr><td>עם</td><td>מעמי</td><td>בנותיך</td><td>את</td><td>תגזל</td><td>פן</td><td>אמרתי</td></tr>
<tr><td>𐤏𐤌</td><td>𐤌𐤏𐤌𐤉</td><td>𐤁𐤍𐤅𐤕𐤉𐤊</td><td>𐤀𐤕</td><td>𐤕𐤂𐤆𐤋</td><td>𐤐𐤍</td><td>𐤀𐤌𐤓𐤕𐤉</td></tr>
<tr><td>Con</td><td>. de-conmigo</td><td>tus-hijas</td><td>..</td><td>quitaras</td><td>no-sea-que
quizá</td><td>dije</td></tr>
</table>

57	32	31	66 | 546	401	531	501
נגד	היה	לא	אלהה	את	מצא	אשר
נֶ֣גֶד	יִֽהְיֶ֥ה	לֹ֣א	אֱלֹהֶ֑יךָ	אֶת־	תִּמְצָ֣א	אֲשֶׁ֨ר
néged	*yihyeh*	*lo*	*eloheyja*	*et*	*timtsá*	*asher*
נגד	יהיה	לא	אלהיך	את	תמצא	אשר
𐤍𐤂𐤃	𐤉𐤄𐤉𐤄	𐤋𐤀	𐤀𐤋𐤄𐤉𐤊	𐤀𐤕	𐤕𐤌𐤑𐤀	𐤀𐤔𐤓
ante	será	no	tus-dioses	··	encontrarás	que

50 | 530	114	124	45	50 | 530	225	75
·	לקח	עמד	מה	·	נכר	אח
לָֽךְ	וְקַֽח־	עִמָּדִ֖י	מָ֛ה	לְךָ֗	הַֽכֶּר־	אַחֵ֧ינוּ
laj	*vekaj*	*imadí*	*mah*	*lejá*	*haker*	*ajeynu*
לך	וקח	עמדי	מה	לך	הכר	אחינו
𐤋𐤊	𐤅𐤒𐤇	𐤏𐤌𐤃𐤉	𐤌𐤄	𐤋𐤊	𐤄𐤊𐤓	𐤀𐤇𐤉𐤍𐤅
para-ti	y-toma	conmigo a-mi-lado	¿Qué	para-ti	reconoce	nuestros-hermanos

31:33

19	495 | 1055	238	30	182	84	37
בוא	גנב	רחל	כי	עקב	ידע	לא
וַיָּבֹ֨א	גְּנָבָֽתַם׃	רָחֵ֖ל	כִּ֥י	יַעֲקֹ֔ב	יָדַ֣ע	וְלֹא־
Vayavó	*. genavatam*	*Rajel*	*ki*	*Ya'akov*	*yadá*	*veló*
ויבא	גנבתם	רחל	כי	יעקב	ידע	ולא
𐤅𐤉𐤁𐤀	𐤂𐤍𐤁𐤕𐤌	𐤓𐤇𐤋	𐤊𐤉	𐤉𐤏𐤒𐤁	𐤉𐤃𐤏	𐤅𐤋𐤀
Y-vino entrar	. los-hurtó	Rajel	que porque	Ya'akov	conoció	y-no

710	44	36	44	182	38	82 | 732
שנה	אהל	לאה	אהל	עקב	אהל	לבן
שְׁתֵּ֥י	וּבְאֹ֛הֶל	לֵאָ֗ה	וּבְאֹ֣הֶל	יַעֲקֹ֣ב	בְּאֹ֨הֶל	לָבָ֜ן
shtey	*uve'óhel*	*Le'ah*	*uve'óhel*	*Ya'akov*	*be'óhel*	*Laván*
שתי	ובאהל	לאה	ובאהל	יעקב	באהל	לבן
𐤔𐤕𐤉	𐤅𐤁𐤀𐤄𐤋	𐤋𐤀𐤄	𐤅𐤁𐤀𐤄𐤋	𐤉𐤏𐤒𐤁	𐤁𐤀𐤄𐤋	𐤋𐤁𐤍
dos-de	y-en-tienda-de	Le'ah	y-en-tienda-de	Ya'akov	en-tienda-de	Laván

19	36	76	107	131	37	451
בוא	לאה	אהל	יצא	מצא	לא	אמה
וַיָּבֹ֖א	לֵאָ֔ה	מֵאֹ֣הֶל	וַיֵּצֵא֙	מָצָ֑א	וְלֹ֣א	הָאֲמָהֹ֖ת
vayavó	*Le'ah*	*me'óhel*	*vayetse*	*matsá*	*veló*	*ha'amahot*
ויבא	לאה	מאהל	ויצא	מצא	ולא	האמהת
𐤅𐤉𐤁𐤀	𐤋𐤀𐤄	𐤌𐤀𐤄𐤋	𐤅𐤉𐤑𐤀	𐤌𐤑𐤀	𐤅𐤋𐤀	𐤄𐤀𐤌𐤄𐤕
y-vino entrar	Le'ah	de-tienda-de	y-salió	encontró	y-no	las-criadas

31:34

786 | 1346	735 | 1295	401	143	244	238	38
שים	תרף	את	לקח	רחל	רחל	אהל
וַתְּשִׂמֵם	הַתְּרָפִים	אֶת־	לָקְחָה	וְרָחֵל	רָחֵל׃	בְּאֹהֶל
vatesimem	*haterafim*	*et*	*lakjah*	*VeRajel*	*. Rajel*	*be'óhel*
ותשמם	התרפים	את	לקחה	ורחל	רחל	באהל
𐤅𐤕𐤔𐤌𐤌	𐤄𐤕𐤓𐤐𐤉𐤌	𐤀𐤕	𐤋𐤒𐤇𐤄	𐤅𐤓𐤇𐤋	𐤓𐤇𐤋	𐤁𐤀𐤄𐤋
y-los-puso [ubicación]	los-*terafim* [ídolo; talismán]	..	tomó	Y-Rajel	. Rajel	en-tienda-de

401	82 | 732	656	155 | 715	708	78	222
את	לבן	משש	עלה	ישב	גמל	כרר
אֶת־	לָבָן	וַיְמַשֵּׁשׁ	עֲלֵיהֶם	וַתֵּשֶׁב	הַגָּמָל	בְּכַר
et	*Laván*	*vayemashesh*	*aleyhem*	*vatéshev*	*hagámal*	*bejar*
את	לבן	וימשש	עליהם	ותשב	הגמל	בכר
𐤀𐤕	𐤋𐤁𐤍	𐤅𐤉𐤌𐤔𐤔	𐤏𐤋𐤉𐤄𐤌	𐤅𐤕𐤔𐤁	𐤄𐤂𐤌𐤋	𐤁𐤊𐤓
..	Laván	y-palpó	sobre-ellos	y-se-asentó	el-camello	en-albarda-de

31:35

18	31	647	131	37	41	50
אב	אל	אמר	מצא	לא	אהל	כלל
אָבִיהָ	אֶל־	וַתֹּאמֶר	מָצָא׃	וְלֹא	הָאֹהֶל	כָּל־
aviha	*el*	*Vatómer*	*. matsá*	*veló*	*ha'óhel*	*kol*
אביה	אל	ותאמר	מצא	ולא	האהל	כל
𐤀𐤁𐤉𐤄	𐤀𐤋	𐤅𐤕𐤀𐤌𐤓	𐤌𐤑𐤀	𐤅𐤋𐤀	𐤄𐤀𐤄𐤋	𐤊𐤋
su-padre	a hacia	Y-dijo	. encontró	y-no	la-tienda	toda

57	37	30	65	273	218	31
יכל	אל	כי	אדן	עין	חרה	אל
אוּכַל	לוֹא	כִּי	אֲדֹנִי	בְּעֵינֵי	יִחַר	אַל־
ujal	*lo*	*ki*	*adoní*	*be'eyney*	*yijar*	*al*
אוכל	לוא	כי	אדני	בעיני	יחר	אל
𐤀𐤅𐤊𐤋	𐤋𐤅𐤀	𐤊𐤉	𐤀𐤃𐤍𐤉	𐤁𐤏𐤉𐤍𐤉	𐤉𐤇𐤓	𐤀𐤋
puedo	no [escritura plena]	que porque	mi-señor	en-ojos-de	aíre [efect. y síntoma de ira]	no

404	40	400 | 960	224 | 704	30	200 | 680	176 | 736
חפש	·	אנש	דרך	כי	פנה	קום
וַיְחַפֵּשׂ	לִי	נָשִׁים	דֶּרֶךְ	כִּי־	מִפָּנֶיךָ	לָקוּם
vayejapés	*li*	*nashim*	*dérej*	*ki*	*mipaneyja*	*lakum*
ויחפש	לי	נשים	דרך	כי	מפניך	לקום
𐤅𐤉𐤇𐤐𐤔	𐤋𐤉	𐤍𐤔𐤉𐤌	𐤃𐤓𐤊	𐤊𐤉	𐤌𐤐𐤍𐤉𐤊	𐤋𐤒𐤅𐤌
y-rebuscó	a-mí	mujeres	camino-de	que porque	de-tus-faces presencia; superficie	para-levantar

31:36

<table>
<tr><td>218</td><td>212</td><td>224</td><td>735 | 1295</td><td>401</td><td>131</td><td>37</td></tr>
<tr><td>ריב</td><td>עקב</td><td>חרה</td><td>תרף</td><td>את</td><td>מצא</td><td>לא</td></tr>
<tr><td>וַיִּרֶב</td><td>לְיַעֲקֹב</td><td>וַיִּחַר</td><td>הַתְּרָפִים׃</td><td>אֶת־</td><td>מָצָא</td><td>וְלֹא</td></tr>
<tr><td>vayárev</td><td>leYa'akov</td><td>Vayíjar</td><td>. haterafim</td><td>et</td><td>matsá</td><td>veló</td></tr>
<tr><td>וירב</td><td>ליעקב</td><td>ויחר</td><td>התרפים</td><td>את</td><td>מצא</td><td>ולא</td></tr>
<tr><td>𐤅𐤉𐤓𐤁</td><td>𐤋𐤉𐤏𐤒𐤁</td><td>𐤅𐤉𐤇𐤓</td><td>𐤄𐤕𐤓𐤐𐤉𐤌</td><td>𐤀𐤕</td><td>𐤌𐤑𐤀</td><td>𐤅𐤋𐤀</td></tr>
<tr><td>y-contendió</td><td>a-Ya'akov</td><td>Y-airó
[efect. y síntoma de ira]</td><td>. los-terafim
[ídolo; talismán]</td><td>..</td><td>encontró</td><td>y-no</td></tr>
</table>

<table>
<tr><td>460</td><td>45</td><td>112 | 762</td><td>257</td><td>182</td><td>136 | 786</td><td>84 | 734</td></tr>
<tr><td>פשע</td><td>מה</td><td>לבן</td><td>אמר</td><td>עקב</td><td>ענה</td><td>לבן</td></tr>
<tr><td>פִּשְׁעִי</td><td>מַה־</td><td>לְלָבָן</td><td>וַיֹּאמֶר</td><td>יַעֲקֹב</td><td>וַיַּעַן</td><td>בְּלָבָן</td></tr>
<tr><td>pishí</td><td>mah</td><td>leLaván</td><td>vayómer</td><td>Ya'akov</td><td>vaya'an</td><td>veLaván</td></tr>
<tr><td>פשעי</td><td>מה</td><td>ללבן</td><td>ויאמר</td><td>יעקב</td><td>ויען</td><td>בלבן</td></tr>
<tr><td>𐤐𐤔𐤏𐤉</td><td>𐤌𐤄</td><td>𐤋𐤋𐤁𐤍</td><td>𐤅𐤉𐤀𐤌𐤓</td><td>𐤉𐤏𐤒𐤁</td><td>𐤅𐤉𐤏𐤍</td><td>𐤁𐤋𐤁𐤍</td></tr>
<tr><td>mi-rebelión</td><td>¿Qué</td><td>a-Laván</td><td>y-dijo</td><td>Ya'akov</td><td>y-respondió</td><td>con-Laván</td></tr>
</table>

31:37

<table>
<tr><td>1040</td><td>30</td><td>219</td><td>534</td><td>30</td><td>428</td><td>45</td></tr>
<tr><td>משש</td><td>כי</td><td>אחר</td><td>דלק</td><td>כי</td><td>חטא</td><td>מה</td></tr>
<tr><td>מִשַּׁשְׁתָּ</td><td>כִּי־</td><td>אַחֲרָי׃</td><td>דָלַקְתָּ</td><td>כִּי</td><td>חַטָּאתִי</td><td>מַה</td></tr>
<tr><td>mishashta</td><td>Ki</td><td>. ajaray</td><td>dalakta</td><td>ki</td><td>jatati</td><td>mah</td></tr>
<tr><td>מששת</td><td>כי</td><td>אחרי</td><td>דלקת</td><td>כי</td><td>חטאתי</td><td>מה</td></tr>
<tr><td>𐤌𐤔𐤔𐤕</td><td>𐤊𐤉</td><td>𐤀𐤇𐤓𐤉</td><td>𐤃𐤋𐤒𐤕</td><td>𐤊𐤉</td><td>𐤇𐤈𐤀𐤕𐤉</td><td>𐤌𐤄</td></tr>
<tr><td>palpaste</td><td>Que
porque</td><td>. tras-mí</td><td>perseguiste
[febrilmente]</td><td>que
porque</td><td>mi-pecado</td><td>¿Qué</td></tr>
</table>

<table>
<tr><td>60</td><td>90</td><td>531</td><td>45</td><td>60</td><td>50</td><td>401</td></tr>
<tr><td>כלה</td><td>כלל</td><td>מצא</td><td>מה</td><td>כלה</td><td>כלל</td><td>את</td></tr>
<tr><td>כְּלֵי־</td><td>מִכֹּל</td><td>מָצָאתָ</td><td>מַה־</td><td>כֵּלַי</td><td>כָּל־</td><td>אֶת־</td></tr>
<tr><td>keley</td><td>mikol</td><td>matsata</td><td>mah</td><td>kelay</td><td>kol</td><td>et</td></tr>
<tr><td>כלי</td><td>מכל</td><td>מצאת</td><td>מה</td><td>כלי</td><td>כל</td><td>את</td></tr>
<tr><td>𐤊𐤋𐤉</td><td>𐤌𐤊𐤋</td><td>𐤌𐤑𐤀𐤕</td><td>𐤌𐤄</td><td>𐤊𐤋𐤉</td><td>𐤊𐤋</td><td>𐤀𐤕</td></tr>
<tr><td>objetos-de
vasija</td><td>de-todos</td><td>encontraste</td><td>¿Qué</td><td>mis-objetos
vasija</td><td>todos</td><td>..</td></tr>
</table>

<table>
<tr><td>66</td><td>45 | 525</td><td>19</td><td>57</td><td>25</td><td>350 | 910</td><td>432 | 912</td></tr>
<tr><td>יכח</td><td>אח</td><td>אח</td><td>נגד</td><td>כה</td><td>שים</td><td>בנה</td></tr>
<tr><td>וְיוֹכִיחוּ</td><td>וְאַחֶיךָ</td><td>אַחַי</td><td>נֶגֶד</td><td>כֹּה</td><td>שִׂים</td><td>בֵּיתֶךָ</td></tr>
<tr><td>veyojiju</td><td>ve'ajeyja</td><td>ajay</td><td>néged</td><td>koh</td><td>sim</td><td>veyteja</td></tr>
<tr><td>ויוכיחו</td><td>ואחיך</td><td>אחי</td><td>נגד</td><td>כה</td><td>שים</td><td>ביתך</td></tr>
<tr><td>𐤅𐤉𐤅𐤊𐤉𐤇𐤅</td><td>𐤅𐤀𐤇𐤉𐤊</td><td>𐤀𐤇𐤉</td><td>𐤍𐤂𐤃</td><td>𐤊𐤄</td><td>𐤔𐤉𐤌</td><td>𐤁𐤉𐤕𐤊</td></tr>
<tr><td>y-arbitrarán
[v. de difícil traducción]</td><td>y-tus-hermanos</td><td>mis-hermanos</td><td>ante</td><td>así</td><td>pon
[ubicación]</td><td>tu-casa</td></tr>
</table>

31:38

130 | 610	81	355	620 | 1180	12	416	62 | 712
עם	אנך	שנה	עשר	זה	שנה	בין
עִמָּ֑ךְ	אָנֹכִ֙י	שָׁנָ֤ה	עֶשְׂרִ֨ים	זֶ֩ה	שְׁנֵֽינוּ׃	בֵּ֥ין
imaj	*anojí*	*shanah*	*esrim*	*Zeh*	*. shneynu*	*beyn*
עמך	אנכי	שנה	עשרים	זה	שנינו	בין
עמך	אנכי	שנה	עשרים	זה	שנינו	בין
contigo	yo	año cambio	veinte	Estos	. nosotros-dos	entre

31	161 | 641	57	356	31	113 | 593	268 | 748
לא	צאן	אול	שכל	לא	עזז	רחל
לֹ֣א	צֹאנְךָ֖	וְאֵילֵ֥י	שִׁכֵּ֑לוּ	לֹ֣א	וְעִזֶּ֖יךָ	רְחֵלֶ֥יךָ
lo	*tsonja*	*ve'eyley*	*shikelú*	*lo*	*ve'izeyja*	*rejeleyja*
לא	צאנך	ואילי	שכלו	לא	ועזיך	רחליך
לא	צאנך	ואילי	שכלו	לא	ועזיך	רחליך
no	tu-rebaño [ganado menor]	y-carneros-de	deshijadas [perder los hijos]	no	y-tus-cabras	tus-ovejas

31:39

73	81	61 | 541	418	31	294	461
חטא	אנך	אלה	בוא	לא	טרף	אכל
אֲחַטֶּ֔נָּה	אָנֹכִ֣י	אֵלֶ֔יךָ	הֵבֵ֣אתִי	לֹא־	טְרֵפָ֙ה	אָכָֽלְתִּי׃
ajaténah	*anojí*	*eleyja*	*heveti*	*lo*	*Terefah*	*. ajalti*
אחטנה	אנכי	אליך	הבאתי	לא	טרפה	אכלתי
אחטנה	אנכי	אליך	הבאתי	לא	טרפה	אכלתי
la-pagaba	yo	a-ti	traía	no	Despedazada	. comí

31:40

435	75	471	56 | 616	465	857	64
היה	ליל	גנב	יום	גנב	בקש	יד
הָיִ֛יתִי	לָֽיְלָה׃	וּגְנֻ֥בְתִ֖י	י֔וֹם	גְּנֻבְתִ֣י	תְּבַקְשֶׁ֑נָּה	מִיָּדִ֖י
Hayiti	*. láylah*	*ugenuvtí*	*yom*	*genuvti*	*tevakshénah*	*miyadí*
הייתי	לילה	וגנבתי	יום	גנבתי	תבקשנה	מידי
הייתי	לילה	וגנבתי	יום	גנבתי	תבקשנה	מידי
Estaba	. noche [la oscuridad]	y-hurtada-de	día tiempo [la luz]	hurtada-de	la-reclamabas	de-mi-mano

760	414	77	314	210	111	58 | 618
ישן	נדד	ליל	קרח	חרב	אכל	יום
שְׁנָתִ֖י	וַתִּדַּ֥ד	בַּלָּ֑יְלָה	וְקֶ֖רַח	חֹ֛רֶב	אֲכָלַ֥נִי	בַיּ֧וֹם
shnati	*vatidad*	*baláylah*	*vekeraj*	*jórev*	*ajalani*	*bayom*
שנתי	ותדד	בלילה	וקרח	חרב	אכלני	ביום
שנתי	ותדד	בלילה	וקרח	חרב	אכלני	ביום
mi-sueño [rel. con dormir]	y-huía	en-la-noche [la oscuridad]	y-helada	sequía	me-consumía	en-el-día tiempo [la luz]

31:41

506 | 986	434 | 914	355	620 | 1180	40	12	180
עבד	בנה	שנה	עשר	·	זה	עין
עֲבַדְתִּיךָ	בְּבֵיתֶךָ	שָׁנָה	עֶשְׂרִים	לִּי	זֶה־	מֵעֵינָי׃
avadtija	*beveyteja*	*shanah*	*esrim*	*li*	*Zeh*	*. me'eynay*
עבדתיך	בביתך	שנה	עשרים	לי	זה	מעיני
𐤏𐤁𐤃𐤕𐤉𐤊	𐤁𐤁𐤉𐤕𐤊	𐤔𐤍𐤄	𐤏𐤔𐤓𐤉𐤌	𐤋𐤉	𐤆𐤄	𐤌𐤏𐤉𐤍𐤉
te-serví cultivar; venerar	en-tu-casa	año cambio	veinte	a-mí	Esto	. de-mis-ojos

400 | 960	606	482 | 962	712	355	575	273
שנה	ששה	בנה	שנה	שנה	עשר	רבע
שָׁנִים	וְשֵׁשׁ	בְּנֹתֶיךָ	בִּשְׁתֵּי	שָׁנָה	עֶשְׂרֵה	אַרְבַּע־
shanim	*veshesh*	*venoteyja*	*bishtey*	*shanah*	*esreh*	*arbá*
שנים	ושש	בנתיך	בשתי	שנה	עשרה	ארבע
𐤔𐤍𐤉𐤌	𐤅𐤔𐤔	𐤁𐤍𐤕𐤉𐤊	𐤁𐤔𐤕𐤉	𐤔𐤍𐤄	𐤏𐤔𐤓𐤄	𐤀𐤓𐤁𐤏
años cambio	y-seis	tus-hijas	por-dos-de	año cambio	diez	cuatro

31:42

76	140 | 700	970	970	401	524 | 1244	163 | 643
לו | לוא	מנה	עשר	שכר	את	חלף	צאן
לוּלֵי	מֹנִים׃	עֲשֶׂרֶת	מַשְׂכֻּרְתִּי	אֶת־	וַתַּחֲלֵף	בְּצֹאנֶךָ
Luley	*. monim*	*aséret*	*maskurtí*	*et*	*vatajalef*	*betsoneja*
לולי	מנים	עשרת	משכרתי	את	ותחלף	בצאנך
𐤋𐤅𐤋𐤉	𐤌𐤍𐤉𐤌	𐤏𐤔𐤓𐤕	𐤌𐤔𐤊𐤓𐤕𐤉	𐤀𐤕	𐤅𐤕𐤇𐤋𐤐	𐤁𐤑𐤀𐤍𐤊
Si-no	. veces	diez	mi-salario galardón; recompensa	..	y-cambiaste	con-tu-rebaño [ganado menor]

20	208	98	248 | 808	46	13	46
היה	צחק	פחד	אב + רום + המון	אלהה	אב	אלהה
הָיָה	יִצְחָק	וּפַחַד	אַבְרָהָם	אֱלֹהֵי	אָבִי	אֱלֹהֵי
hayah	*Yitsjak*	*ufájad*	*Avraham*	*elohey*	*aví*	*elohey*
היה	יצחק	ופחד	אברהם	אלהי	אבי	אלהי
𐤄𐤉𐤄	𐤉𐤑𐤇𐤒	𐤅𐤐𐤇𐤃	𐤀𐤁𐤓𐤄𐤌	𐤀𐤋𐤄𐤉	𐤀𐤁𐤉	𐤀𐤋𐤄𐤉
fue	Yitsjak	y-pavor-de	Avraham	Dios-de dioses-de [plural]	mi-padre	Dios-de dioses-de [plural]

140	401	798	350 | 910	475	30	40
ענה	את	שלח	ריק	עת	כי	·
עָנְיִי	אֶת־	שִׁלַּחְתָּנִי	רֵיקָם	עַתָּה	כִּי	לִי
onyí	*et*	*shilajtani*	*reykam*	*atah*	*ki*	*li*
עניי	את	שלחתני	ריקם	עתה	כי	לי
𐤏𐤍𐤉𐤉	𐤀𐤕	𐤔𐤋𐤇𐤕𐤍𐤉	𐤓𐤉𐤒𐤌	𐤏𐤕𐤄	𐤊𐤉	𐤋𐤉
mi-aflicción	..	me-enviarías [con fuerza o urgencia]	vacío	ahora en-este-tiempo	que porque	para-mí

341	50	86 | 646	206	110	93	407
אמש	יכח	אלהה	ראה	כפף	יגע	את
אָֽמֶשׁ׃	וַיּ֥וֹכַח	אֱלֹהִים	רָאָה	כַּפַּי	יְגִיעַ	וְאֶת־
. ámesh	vayojaj	Elohim	ra'ah	kapay	yegí'a	ve'et
אמש	ויוכח	אלהים	ראה	כפי	יגיע	ואת
𐤀𐤌𐤔	𐤅𐤉𐤅𐤊𐤇	𐤀𐤋𐤄𐤉𐤌	𐤓𐤀𐤄	𐤊𐤐𐤉	𐤉𐤂𐤉𐤏	𐤅𐤀𐤕
. anoche	y-reprendió [v. de difícil traducción]	elohim Dios; dioses; magistrados	ha-visto	mis-palmas	labor-de fatiga	y-···

31:43

462	463	182	31	257	82 | 732	136 | 786
בנה	בנה	עקב	אל	אמר	לבן	ענה
בְּנֹתַי	הַבָּנוֹת	יַעֲקֹב	אֶל־	וַיֹּאמֶר	לָבָן	וַיַּעַן
benotay	habanot	Ya'akov	el	vayómer	Laván	Vaya'an
בנתי	הבנות	יעקב	אל	ויאמר	לבן	ויען
𐤁𐤍𐤕𐤉	𐤄𐤁𐤍𐤅𐤕	𐤉𐤏𐤒𐤁	𐤀𐤋	𐤅𐤉𐤀𐤌𐤓	𐤋𐤁𐤍	𐤅𐤉𐤏𐤍
mis-hijas	las-hijas	Ya'akov	a hacia	y-dijo	Laván	Y-respondió

406	501	56	151	152 | 802	62	113 | 673
את	אשר	כלל	צאן	צאן	בנה	בנה
אַתָּה	אֲשֶׁר־	וְכֹל	צֹאנִי	וְהַצֹּאן	בָּנַי	וְהַבָּנִים
atah	asher	vejol	tsoní	vehatsón	banay	vehabanim
אתה	אשר	וכל	צאני	והצאן	בני	והבנים
𐤀𐤕𐤄	𐤀𐤔𐤓	𐤅𐤊𐤋	𐤑𐤀𐤍𐤉	𐤅𐤄𐤑𐤀𐤍	𐤁𐤍𐤉	𐤅𐤄𐤁𐤍𐤉𐤌
tú	que	y-todo	mi-rebaño [ganado menor]	y-el-rebaño [ganado menor]	mis-hijos edificador	y-los-hijos edificador

66	376	45	498	12	40	206
אלה	עשה	מה	בנה	הוא	·	ראה
לָאֵלֶּה	אֶעֱשֶׂה	מַה־	וְלִבְנֹתַי	הוּא	לִי־	רֹאֶה
la'éleh	e'eseh	mah	velivnotay	hu	li	ro'eh
לאלה	אעשה	מה	ולבנתי	הוא	לי	ראה
𐤋𐤀𐤋𐤄	𐤀𐤏𐤔𐤄	𐤌𐤄	𐤅𐤋𐤁𐤍𐤕𐤉	𐤄𐤅𐤀	𐤋𐤉	𐤓𐤀𐤄
a-éstas	haré	¿Qué	y-a-mis-hijas	él	para-mí	estás-viendo

31:44

55	481	50	501	147 | 797	7	61 | 621
הלך	עת	ילד	אשר	בנה	או	יום
לְכָה	וְעַתָּה	יָלָדוּ׃	אֲשֶׁר	לִבְנֵיהֶן	אוֹ	הַיּוֹם
lejah	Ve'atah	. yaladú	asher	livneyhén	o	hayom
לכה	ועתה	ילדו	אשר	לבניהן	או	היום
𐤋𐤊𐤄	𐤅𐤏𐤕𐤄	𐤉𐤋𐤃𐤅	𐤀𐤔𐤓	𐤋𐤁𐤍𐤉𐤄𐤍	𐤀𐤅	𐤄𐤉𐤅𐤌
anda	Y-ahora en-este-tiempo	. engendraron	que	a-sus-hijos edificador	o	hoy día; tiempo [la luz]

72	104	26	412	61	612	675
בין	עוד	היה	את	אנך	ברה	כרת
בֵּינִי	לְעֵד	וְהָיָה	וָאָתָּה	אֲנִי	בְרִית	נִכְרְתָה
beyní	*le'ed*	*vehayah*	*va'atah*	*aní*	*verit*	*nijretah*
ביני	לעד	והיה	ואתה	אני	ברית	נכרתה
𐤁𐤉𐤍𐤉	𐤋𐤏𐤃	𐤅𐤄𐤉𐤄	𐤅𐤀𐤕𐤄	𐤀𐤍𐤉	𐤁𐤓𐤉𐤕	𐤍𐤊𐤓𐤕𐤄
entre-mí	para-testimonio	y-será	y-tú	yo	pacto alianza	cortemos

31:46 **31:45**

257	137	271	53 | 703	182	124	88 | 568
אמר	נצב	רום	בנה	עקב	לקח	בין
וַיֹּאמֶר	מַצֵּבָה׃	וַיְרִימֶהָ	אָבֶן	יַעֲקֹב	וַיִּקַּח	וּבֵינֶךָ׃
Vayómer	*. matsevah*	*vayerimeha*	*áven*	*Ya'akov*	*Vayikaj*	*. uveyneja*
ויאמר	מצבה	וירימה	אבן	יעקב	ויקח	ובינך
𐤅𐤉𐤀𐤌𐤓	𐤌𐤑𐤁𐤄	𐤅𐤉𐤓𐤉𐤌𐤄	𐤀𐤁𐤍	𐤉𐤏𐤒𐤁	𐤅𐤉𐤒𐤇	𐤅𐤁𐤉𐤍𐤊
Y-dijo	. estela monumento; pilar	y-la-elevó	piedra	Ya'akov	Y-tomó	. y-entre-ti

392	103 | 663	130	103 | 663	145	55	182
עשה	בנה	לקח	בנה	לקט	אח	עקב
וַיַּעֲשׂוּ־	אֲבָנִים	וַיִּקְחוּ	אֲבָנִים	לִקְטוּ	לְאֶחָיו	יַעֲקֹב
vaya'asú	*avanim*	*vayikjú*	*avanim*	*liktú*	*le'ejav*	*Ya'akov*
ויעשו	אבנים	ויקחו	אבנים	לקטו	לאחיו	יעקב
𐤅𐤉𐤏𐤔𐤅	𐤀𐤁𐤍𐤉𐤌	𐤅𐤉𐤒𐤇𐤅	𐤀𐤁𐤍𐤉𐤌	𐤋𐤒𐤈𐤅	𐤋𐤀𐤇𐤉𐤅	𐤉𐤏𐤒𐤁
e-hicieron	piedras	y-tomaron	piedras	recoged	a-sus-hermanos	Ya'akov

31:47

36	317	38	100	340 | 900	73	33
הוא	קרא	גלל	עלה	שם	אכל	גלל
לוֹ	וַיִּקְרָא־	הַגָּל׃	עַל־	שָׁם	וַיֹּאכְלוּ	גָל
lo	*Vayikrá*	*. hagal*	*al*	*sham*	*vayojlú*	*gal*
לו	ויקרא	הגל	על	שם	ויאכלו	גל
𐤋𐤅	𐤅𐤉𐤒𐤓𐤀	𐤄𐤂𐤋	𐤏𐤋	𐤔𐤌	𐤅𐤉𐤀𐤊𐤋𐤅	𐤂𐤋
a-él	Y-llamó	. el-montón	sobre	allí [ubicación]	y-comieron	montón

107	36	301	188	716	213	82 | 732
גלל + עוד	הוא	קרא	עקב	שהד	יגר	לבן
גַּלְעֵד׃	לוֹ	קָרָא	וְיַעֲקֹב	שָׂהֲדוּתָא	יְגַר	לָבָן
. Galed	*lo*	*kará*	*veYa'akov*	*Sahadutá*	*Yegar*	*Laván*
גלעד	לו	קרא	ויעקב	שהדותא	יגר	לבן
𐤂𐤋𐤏𐤃	𐤋𐤅	𐤒𐤓𐤀	𐤅𐤉𐤏𐤒𐤁	𐤔𐤄𐤃𐤅𐤕𐤀	𐤉𐤂𐤓	𐤋𐤁𐤍
. Galed	a-él	llamó	y-Ya'akov	Sahadutá	Yegar	Laván

31:48

88 | 568	72	74	17	38	82 | 732	257
בין	בין	עוד	זה	גלל	לבן	אמר
וּבֵינְךָ֑	בֵּינִ֣י	עֵ֛ד	הַזֶּ֥ה	הַגַּ֨ל	לָבָ֔ן	וַיֹּ֣אמֶר
uveynja	*beyní*	*ed*	*hazeh*	*hagal*	*Laván*	*Vayómer*
ובינך	ביני	עד	הזה	הגל	לבן	ויאמר
𐤅𐤁𐤉𐤍𐤊	𐤁𐤉𐤍𐤉	𐤏𐤃	𐤄𐤆𐤄	𐤄𐤂𐤋	𐤋𐤁𐤍	𐤅𐤉𐤀𐤌𐤓
y-entre-ti	entre-mí	testimonio	el-éste	el-montón	Laván	Y-dijo

31:49

226	107	346	301	70 | 720	100	61 | 621
צפה	גלל + עוד	שם	קרא	כן	עלה	יום
וְהַמִּצְפָּה֙	גַּלְעֵֽד׃	שְׁמ֖וֹ	קָֽרָא־	כֵּ֥ן	עַל־	הַיּ֑וֹם
Vehamitspah	*. Galed*	*shmó*	*kará*	*ken*	*al*	*hayom*
והמצפה	גלעד	שמו	קרא	כן	על	היום
𐤅𐤄𐤌𐤑𐤐𐤄	𐤂𐤋𐤏𐤃	𐤔𐤌𐤅	𐤒𐤓𐤀	𐤊𐤍	𐤏𐤋	𐤄𐤉𐤅𐤌
Y-la-atalaya	. Galed	su-nombre [ubicación]	llamó	eso enderezar; rectamente	por	hoy día; tiempo [la luz]

30	88 | 568	72	26	180 | 900	241	501
כי	בין	בין	היה	צפה	אמר	אשר
כִּ֥י	וּבֵינֶ֑ךָ	בֵּינִ֣י	יְהוָ֖ה	יִ֥צֶף	אָמַ֔ר	אֲשֶׁ֣ר
ki	*uveyneja*	*beyní*	*YHVH*	*yitsef*	*amar*	*asher*
כי	ובינך	ביני	יהוה	יצף	אמר	אשר
𐤊𐤉	𐤅𐤁𐤉𐤍𐤊	𐤁𐤉𐤍𐤉	𐤉𐤄𐤅𐤄	𐤉𐤑𐤐	𐤀𐤌𐤓	𐤀𐤔𐤓
que porque	y-entre-ti	entre-mí	YHVH	atalaye	dijo	que

31:50

462	401	525	41 | 601	321	311	710
בנה	את	ענה	אם	רעה	איש	סתר
בְּנֹתַ֗י	אֶת־	תְּעַנֶּ֣ה	אִם־	מֵרֵעֵֽהוּ׃	אִ֖ישׁ	נִסָּתֵ֥ר
benotay	*et*	*te'aneh*	*Im*	*. mere'ehu*	*ish*	*nisater*
בנתי	את	תענה	אם	מרעהו	איש	נסתר
𐤁𐤍𐤕𐤉	𐤀𐤕	𐤕𐤏𐤍𐤄	𐤀𐤌	𐤌𐤓𐤏𐤄𐤅	𐤀𐤉𐤔	𐤍𐤎𐤕𐤓
mis-hijas	..	afligirás	Que-no	. de-su-compañero amigo	varón [cada uno]	seremos-escondidos apartado; oculto; secreto

311	61 | 711	462	100	400 | 960	514	47 | 607
איש	אין	בנה	עלה	אנש	לקח	אם
אִ֖ישׁ	אֵ֥ין	בְּנֹתַ֔י	עַל־	נָשִׁים֙	תִּקַּ֤ח	וְאִם־
ish	*eyn*	*benotay*	*al*	*nashim*	*tikaj*	*ve'im*
איש	אין	בנתי	על	נשים	תקח	ואם
𐤀𐤉𐤔	𐤀𐤉𐤍	𐤁𐤍𐤕𐤉	𐤏𐤋	𐤍𐤔𐤉𐤌	𐤕𐤒𐤇	𐤅𐤀𐤌
varón	no-hay ¿con qué?; ¿de dónde?	mis-hijas	sobre	mujeres	tomarás	y-que-no

31:51

257	88 | 568	72	74	86 | 646	206	166
אמר	בין	בין	עוד	אלהה	ראה	עם
וַיֹּאמֶר	וּבֵינֶךָ׃	בֵּינִי	עֵד	אֱלֹהִים	רְאֵה	עִמָּנוּ
Vayómer	*. uveyneja*	*beyní*	*ed*	*Elohim*	*re'eh*	*imanu*
ויאמר	ובינך	ביני	עד	אלהים	ראה	עמנו
𐤅𐤉𐤀𐤌𐤓	𐤅𐤁𐤉𐤍𐤊	𐤁𐤉𐤍𐤉	𐤏𐤃	𐤀𐤋𐤄𐤉𐤌	𐤓𐤀𐤄	𐤏𐤌𐤍𐤅
Y-dijo	. y-entre-ti	entre-mí	testimonio	elohim Dios; dioses; magistrados	mira	con-nosotros

142	66	17	38	60	212	82 | 732
נצב	הן	זה	גלל	הן	עקב	לבן
הַמַּצֵּבָה	וְהִנֵּה	הַזֶּה	הַגַּל	הִנֵּה	לְיַעֲקֹב	לָבָן
hamatsevah	*vehineh*	*hazeh*	*hagal*	*hineh*	*leYa'akov*	*Laván*
המצבה	והנה	הזה	הגל	הנה	ליעקב	לבן
𐤄𐤌𐤑𐤁𐤄	𐤅𐤄𐤍𐤄	𐤄𐤆𐤄	𐤄𐤂𐤋	𐤄𐤍𐤄	𐤋𐤉𐤏𐤒𐤁	𐤋𐤁𐤍
la-estela monumento; pilar	y-¡Mira! he-aquí	el-éste	el-montón	¡Mira! he-aquí	a-Ya'akov	Laván

31:52

17	38	74	88 | 568	72	630	501
זה	גלל	עוד	בין	בין	ירה	אשר
הַזֶּה	הַגַּל	עֵד	וּבֵינֶךָ׃	בֵּינִי	יָרִיתִי	אֲשֶׁר
hazeh	*hagal*	*Ed*	*. uveyneja*	*beyní*	*yariti*	*asher*
הזה	הגל	עד	ובינך	ביני	יריתי	אשר
𐤄𐤆𐤄	𐤄𐤂𐤋	𐤏𐤃	𐤅𐤁𐤉𐤍𐤊	𐤁𐤉𐤍𐤉	𐤉𐤓𐤉𐤕𐤉	𐤀𐤔𐤓
el-éste	el-montón	Testimonio	. y-entre-ti	entre-mí	levanté [ritual de alianza]	que

61 | 541	273	31	61	41 | 601	142	85
אלה	עבר	לא	אנך	אם	נצב	עוד
אֵלֶיךָ	אֶעֱבֹר	לֹא־	אָנִי	אִם־	הַמַּצֵּבָה	וְעֵדָה
eleyja	*e'evor*	*lo*	*aní*	*im*	*hamatsevah*	*ve'edah*
אליך	אעבר	לא	אני	אם	המצבה	ועדה
𐤀𐤋𐤉𐤊	𐤀𐤏𐤁𐤓	𐤋𐤀	𐤀𐤍𐤉	𐤀𐤌	𐤄𐤌𐤑𐤁𐤄	𐤅𐤏𐤃𐤄
a-ti	cruzaré	no	yo	que	la-estela monumento; pilar	y-testimonio

672	31	406	47 | 607	17	38	401
עבר	לא	את	אם	זה	גלל	את
תַעֲבֹר	לֹא־	אַתָּה	וְאִם־	הַזֶּה	הַגַּל	אֶת־
ta'avor	*lo*	*atah*	*ve'im*	*hazeh*	*hagal*	*et*
תעבר	לא	אתה	ואם	הזה	הגל	את
𐤕𐤏𐤁𐤓	𐤋𐤀	𐤀𐤕𐤄	𐤅𐤀𐤌	𐤄𐤆𐤄	𐤄𐤂𐤋	𐤀𐤕
cruzarás	no	tú	y-que	el-éste	el-montón	..

413	142	407	17	38	401	41
זה	נצב	את	זה	גלל	את	אלה
הַזֹּאת	הַמַּצֵּבָה	וְאֶת־	הַזֶּה	הַגַּל	אֶת־	אֵלַי
hazot	*hamatsevah*	*ve'et*	*hazeh*	*hagal*	*et*	*elay*
הזאת	המצבה	ואת	הזה	הגל	את	אלי
𐤄𐤆𐤀𐤕	𐤄𐤌𐤑𐤁𐤄	𐤅𐤀𐤕	𐤄𐤆𐤄	𐤄𐤂𐤋	𐤀𐤕	𐤀𐤋𐤉
la-ésta	la-estela monumento; pilar	y-···	el-éste	el-montón	··	a-mí

31:53

128	405	264	52	248 | 808	46	305
בין	שפט	נחר	אלהה	אב + רום + המון	אלהה	רעע
בֵּינֵינוּ	יִשְׁפְּטוּ	נָחוֹר	וֵאלֹהֵי	אַבְרָהָם	אֱלֹהֵי	לְרָעָה׃
veyneynu	*yishpetú*	*Najor*	*velohey*	*Avraham*	*Elohey*	*. lera'ah*
בינינו	ישפטו	נחור	ואלהי	אברהם	אלהי	לרעה
𐤁𐤉𐤍𐤉𐤍𐤅	𐤉𐤔𐤐𐤈𐤅	𐤍𐤇𐤅𐤓	𐤅𐤀𐤋𐤄𐤉	𐤀𐤁𐤓𐤄𐤌	𐤀𐤋𐤄𐤉	𐤋𐤓𐤏𐤄
entre-nosotros	juzguen	Najor	y-Dios-de y-dioses-de [plural]	Avraham	Dios-de dioses-de [plural]	. para-mal malo

208	19	94	182	388	58 | 618	46
צחק	אב	פחד	עקב	שבע	אב	אלהה
יִצְחָק׃	אָבִיו	בְּפַחַד	יַעֲקֹב	וַיִּשָּׁבַע	אֲבִיהֶם	אֱלֹהֵי
. Yitsjak	*aviv*	*befájad*	*Ya'akov*	*vayishavá*	*avihem*	*elohey*
יצחק	אביו	בפחד	יעקב	וישבע	אביהם	אלהי
𐤉𐤑𐤇𐤒	𐤀𐤁𐤉𐤅	𐤁𐤐𐤇𐤃	𐤉𐤏𐤒𐤁	𐤅𐤉𐤔𐤁𐤏	𐤀𐤁𐤉𐤄𐤌	𐤀𐤋𐤄𐤉
. Yitsjak	su-padre	por-pavor-de	Ya'akov	y-juró	su-padre	Dios-de dioses-de [plural]

31:54

81	55	317	207	17	182	33
אכל	אח	קרא	הרר	זבח	עקב	זבח
לֶאֱכָל־	לְאֶחָיו	וַיִּקְרָא	בָּהָר	זֶבַח	יַעֲקֹב	וַיִּזְבַּח
le'ejol	*le'ejav*	*vayikrá*	*bahar*	*zevaj*	*Ya'akov*	*Vayizbaj*
לאכל	לאחיו	ויקרא	בהר	זבח	יעקב	ויזבח
𐤋𐤀𐤊𐤋	𐤋𐤀𐤇𐤉𐤅	𐤅𐤉𐤒𐤓𐤀	𐤁𐤄𐤓	𐤆𐤁𐤇	𐤉𐤏𐤒𐤁	𐤅𐤉𐤆𐤁𐤇
para-comer	a-sus-hermanos	y-llamó	en-el-monte	sacrificio	Ya'akov	Y-sacrificó

31:55

82 | 732	376 | 936	207	112	78 | 638	73	78 | 638
לבן	שכם	הרר	לון	לחם	אכל	לחם
לָבָן	וַיַּשְׁכֵּם	בָּהָר׃	וַיָּלִינוּ	לֶחֶם	וַיֹּאכְלוּ	לָחֶם
Laván	*Vayashkem*	*. bahar*	*vayalinu*	*léjem*	*vayojlú*	*lájem*
לבן	וישכם	בהר	וילינו	לחם	ויאכלו	לחם
𐤋𐤁𐤍	𐤅𐤉𐤔𐤊𐤌	𐤁𐤄𐤓	𐤅𐤉𐤋𐤉𐤍𐤅	𐤋𐤇𐤌	𐤅𐤉𐤀𐤊𐤋𐤅	𐤋𐤇𐤌
Laván	Y-madrugó	. en-el-monte	y-pernoctaron	pan [alimento básico]	y-comieron	pan [alimento básico]

66 | 546	446 | 1006	238 | 718	510	98	466	304
הלך	את	ברך	בנה	בנה	נשק	בקר
וַיֵּלֶךְ	אֶתְהֶם	וַיְבָרֶךְ	וְלִבְנוֹתָיו	לְבָנָיו	וַיְנַשֵּׁק	בַּבֹּקֶר
vayélej	ethem	vayevárej	velivnotav	levanav	vayenashek	babóker
וילך	אתהם	ויברך	ולבנותיו	לבניו	וינשק	בבקר
𐤅𐤉𐤋𐤊	𐤀𐤕𐤄𐤌	𐤅𐤉𐤁𐤓𐤊	𐤅𐤋𐤁𐤍𐤅𐤕𐤉𐤅	𐤋𐤁𐤍𐤉𐤅	𐤅𐤉𐤍𐤔𐤒	𐤁𐤁𐤒𐤓
y-anduvo	a-ellos	y-bendijo	y-a-sus-hijas	a-sus-hijos	y-besó	por-la-mañana

216	82 | 732	318
קום	לבן	שוב
לִמְקֹמוֹ׃	לָבָן	וַיָּשָׁב
. limkomó	Laván	vayáshov
למקמו	לבן	וישב
𐤋𐤌𐤒𐤌𐤅	𐤋𐤁𐤍	𐤅𐤉𐤔𐤁
. a-su-lugar	Laván	y-volvió

Total de palabras hebreas: 780.
Total de consonantes hebreas: 2896.
Consonantes ausentes: -

32:1

86 | 646	101	8	175	260	55 | 535	188
אלהה	לאך	הוא	פגע	דרך	הלך	עקב
אֱלֹהִים׃	מַלְאֲכֵי	בוֹ	וַיִּפְגְּעוּ־	לְדַרְכּוֹ	הָלַךְ	וְיַעֲקֹב
. Elohim	*malajey*	*vo*	*vayifge'ú*	*ledarkó*	*halaj*	*VeYa'akov*
אלהים	מלאכי	בו	ויפגעו	לדרכו	הלך	ויעקב
𐤀𐤋𐤄𐤉𐤌	𐤌𐤋𐤀𐤊𐤉	𐤁𐤅	𐤅𐤉𐤐𐤂𐤏𐤅	𐤋𐤃𐤓𐤊𐤅	𐤄𐤋𐤊	𐤅𐤉𐤏𐤒𐤁
. elohim Dios; dioses; magistrados	mensajeros-de	con-él	y-se-toparon	a-su-camino	anduvo	Y-Ya'akov

32:2

12	86 | 646	103	241 | 801	521	182	257
זה	אלהה	חנה	ראה	אשר	עקב	אמר
זֶה	אֱלֹהִים	מַחֲנֵה	רָאָם	כַּאֲשֶׁר	יַעֲקֹב	וַיֹּאמֶר
zeh	*Elohim*	*majaneh*	*ra'am*	*ka'asher*	*Ya'akov*	*Vayómer*
זה	אלהים	מחנה	ראם	כאשר	יעקב	ויאמר
𐤆𐤄	𐤀𐤋𐤄𐤉𐤌	𐤌𐤇𐤍𐤄	𐤓𐤀𐤌	𐤊𐤀𐤔𐤓	𐤉𐤏𐤒𐤁	𐤅𐤉𐤀𐤌𐤓
éste	*elohim* Dios; dioses; magistrados	campamento-de	los-vio	como según	Ya'akov	Y-dijo

32:3

182	354	148 | 708	17	191 | 751	340 | 900	317
עקב	שלח	חנה	הוא	קום	שם	קרא
יַעֲקֹב	וַיִּשְׁלַח	מַחֲנָיִם׃	הַהוּא	הַמָּקוֹם	שֵׁם־	וַיִּקְרָא
Ya'akov	*Vayishlaj*	*. Majanáyim*	*hahú*	*hamakom*	*shem*	*vayikrá*
יעקב	וישלח	מחנים	ההוא	המקום	שם	ויקרא
𐤉𐤏𐤒𐤁	𐤅𐤉𐤔𐤋𐤇	𐤌𐤇𐤍𐤉𐤌	𐤄𐤄𐤅𐤀	𐤄𐤌𐤒𐤅𐤌	𐤔𐤌	𐤅𐤉𐤒𐤓𐤀
Ya'akov	Y-envió	. Majanáyim	el-aquel	el-lugar	nombre-de [ubicación]	y-llamó

580	296	25	376	31	176	141 | 701
שער	ארץ	אח	עשה	אל	פנה	לאך
שֵׂעִיר	אַרְצָה	אָחִיו	עֵשָׂו	אֶל־	לְפָנָיו	מַלְאָכִים
Se'ir	*artsah*	*ajiv*	*Esav*	*el*	*lefanav*	*malajim*
שעיר	ארצה	אחיו	עשו	אל	לפניו	מלאכים
𐤔𐤏𐤉𐤓	𐤀𐤓𐤑𐤄	𐤀𐤇𐤉𐤅	𐤏𐤔𐤅	𐤀𐤋	𐤋𐤐𐤍𐤉𐤅	𐤌𐤋𐤀𐤊𐤉𐤌
Se'ir	a-tierra-de [la seca]	su-hermano	Esav	a hacia	ante-él presencia; superficie	mensajeros

32:4

697 | 1347	25	271	441 | 1001	112	56 | 616	309
אמר	כה	אמר	את	צוה	אדם	שדה
תֹאמְרוּן	כֹּה	לֵאמֹר	אֹתָם	וַיְצַו	אֱדוֹם׃	שְׂדֵה
tomrún	*koh*	*lemor*	*otam*	*Vayetsav*	*. Edom*	*sdeh*
תאמרון	כה	לאמר	אתם	ויצו	אדום	שדה
𐤕𐤀𐤌𐤓𐤅𐤍	𐤊𐤄	𐤋𐤀𐤌𐤓	𐤀𐤕𐤌	𐤅𐤉𐤑𐤅	𐤀𐤃𐤅𐤌	𐤔𐤃𐤄
diréis	así	a-decir	a-ellos	Y-mandó	. Edom	campo-de

110 | 670	182	96 | 576	241	25	406	95
עם	עקב	עבד	אמר	כה	עשה	אדן
עִם־	יַעֲקֹ֑ב	עַבְדְּךָ֣	אָמַר֙	כֹּ֤ה	לְעֵשָׂ֔ו	לַאדֹנִ֖י
im	*Ya'akov*	*avdeja*	*amar*	*koh*	*le'Esav*	*ladoní*
עם	יעקב	עבדך	אמר	כה	לעשו	לאדני
𐤏𐤌	𐤉𐤏𐤒𐤁	𐤏𐤁𐤃𐤊	𐤀𐤌𐤓	𐤊𐤄	𐤋𐤏𐤔𐤅	𐤋𐤀𐤃𐤍𐤉
con	Ya'akov	tu-siervo	dijo	así	a-Esav	a-mi-señor

32:5

40	31	475	74	215	613	82 | 732
·	היה	עת	עדה	אחר	גור	לבן
לִ֑י	וַֽיְהִי־	עַתָּה׃	עַד־	וָאֵחַ֖ר	גַּ֔רְתִּי	לָבָ֣ן
li	*Vayehí*	*. atah*	*ad*	*va'ejar*	*garti*	*Laván*
לי	ויהי	עתה	עד	ואחר	גרתי	לבן
𐤋𐤉	𐤅𐤉𐤄𐤉	𐤏𐤕𐤄	𐤏𐤃	𐤅𐤀𐤇𐤓	𐤂𐤓𐤕𐤉	𐤋𐤁𐤍
para-mí	Y-fue	. ahora en-este-tiempo	hasta	y-me-detuve	he-residido [como extranjero]	Laván

52	350	399	82	141 | 791	260	506
נגד	שלח	שפח	עבד	צאן	חמר	שור
לְהַגִּ֣יד	וָֽאֶשְׁלְחָה֙	וְשִׁפְחָ֑ה	וְעֶ֣בֶד	צֹ֖אן	וַחֲמ֔וֹר	שׁ֣וֹר
lehagid	*va'eshlejah*	*veshifjah*	*ve'éved*	*tson*	*vajamor*	*shor*
להגיד	ואשלחה	ושפחה	ועבד	צאן	וחמור	שור
𐤋𐤄𐤂𐤉𐤃	𐤅𐤀𐤔𐤋𐤇𐤄	𐤅𐤔𐤐𐤇𐤄	𐤅𐤏𐤁𐤃	𐤑𐤀𐤍	𐤅𐤇𐤌𐤅𐤓	𐤔𐤅𐤓
a-manifestar contar; declarar	y-envié	y-sierva	y-siervo	rebaño [ganado menor]	y-asno	buey

32:6

31	146 | 706	324	162 | 642	58 | 708	161	95
אל	לאך	שוב	עין	חנן	מצא	אדן
אֶל־	הַמַּלְאָכִ֔ים	וַיָּשֻׁ֙בוּ֙	בְּעֵינֶֽיךָ׃	חֵ֥ן	לִמְצֹא־	לַאדֹנִ֔י
el	*hamalajim*	*Vayashuvu*	*. be'eyneyja*	*jen*	*limtsó*	*ladoní*
אל	המלאכים	וישבו	בעיניך	חן	למצא	לאדני
𐤀𐤋	𐤄𐤌𐤋𐤀𐤊𐤉𐤌	𐤅𐤉𐤔𐤁𐤅	𐤁𐤏𐤉𐤍𐤉𐤊	𐤇𐤍	𐤋𐤌𐤑𐤀	𐤋𐤀𐤃𐤍𐤉
a hacia	los-mensajeros	Y-volvieron	. en-tus-ojos	gracia favor	para-encontrar	a-mi-señor

376	31	39 | 519	31	59	271	182
עשה	אל	אח	אל	בוא	אמר	עקב
עֵשָׂ֔ו	אֶל־	אָחִ֙יךָ֙	אֶל־	בָּ֣אנוּ	לֵאמֹ֑ר	יַעֲקֹב֙
Esav	*el*	*ajija*	*el*	*banu*	*lemor*	*Ya'akov*
עשו	אל	אחיך	אל	באנו	לאמר	יעקב
𐤏𐤔𐤅	𐤀𐤋	𐤀𐤇𐤉𐤊	𐤀𐤋	𐤁𐤀𐤍𐤅	𐤋𐤀𐤌𐤓	𐤉𐤏𐤒𐤁
Esav	a hacia	tu-hermano	a hacia	vinimos	para-decir	Ya'akov

116	311	447	279	751 | 1231	61 | 541	49 | 609
עם	איש	מאה	רבע	קרא	הלך	גם
עִמּֽוֹ׃	אִ֥ישׁ	מֵא֥וֹת	וְאַרְבַּֽע־	לִקְרָֽאתְךָ֔	הֹלֵ֣ךְ	וְגַם֙
. imó	ish	me'ot	ve'arbá	likratja	holej	vegam
עמו	איש	מאות	וארבע	לקראתך	הלך	וגם
𐤏𐤌𐤅	𐤀𐤉𐤔	𐤌𐤀𐤅𐤕	𐤅𐤀𐤓𐤁𐤏	𐤋𐤒𐤓𐤀𐤕𐤊	𐤄𐤋𐤊	𐤅𐤂𐤌
. con-él	varón	cientos centena	y-cuatro	a-encontrarte	está-andando	y-también

32:7

401	114 | 924	36	306	45	182	227
את	חצה	הוא	יצר	מאד	עקב	ירא
אֶת־	וַיַּ֣חַץ	ל֑וֹ	וַיֵּ֣צֶר	מְאֹ֖ד	יַעֲקֹ֛ב	וַיִּירָ֧א
et	vayájats	lo	vayétser	me'od	Ya'akov	Vayirá
את	ויחץ	לו	ויצר	מאד	יעקב	ויירא
𐤀𐤕	𐤅𐤉𐤇𐤑	𐤋𐤅	𐤅𐤉𐤑𐤓	𐤌𐤀𐤃	𐤉𐤏𐤒𐤁	𐤅𐤉𐤉𐤓𐤀
..	y-repartió dividir	a-él	y-se-angustió	mucho fuerza; poder; vigor	Ya'akov	Y-temió

307	407	146 | 796	407	407	501	115 | 675
בקר	את	צאן	את	את	אשר	עמם
הַבָּקָ֛ר	וְאֶת־	הַצֹּ֧אן	וְאֶת־	אִתּ֗וֹ	אֲשֶׁר־	הָעָ֨ם
habakar	ve'et	hatsón	ve'et	itó	asher	ha'am
הבקר	ואת	הצאן	ואת	אתו	אשר	העם
𐤄𐤁𐤒𐤓	𐤅𐤀𐤕	𐤄𐤑𐤀𐤍	𐤅𐤀𐤕	𐤀𐤕𐤅	𐤀𐤔𐤓	𐤄𐤏𐤌
la-res [ganado mayor]	y-··	el-rebaño [ganado menor]	y-··	con-él	que	el-pueblo

32:8

376	19	41 | 601	257	504	390	134 | 694
עשה	בוא	אם	אמר	חנה	שנה	גמל
עֵשָׂ֛ו	יָב֥וֹא	אִם־	וַיֹּ֗אמֶר	מַחֲנֽוֹת׃	לִשְׁנֵ֥י	וְהַגְּמַלִּ֖ים
Esav	yavó	im	Vayómer	. majanot	lishney	vehagemalim
עשו	יבוא	אם	ויאמר	מחנות	לשני	והגמלים
𐤏𐤔𐤅	𐤉𐤁𐤅𐤀	𐤀𐤌	𐤅𐤉𐤀𐤌𐤓	𐤌𐤇𐤍𐤅𐤕	𐤋𐤔𐤍𐤉	𐤅𐤄𐤂𐤌𐤋𐤉𐤌
Esav	viene	si	Y-dijo	. campamentos	para-dos otra-vez [años]	y-los-camellos

556	108	26	42	414	108	31
שאר	חנה	היה	נכה	אחד	חנה	אל
הַנִּשְׁאָ֖ר	הַֽמַּחֲנֶ֥ה	וְהָיָ֛ה	וְהִכָּ֑הוּ	הָאַחַ֖ת	הַֽמַּחֲנֶ֥ה	אֶל־
hanishar	hamajaneh	vehayah	vehikahu	ha'ajat	hamajaneh	el
הנשאר	המחנה	והיה	והכהו	האחת	המחנה	אל
𐤄𐤍𐤔𐤀𐤓	𐤄𐤌𐤇𐤍𐤄	𐤅𐤄𐤉𐤄	𐤅𐤄𐤊𐤄𐤅	𐤄𐤀𐤇𐤕	𐤄𐤌𐤇𐤍𐤄	𐤀𐤋
el-superviviente	el-campamento	y-será	y-lo-hiere	el-uno único; unido	el-campamento	a hacia

32:9

52	248 | 808	13	46	182	257	164
אלהה	אב + רום + המון	אב	אלהה	עקב	אמר	פלט
וֵאלֹהֵי	אַבְרָהָם	אָבִי	אֱלֹהֵי	יַעֲקֹב	וַיֹּאמֶר	לִפְלֵיטָה׃
velohey	*Avraham*	*aví*	*elohey*	*Ya'akov*	*Vayómer*	*. lifleytah*
ואלהי	אברהם	אבי	אלהי	יעקב	ויאמר	לפליטה
𐤅𐤀𐤋𐤄𐤉	𐤀𐤁𐤓𐤄𐤌	𐤀𐤁𐤉	𐤀𐤋𐤄𐤉	𐤉𐤏𐤒𐤁	𐤅𐤉𐤀𐤌𐤓	𐤋𐤐𐤋𐤉𐤈𐤄
y-Dios-de y-dioses-de [plural]	Avraham	mi-padre	Dios-de dioses-de [plural]	Ya'akov	Y-dijo	. para-liberación

341 | 821	308	41	246	26	208	13
ארץ	שוב	אלה	אמר	היה	צחק	אב
לְאַרְצְךָ	שׁוּב	אֵלַי	הָאֹמֵר	יְהוָה	יִצְחָק	אָבִי
le'artseja	*shuv*	*elay*	*ha'omer*	*YHVH*	*Yitsjak*	*aví*
לארצך	שוב	אלי	האמר	יהוה	יצחק	אבי
𐤋𐤀𐤓𐤑𐤊	𐤔𐤅𐤁	𐤀𐤋𐤉	𐤄𐤀𐤌𐤓	𐤉𐤄𐤅𐤄	𐤉𐤑𐤇𐤒	𐤀𐤁𐤉
a-tu-tierra [la-seca]	vuelve	a-mí	el-que-dijo	YHVH	Yitsjak	mi-padre

32:10

96	127 | 687	90	569	130 | 610	43	536 | 1016
כלל	חסד	כלל	קטן	עם	יטב	ילד
וּמִכָּל־	הַחֲסָדִים	מִכֹּל	קָטֹנְתִּי	עִמָּךְ׃	וְאֵיטִיבָה	וּלְמוֹלַדְתְּךָ
umikol	*hajasadim*	*mikol*	*Katonti*	*. imaj*	*ve'eytivah*	*ulemoladteja*
ומכל	החסדים	מכל	קטנתי	עמך	ואיטיבה	ולמולדתך
𐤅𐤌𐤊𐤋	𐤄𐤇𐤎𐤃𐤉𐤌	𐤌𐤊𐤋	𐤒𐤈𐤍𐤕𐤉	𐤏𐤌𐤊	𐤅𐤀𐤉𐤈𐤉𐤁𐤄	𐤅𐤋𐤌𐤅𐤋𐤃𐤕𐤊
y-más-que-toda	las-bondades	más-que-todas	Soy-pequeño [no merecer; disminuir]	. contigo	y-haré-bien	y-a-tu-parentela linaje; nacimiento

182	30	96 | 576	401	780	501	446
מקל	כי	עבד	את	עשה	אשר	אמן
בְמַקְלִי	כִּי	עַבְדֶּךָ	אֶת־	עָשִׂיתָ	אֲשֶׁר	הָאֱמֶת
vemaklí	*ki*	*avdeja*	*et*	*asita*	*asher*	*ha'émet*
במקלי	כי	עבדך	את	עשית	אשר	האמת
𐤁𐤌𐤒𐤋𐤉	𐤊𐤉	𐤏𐤁𐤃𐤊	𐤀𐤕	𐤏𐤔𐤉𐤕	𐤀𐤔𐤓	𐤄𐤀𐤌𐤕
con-mi-vara cayado; palo	que porque	tu-siervo	..	hiciste	que	la-verdad

390	435	481	17	269 | 919	401	682
שנה	היה	עת	זה	ירד	את	עבר
לִשְׁנֵי	הָיִיתִי	וְעַתָּה	הַזֶּה	הַיַּרְדֵּן	אֶת־	עָבַרְתִּי
lishney	*hayiti*	*ve'atah*	*hazeh*	*haYardén*	*et*	*avarti*
לשני	הייתי	ועתה	הזה	הירדן	את	עברתי
𐤋𐤔𐤍𐤉	𐤄𐤉𐤉𐤕𐤉	𐤅𐤏𐤕𐤄	𐤄𐤆𐤄	𐤄𐤉𐤓𐤃𐤍	𐤀𐤕	𐤏𐤁𐤓𐤕𐤉
para-dos otra-vez [años]	estoy	y-ahora en-este-tiempo	el-éste	el-Yardén	..	crucé

32:11

376	54	19	54	51	195	504
עשה	יד	אח	יד	נא	נצל	חנה
עֵשָׂו	מִיַּד	אָחִי	מִיַּד	נָא	הַצִּילֵנִי	מַחֲנוֹת׃
Esav	*miyad*	*ají*	*miyad*	*na*	*Hatsileni*	*. majanot*
עשו	מיד	אחי	מיד	נא	הצילני	מחנות
𐤏𐤔𐤅	𐤌𐤉𐤃	𐤀𐤇𐤉	𐤌𐤉𐤃	𐤍𐤀	𐤄𐤑𐤉𐤋𐤍𐤉	𐤌𐤇𐤍𐤅𐤕
Esav	de-mano-de	mi-hermano	de-mano-de	por-favor ahora	Rescátame librar; recuperar	. campamentos

91	19	130 | 780	407	81	211	30
נכה	בוא	פן	את	אנך	ירא	כי
וְהִכַּנִי	יָבוֹא	פֶּן־	אֹתוֹ	אָנֹכִי	יָרֵא	כִּי־
vehikani	*yavó*	*pen*	*otó*	*anojí*	*yaré*	*ki*
והכני	יבוא	פן	אתו	אנכי	ירא	כי
𐤅𐤄𐤊𐤍𐤉	𐤉𐤁𐤅𐤀	𐤐𐤍	𐤀𐤕𐤅	𐤀𐤍𐤊𐤉	𐤉𐤓𐤀	𐤊𐤉
y-me-hiera	venga	no-sea-que quizá	a-él	yo	temo temeroso	que porque

32:12

32	26	641	412	102 | 662	100	41 | 601
יטב	יטב	אמר	את	בנה	עלה	אמם
אֵיטִיב	הֵיטֵב	אָמַרְתָּ	וְאַתָּה	בָּנִים׃	עַל־	אֵם
eytiv	*heytev*	*amarta*	*Ve'atah*	*. banim*	*al*	*em*
איטיב	היטב	אמרת	ואתה	בנים	על	אם
𐤀𐤉𐤈𐤉𐤁	𐤄𐤉𐤈𐤁	𐤀𐤌𐤓𐤕	𐤅𐤀𐤕𐤄	𐤁𐤍𐤉𐤌	𐤏𐤋	𐤀𐤌
haré-bien	hacer-bien ciertamente	dijiste	Y-tú	. hijos edificador	sobre	madre

501	55 | 615	64	297 | 777	401	756	130 | 610
אשר	ימם	חול	זרע	את	שים	עם
אֲשֶׁר	הַיָּם	כְּחוֹל	זַרְעֲךָ	אֶת־	וְשַׂמְתִּי	עִמָּךְ
asher	*hayam*	*kejol*	*zaraja*	*et*	*vesamtí*	*imaj*
אשר	הים	כחול	זרעך	את	ושמתי	עמך
𐤀𐤔𐤓	𐤄𐤉𐤌	𐤊𐤇𐤅𐤋	𐤆𐤓𐤏𐤊	𐤀𐤕	𐤅𐤔𐤌𐤕𐤉	𐤏𐤌𐤊
que	el-mar	como-arena-de	tu-simiente semilla	..	y-pondré [ubicación]	contigo

32:13

17	77	340 | 900	96 | 746	242	350	31
הוא	ליל	שם	לון	רבב	ספר	לא
הַהוּא	בַּלַּיְלָה	שָׁם	וַיָּלֶן	מֵרֹב׃	יִסָּפֵר	לֹא־
hahú	*baláylah*	*sham*	*Vayalen*	*. merov*	*yisáfer*	*lo*
ההוא	בלילה	שם	וילן	מרב	יספר	לא
𐤄𐤄𐤅𐤀	𐤁𐤋𐤉𐤋𐤄	𐤔𐤌	𐤅𐤉𐤋𐤍	𐤌𐤓𐤁	𐤉𐤎𐤐𐤓	𐤋𐤀
la-aquella	en-la-noche [la oscuridad]	allí [ubicación]	Y-pernoctó	. de-abundante	será-contada censar; enumerar	no

25	406	103	22	8	90 | 740	124
אח	עשה	מנח	יד	בוא	מן	לקח
אָחִיו׃	לְעֵשָׂו	מִנְחָה	בְיָדוֹ	הַבָּא	מִן־	וַיִּקַּח
. ajiv	*le'Esav*	*minjah*	*veyadó*	*habá*	*min*	*vayikaj*
אחיו	לעשו	מנחה	בידו	הבא	מן	ויקח
𐤀𐤇𐤉𐤅	𐤋𐤏𐤔𐤅	𐤌𐤍𐤇𐤄	𐤁𐤉𐤃𐤅	𐤄𐤁𐤀	𐤌𐤍	𐤅𐤉𐤒𐤇
. su-hermano	para-Esav	ofrenda regalo; tributo [vegetal]	en-su-mano	lo-que-vino	de desde	y-tomó

32:14

97 | 657	491 | 1051	288 | 848	620 | 1180	766 | 1326	491 | 1051	127 | 687
איל	מאה	רחל	עשר	תיש	מאה	עזז
וְאֵילִים	מָאתַיִם	רְחֵלִים	עֶשְׂרִים	וּתְיָשִׁים	מָאתַיִם	עִזִּים
ve'eylim	*matáyim*	*rejelim*	*esrim*	*uteyashim*	*matáyim*	*Izim*
ואילים	מאתים	רחלים	עשרים	ותישים	מאתים	עזים
𐤅𐤀𐤉𐤋𐤉𐤌	𐤌𐤀𐤕𐤉𐤌	𐤓𐤇𐤋𐤉𐤌	𐤏𐤔𐤓𐤉𐤌	𐤅𐤕𐤉𐤔𐤉𐤌	𐤌𐤀𐤕𐤉𐤌	𐤏𐤆𐤉𐤌
y-carneros poderoso [fuerza]	doscientos	ovejas	veinte	machos-cabríos	doscientos	Cabras

32:15

323 | 883	686	680 | 1240	113 | 673	616	123 | 683	620 | 1180
רבע	פרר	שלש	בנה	ינק	גמל	עשר
אַרְבָּעִים	פָּרוֹת	שְׁלֹשִׁים	וּבְנֵיהֶם	מֵינִיקוֹת	גְּמַלִּים	עֶשְׂרִים׃
arba'im	*parot*	*shloshim*	*uveneyhem*	*meynikot*	*Gemalim*	*. esrim*
ארבעים	פרות	שלשים	ובניהם	מיניקות	גמלים	עשרים
𐤀𐤓𐤁𐤏𐤉𐤌	𐤐𐤓𐤅𐤕	𐤔𐤋𐤔𐤉𐤌	𐤅𐤁𐤍𐤉𐤄𐤌	𐤌𐤉𐤍𐤉𐤒𐤅𐤕	𐤂𐤌𐤋𐤉𐤌	𐤏𐤔𐤓𐤉𐤌
cuarenta	vacas	treinta	y-sus-hijos edificador	amamantadoras	Camellas	. veinte

32:16

466 | 1116	575	326 | 886	620 | 1180	851	575	336 | 896
נתן	עשר	עיר	עשר	אתן	עשר	פרר
וַיִּתֵּן	עֲשָׂרָה׃	וַעְיָרִם	עֶשְׂרִים	אֲתֹנֹת	עֲשָׂרָה	וּפָרִים
Vayitén	*. asarah*	*vayarim*	*esrim*	*atonot*	*asarah*	*ufarim*
ויתן	עשרה	ועירם	עשרים	אתנת	עשרה	ופרים
𐤅𐤉𐤕𐤍	𐤏𐤔𐤓𐤄	𐤅𐤏𐤉𐤓𐤌	𐤏𐤔𐤓𐤉𐤌	𐤀𐤕𐤍𐤕	𐤏𐤔𐤓𐤄	𐤅𐤐𐤓𐤉𐤌
Y-dio	. diez	y-borricos	veinte	asnas	diez	y-toros

31	257	42	274	274	92	16
אל	אמר	בד	עדר	עדר	עבד	יד
אֶל־	וַיֹּאמֶר	לְבַדּוֹ	עֵדֶר	עֵדֶר	עֲבָדָיו	בְּיַד־
el	*vayómer*	*levadó*	*éder*	*éder*	*avadav*	*beyad*
אל	ויאמר	לבדו	עדר	עדר	עבדיו	ביד
𐤀𐤋	𐤅𐤉𐤀𐤌𐤓	𐤋𐤁𐤃𐤅	𐤏𐤃𐤓	𐤏𐤃𐤓	𐤏𐤁𐤃𐤉𐤅	𐤁𐤉𐤃
a hacia	y-dijo	a-su-solas miembro; parte	hato	hato	sus-siervos	en-mano-de

274	62 | 712	756	220	170	278	92
עדר	בין	שים	רוח	פנה	עבר	עבד
עֵדֶר	בֵּין	תָּשִׂימוּ	וְרֶוַח	לְפָנַי	עִבְרוּ	עֲבָדָיו
éder	*beyn*	*tasimu*	*verevaj*	*lefanay*	*ivrú*	*avadav*
עדר	בין	תשימו	ורוח	לפני	עברו	עבדיו
עדר	בין	תשימו	ורוח	לפני	עברו	עבדיו
hato	entre	pondréis [ubicación]	y-distancia	ante-mí presencia; superficie	cruzad	sus-siervos

32:17

30	271	562 | 1212	401	112	274	68 | 718
כי	אמר	ראש	את	צוה	עדר	בין
כִּי	לֵאמֹר	הָרִאשׁוֹן	אֶת־	וַיְצַו	עֵדֶר׃	וּבֵין
ki	*lemor*	*harishón*	*et*	*Vayetsav*	*. éder*	*uveyn*
כי	לאמר	הראשון	את	ויצו	עדר	ובין
כי	לאמר	הראשון	את	ויצו	עדר	ובין
que porque	a-decir	el-primero	..	Y-mandó	. hato	y-entre

406	80	271	357 | 837	19	376	413 | 893
את	מי	אמר	שאל	אח	עשה	פגש
אַתָּה	לְמִי־	לֵאמֹר	וּשְׁאֵלְךָ	אָחִי	עֵשָׂו	יִפְגָּשְׁךָ
atah	*lemí*	*lemor*	*vishelja*	*ají*	*Esav*	*yifgashja*
אתה	למי	לאמר	ושאלך	אחי	עשו	יפגשך
אתה	למי	לאמר	ושאלך	אחי	עשו	יפגשך
tú	¿Para-quién	al-decir	y-te-pregunte	mi-hermano	Esav	te-encuentre

32:18

126 | 606	647	190 | 670	36	86	450 | 930	62
עבד	אמר	פנה	אלה	מי	הלך	אין
לְעַבְדְּךָ	וְאָמַרְתָּ	לְפָנֶיךָ׃	אֵלֶּה	וּלְמִי	תֵלֵךְ	וְאָנָה
le'avdeja	*Ve'amartá*	*. lefaneyja*	*éleh*	*ulemí*	*télej*	*ve'anah*
לעבדך	ואמרת	לפניך	אלה	ולמי	תלך	ואנה
לעבדך	ואמרת	לפניך	אלה	ולמי	תלך	ואנה
para-tu-siervo	Y-dirás	. ante-ti presencia; superficie	estos	¿Y-para-quién	andarás	y-adónde

66	406	95	349	12	103	212
הן	עשה	אדן	שלח	הוא	מנח	עקב
וְהִנֵּה	לְעֵשָׂו	לַאדֹנִי	שְׁלוּחָה	הִוא	מִנְחָה	לְיַעֲקֹב
vehineh	*le'Esav*	*ladoní*	*shlujah*	*hi*	*minjah*	*leYa'akov*
והנה	לעשו	לאדני	שלוחה	הוא	מנחה	ליעקב
והנה	לעשו	לאדני	שלוחה	הוא	מנחה	ליעקב
y-¡Mira! he-aquí	a-Esav	a-mi-señor	enviada	ella	ofrenda regalo; tributo [vegetal]	para-Ya'akov

32:19

365	401	43 | 603	112	275	12	43 | 603
שנה	את	גם	צוה	אחר	הוא	גם
הַשֵּׁנִ֔י	אֶת־	גַּ֣ם	וַיְצַ֞ו	אַחֲרֵֽינוּ׃	ה֖וּא	גַּם־
hashení	*et*	*gam*	*Vayetsav*	*. ajareynu*	*hu*	*gam*
השני	את	גם	ויצו	אחרינו	הוא	גם
𐤄𐤔𐤍𐤉	𐤀𐤕	𐤂𐤌	𐤅𐤉𐤑𐤅	𐤀𐤇𐤓𐤉𐤍𐤅	𐤄𐤅𐤀	𐤂𐤌
el-segundo otra-vez	..	también	Y-mandó	. tras-nosotros	él	también

110 | 670	50	401	43 | 603	655	401	43 | 603
הלך	כלל	את	גם	שלש	את	גם
הַהֹלְכִ֗ים	כָּל־	אֶת־	גַּ֚ם	הַשְּׁלִישִׁ֔י	אֶת־	גַּ֚ם
haholjim	*kol*	*et*	*gam*	*hashelishí*	*et*	*gam*
ההלכים	כל	את	גם	השלישי	את	גם
𐤄𐤄𐤋𐤊𐤉𐤌	𐤊𐤋	𐤀𐤕	𐤂𐤌	𐤄𐤔𐤋𐤉𐤔𐤉	𐤀𐤕	𐤂𐤌
los-andantes	todos	..	también	el-tercero	..	también

31	662 | 1312	17	226	271	329 | 889	219
אל	דבר	זה	דבר	אמר	עדר	אחר
אֶל־	תְּדַבְּר֣וּן	הַזֶּ֔ה	כַּדָּבָ֣ר	לֵאמֹ֑ר	הָעֲדָרִ֖ים	אַחֲרֵ֥י
el	*tedaberún*	*hazeh*	*kadavar*	*lemor*	*ha'adarim*	*ajarey*
אל	תדברון	הזה	כדבר	לאמר	העדרים	אחרי
𐤀𐤋	𐤕𐤃𐤁𐤓𐤅𐤍	𐤄𐤆𐤄	𐤊𐤃𐤁𐤓	𐤋𐤀𐤌𐤓	𐤄𐤏𐤃𐤓𐤉𐤌	𐤀𐤇𐤓𐤉
a hacia	hablaréis	la-ésta	como-la-palabra asunto; cosa	a-decir	los-hatos	después-de

32:20

96 | 576	60	43 | 603	687 | 1247	407	193 | 753	376
עבד	הן	גם	אמר	את	מצא	עשה
עַבְדְּךָ֥	הִנֵּ֛ה	גַּ֗ם	וַאֲמַרְתֶּ֕ם	אֹתֽוֹ׃	בְּמֹצַאֲכֶ֥ם	עֵשָׂ֖ו
avdeja	*hineh*	*gam*	*Va'amartem*	*. otó*	*bemotsa'ajem*	*Esav*
עבדך	הנה	גם	ואמרתם	אתו	במצאכם	עשו
𐤏𐤁𐤃𐤊	𐤄𐤍𐤄	𐤂𐤌	𐤅𐤀𐤌𐤓𐤕𐤌	𐤀𐤕𐤅	𐤁𐤌𐤑𐤀𐤊𐤌	𐤏𐤔𐤅
tu-siervo	¡Mira! he-aquí	también	Y-diréis	. a-él	en-vuestro-encontrar	Esav

105	146	306	241	30	275	182
מנח	פנה	כפר	אמר	כי	אחר	עקב
בַּמִּנְחָה֙	פָנָ֗יו	אֲכַפְּרָ֣ה	אָמַ֞ר	כִּֽי־	אַחֲרֵ֑ינוּ	יַעֲקֹ֖ב
baminjah	*fanav*	*ajaperah*	*amar*	*ki*	*ajareynu*	*Ya'akov*
במנחה	פניו	אכפרה	אמר	כי	אחרינו	יעקב
𐤁𐤌𐤍𐤇𐤄	𐤐𐤍𐤉𐤅	𐤀𐤊𐤐𐤓𐤄	𐤀𐤌𐤓	𐤊𐤉	𐤀𐤇𐤓𐤉𐤍𐤅	𐤉𐤏𐤒𐤁
con-la-ofrenda regalo; tributo [vegetal]	sus-faces presencia; superficie	apaciguaré expiar	dijo	que porque	tras-nosotros	Ya'akov

47	146	207	70	720	225	170	460
אוה	פנה	ראה	כן	אחר	פנה	הלך
אוּלַי	פָּנָיו	אֶרְאֶה	כֵּן	וְאַחֲרֵי־	לְפָנָי	הַהֹלֶכֶת
ulay	*fanav*	*ereh*	*jen*	*ve'ajarey*	*lefanay*	*haholéjet*
אולי	פניו	אראה	כן	ואחרי	לפני	ההלכת
𐤀𐤅𐤋𐤉	𐤐𐤍𐤉𐤅	𐤀𐤓𐤀𐤄	𐤊𐤍	𐤅𐤀𐤇𐤓𐤉	𐤋𐤐𐤍𐤉	𐤄𐤄𐤋𐤊𐤕
tal-vez [implica anhelo]	sus-faces presencia; superficie	veré	eso enderezar; rectamente	y-después-de	ante-mí presencia; superficie	las-andantes

32:21

18	146	100	108	678	140	311
הוא	פנה	עלה	מנח	עבר	פנה	נשא
וְהוּא	פָּנָיו	עַל־	הַמִּנְחָה	וַתַּעֲבֹר	פָנָי׃	יִשָּׂא
vehú	*panav*	*al*	*haminjah*	*Vata'avor*	*. fanay*	*yisá*
והוא	פניו	על	המנחה	ותעבר	פני	ישא
𐤅𐤄𐤅𐤀	𐤐𐤍𐤉𐤅	𐤏𐤋	𐤄𐤌𐤍𐤇𐤄	𐤅𐤕𐤏𐤁𐤓	𐤐𐤍𐤉	𐤉𐤔𐤀
y-él	sus-faces presencia; superficie	sobre	la-ofrenda regalo; tributo [vegetal]	Y-cruzó	. mis-faces presencia; superficie	alzará [perdonar]

32:22

12	77	156	716	105	17	77	80	730
הוא	ליל	קום	חנה	הוא	ליל	לון
הוּא	בַּלַּיְלָה	וַיָּקָם	בַּמַּחֲנֶה׃	הַהוּא	בַּלַּיְלָה־	לָן
hu	*baláylah*	*Vayákom*	*. bamajaneh*	*hahú*	*baláylah*	*lan*
הוא	בלילה	ויקם	במחנה	ההוא	בלילה	לן
𐤄𐤅𐤀	𐤁𐤋𐤉𐤋𐤄	𐤅𐤉𐤒𐤌	𐤁𐤌𐤇𐤍𐤄	𐤄𐤄𐤅𐤀	𐤁𐤋𐤉𐤋𐤄	𐤋𐤍
él	en-la-noche [la oscuridad]	Y-se-levantó	. en-el-campamento	la-aquella	en-la-noche [la oscuridad]	pernoctó

804	710	407	366	710	401	124
שפח	שנה	את	אנש	שנה	את	לקח
שִׁפְחֹתָיו	שְׁתֵּי	וְאֶת־	נָשָׁיו	שְׁתֵּי	אֶת־	וַיִּקַּח
shifjotav	*shtey*	*ve'et*	*nashav*	*shtey*	*et*	*vayikaj*
שפחתיו	שתי	ואת	נשיו	שתי	את	ויקח
𐤔𐤐𐤇𐤕𐤉𐤅	𐤔𐤕𐤉	𐤅𐤀𐤕	𐤍𐤔𐤉𐤅	𐤔𐤕𐤉	𐤀𐤕	𐤅𐤉𐤒𐤇
sus-siervas	dos-de	y-··	sus-mujeres	dos-de	··	y-tomó

312	401	288	60	570	13	407
עבר	את	עבר	ילד	עשר	אחד	את
מַעֲבַר	אֵת	וַיַּעֲבֹר	יְלָדָיו	עָשָׂר	אַחַד	וְאֶת־
ma'avar	*et*	*vaya'avor*	*yeladav*	*asar*	*ajad*	*ve'et*
מעבר	את	ויעבר	ילדיו	עשר	אחד	ואת
𐤌𐤏𐤁𐤓	𐤀𐤕	𐤅𐤉𐤏𐤁𐤓	𐤉𐤋𐤃𐤉𐤅	𐤏𐤔𐤓	𐤀𐤇𐤃	𐤅𐤀𐤕
cruce vado	··	y-cruzó	sus-niños	diez	uno único; unido	y-··

32:23

401	288	93	401	328 | 888	164 724	112
את	עבר	נחל	את	עבר	לקח	בקק
אֶת־	וַיַּעֲבֵר	הַנָּחַל	אֶת־	וַיַּעֲבִרֵם	וַיִּקָּחֵם	יַבֹּק׃
et	*vaya'aver*	*hanajal*	*et*	*vaya'avirem*	*Vayikajem*	*. Yabok*
את	ויעבר	הנחל	את	ויעברם	ויקחם	יבק
𐤀𐤕	𐤅𐤉𐤏𐤁𐤓	𐤄𐤍𐤇𐤋	𐤀𐤕	𐤅𐤉𐤏𐤁𐤓𐤌	𐤅𐤉𐤒𐤇𐤌	𐤉𐤁𐤒
..	e-hizo-cruzar	el-arroyo torrente	..	y-los-hizo-cruzar	Y-los-tomó	. Yabok

32:24

311	119	42	182	622	36	501
איש	אבק	בד	עקב	יתר	הוא	אשר
אִישׁ	וַיֵּאָבֵק	לְבַדּוֹ	יַעֲקֹב	וַיִּוָּתֵר	לוֹ׃	אֲשֶׁר־
ish	*vaye'avek*	*levadó*	*Ya'akov*	*Vayivater*	*. lo*	*asher*
איש	ויאבק	לבדו	יעקב	ויותר	לו	אשר
𐤀𐤉𐤔	𐤅𐤉𐤀𐤁𐤒	𐤋𐤁𐤃𐤅	𐤉𐤏𐤒𐤁	𐤅𐤉𐤅𐤕𐤓	𐤋𐤅	𐤀𐤔𐤓
varón	y-luchó	a-su-solas miembro; parte	Ya'akov	Y-quedó	. para-él	que

32:25

31	30	217	513	506	74	116
לא	כי	ראה	שחר	עלה	עדה	עם
לֹא	כִּי	וַיַּרְא	הַשָּׁחַר׃	עֲלוֹת	עַד	עִמּוֹ
lo	*ki*	*Vayar*	*. hashajar*	*alot*	*ad*	*imó*
לא	כי	וירא	השחר	עלות	עד	עמו
𐤋𐤀	𐤊𐤉	𐤅𐤉𐤓𐤀	𐤄𐤔𐤇𐤓	𐤏𐤋𐤅𐤕	𐤏𐤃	𐤏𐤌𐤅
no	que porque	Y-vio	. el-alba	ascender	hasta	con-él

100 | 820	576	236	102 | 822	89	36	60
כפף	יקע	ירך	כפף	נגע	הוא	יכל
כַּף־	וַתֵּקַע	יֶרֶכוֹ	בְּכַף־	וַיִּגַּע	לוֹ	יָכֹל
kaf	*vateka*	*yerejó*	*bejaf*	*vayigá*	*lo*	*yajol*
כף	ותקע	ירכו	בכף	ויגע	לו	יכל
𐤊𐤐	𐤅𐤕𐤒𐤏	𐤉𐤓𐤊𐤅	𐤁𐤊𐤐	𐤅𐤉𐤂𐤏	𐤋𐤅	𐤉𐤊𐤋
palma-de	y-se-dislocó	su-muslo genitales	en-palma-de	y-tocó azotar; llagar	a-él	podía

32:26

30	398	257	116	116	182	230 | 710
כי	שלח	אמר	עם	אבק	עקב	ירך
כִּי	שַׁלְּחֵנִי	וַיֹּאמֶר	עִמּוֹ׃	בְּהֵאָבְקוֹ	יַעֲקֹב	יֶרֶךְ
ki	*shalejeni*	*Vayómer*	*. imó*	*behe'avkó*	*Ya'akov*	*yérej*
כי	שלחני	ויאמר	עמו	בהאבקו	יעקב	ירך
𐤊𐤉	𐤔𐤋𐤇𐤍𐤉	𐤅𐤉𐤀𐤌𐤓	𐤏𐤌𐤅	𐤁𐤄𐤀𐤁𐤒𐤅	𐤉𐤏𐤒𐤁	𐤉𐤓𐤊
que porque	envíame [con fuerza o urgencia]	Y-dijo	. con-él	en-su-luchar	Ya'akov	muslo-de genitales

41 | 601	30	359 | 839	31	257	513	105
אם	כי	שלח	לא	אמר	שחר	עלה
אִם־	כִּי	אֲשַׁלֵּחֲךָ֙	לֹא	וַיֹּאמֶר֙	הַשַּׁחַר	עָלָה
im	ki	ashalejaja	lo	vayómer	hashajar	alah
אם	כי	אשלחך	לא	ויאמר	השחר	עלה
𐤀𐤌	𐤊𐤉	𐤀𐤔𐤋𐤇𐤊	𐤋𐤀	𐤅𐤉𐤀𐤌𐤓	𐤄𐤔𐤇𐤓	𐤏𐤋𐤄
si-no	que porque	te-enviaré [con fuerza o urgencia]	no	y-dijo	el-alba	ascendió

32:27

182	257	360 | 840	45	47	257	682
עקב	אמר	שם	מה	אלה	אמר	ברך
יַעֲקֹב:	וַיֹּאמֶר	שְׁמֶ֔ךָ	מַה־	אֵלָיו	וַיֹּאמֶר	בֵּרַכְתָּנִי:
Ya'akov	vayómer	shmeja	mah	elav	Vayómer	berajtani
יעקב	ויאמר	שמך	מה	אליו	ויאמר	ברכתני
𐤉𐤏𐤒𐤁	𐤅𐤉𐤀𐤌𐤓	𐤔𐤌𐤊	𐤌𐤄	𐤀𐤋𐤉𐤅	𐤅𐤉𐤀𐤌𐤓	𐤁𐤓𐤊𐤕𐤍𐤉
. Ya'akov	y-dijo	tu-nombre [ubicación]	¿Qué	a-él	Y-dijo	. me-bendices

32:28

30	360 | 840	80	251	182	31	257
כי	שם	עד	אמר	עקב	לא	אמר
כִּי	שְׁמֶ֔ךָ	עוֹד֙	יֵאָמֵ֤ר	יַעֲקֹב֙	לֹא	וַיֹּאמֶר
ki	shimja	od	ye'amer	Ya'akov	lo	Vayómer
כי	שמך	עוד	יאמר	יעקב	לא	ויאמר
𐤊𐤉	𐤔𐤌𐤊	𐤏𐤅𐤃	𐤉𐤀𐤌𐤓	𐤉𐤏𐤒𐤁	𐤋𐤀	𐤅𐤉𐤀𐤌𐤓
que porque	tu-nombre [ubicación]	aún otra-vez	se-dirá	Ya'akov	no	Y-dijo

116 | 676	86 | 646	110 | 670	910	30	541	41 | 601
עם	אלהה	עם	שרה	כי	שרה + אל	אם
וְעִם־	אֱלֹהִים	עִם־	שָׂרִ֧יתָ	כִּי־	יִשְׂרָאֵל	אִם־
ve'im	Elohim	im	sarita	ki	Yisra'El	im
ועם	אלהים	עם	שרית	כי	ישראל	אם
𐤅𐤏𐤌	𐤀𐤋𐤄𐤉𐤌	𐤏𐤌	𐤔𐤓𐤉𐤕	𐤊𐤉	𐤉𐤔𐤓𐤀𐤋	𐤀𐤌
y-con	elohim Dios; dioses; magistrados	con	luchaste [lit. hacer de mayoral]	que porque	Yisra'El	si

32:29

51	27	257	182	347	462	401 | 961
נא	נגד	אמר	עקב	שאל	יכל	אנש
נָּ֣א	הַגִּֽידָה־	וַיֹּ֣אמֶר	יַעֲקֹ֗ב	וַיִּשְׁאַ֣ל	וַתּוּכָֽל:	אֲנָשִׁ֖ים
na	hagidah	vayómer	Ya'akov	Vayishal	vatujal	anashim
נא	הגידה	ויאמר	יעקב	וישאל	ותוכל	אנשים
𐤍𐤀	𐤄𐤂𐤉𐤃𐤄	𐤅𐤉𐤀𐤌𐤓	𐤉𐤏𐤒𐤁	𐤅𐤉𐤔𐤀𐤋	𐤅𐤕𐤅𐤊𐤋	𐤀𐤍𐤔𐤉𐤌
por-favor ahora	manifiesta contar; declarar	y-dijo	Ya'akov	Y-preguntó	. y-pudiste	hombres mortal

238 | 718	380	731	12	75	257	360 | 840
ברך	שם	שאל	זה	מה	אמר	שם
וַיְבָרֶךְ	לִשְׁמִי	תִּשְׁאַל	זֶּה	לָמָּה	וַיֹּאמֶר	שְׁמֶךָ
vayevárej	*lishmí*	*tishal*	*zeh*	*lámah*	*vayómer*	*shmeja*
ויברך	לשמי	תשאל	זה	למה	ויאמר	שמך
𐤅𐤉𐤁𐤓𐤊	𐤋𐤔𐤌𐤉	𐤕𐤔𐤀𐤋	𐤆𐤄	𐤋𐤌𐤄	𐤅𐤉𐤀𐤌𐤓	𐤔𐤌𐤊
y-bendijo	por-mi-nombre [ubicación]	preguntas	esto	¿Por-qué	y-dijo	tu-nombre [ubicación]

32:30

171	191 | 751	340 | 900	182	317	340 | 900	407
פנה + אל	קום	שם	עקב	קרא	שם	את
פְּנִיאֵל	הַמָּקוֹם	שֵׁם	יַעֲקֹב	וַיִּקְרָא	שָׁם׃	אֹתוֹ
Peni'El	*hamakom*	*shem*	*Ya'akov*	*Vayikrá*	*. sham*	*otó*
פניאל	המקום	שם	יעקב	ויקרא	שם	אתו
𐤐𐤍𐤉𐤀𐤋	𐤄𐤌𐤒𐤅𐤌	𐤔𐤌	𐤉𐤏𐤒𐤁	𐤅𐤉𐤒𐤓𐤀	𐤔𐤌	𐤀𐤕𐤅
Peni'El	el-lugar	nombre-de [ubicación]	Ya'akov	Y-llamó	. allí [ubicación]	a-él

576	180 | 740	31	180 | 740	86 | 646	621	30
נצל	פנה	אל	פנה	אלהה	ראה	כי
וַתִּנָּצֵל	פָּנִים	אֶל־	פָּנִים	אֱלֹהִים	רָאִיתִי	כִּי־
vatinatsel	*panim*	*el*	*panim*	*Elohim*	*ra'iti*	*ki*
ותנצל	פנים	אל	פנים	אלהים	ראיתי	כי
𐤅𐤕𐤍𐤑𐤋	𐤐𐤍𐤉𐤌	𐤀𐤋	𐤐𐤍𐤉𐤌	𐤀𐤋𐤄𐤉𐤌	𐤓𐤀𐤉𐤕𐤉	𐤊𐤉
y-fue-rescatada librar; recuperar	faces presencia; superficie	a hacia	faces presencia; superficie	*elohim* Dios; dioses; magistrados	he-visto	que porque

32:31

401	272	521	645	36	231	440
את	עבר	אשר	שמש	הוא	זרח	נפש
אֶת־	עָבַר	כַּאֲשֶׁר	הַשֶּׁמֶשׁ	לוֹ	וַיִּזְרַח־	נַפְשִׁי׃
et	*avar*	*ka'asher*	*hashémesh*	*lo*	*Vayizraj*	*. nafshí*
את	עבר	כאשר	השמש	לו	ויזרח	נפשי
𐤀𐤕	𐤏𐤁𐤓	𐤊𐤀𐤔𐤓	𐤄𐤔𐤌𐤔	𐤋𐤅	𐤅𐤉𐤆𐤓𐤇	𐤍𐤐𐤔𐤉
..	cruzó	como según	el-sol	a-él	Y-resplandeció	. mi-alma aliento; garganta; ser

32:32

70 | 720	100	236	100	190	18	167
כן	עלה	ירך	עלה	צלע	הוא	פנה + אל
כֵּן	עַל־	יְרֵכוֹ׃	עַל־	צֹלֵעַ	וְהוּא	פְּנוּאֵל
ken	*Al*	*. yerejó*	*al*	*tsole'a*	*vehú*	*Penu'El*
כן	על	ירכו	על	צלע	והוא	פנואל
𐤊𐤍	𐤏𐤋	𐤉𐤓𐤊𐤅	𐤏𐤋	𐤑𐤋𐤏	𐤅𐤄𐤅𐤀	𐤐𐤍𐤅𐤀𐤋
eso enderezar; rectamente	Por	. su-muslo genitales	por	estaba-cojeando	y-él	Penu'El

360	17	401	541	62	67	31
נשה	גיד	את	שרה + אל	בנה	אכל	לא
הַנָּשֶׁה	גִּיד	אֶת־	יִשְׂרָאֵל	בְנֵי־	יֹאכְלוּ	לֹא־
hanasheh	*gid*	*et*	*Yisra'El*	*veney*	*yojlú*	*lo*
הנשה	גיד	את	ישראל	בני	יאכלו	לא
𐤄𐤍𐤔𐤄	𐤂𐤉𐤃	𐤀𐤕	𐤉𐤔𐤓𐤀𐤋	𐤁𐤍𐤉	𐤉𐤀𐤊𐤋𐤅	𐤋𐤀
el-encogido [ciático]	nervio	..	Yisra'El	hijos-de edificador	comen	no

17	61 | 621	74	235 | 715	100 | 820	100	501
זה	יום	עדה	ירך	כפף	עלה	אשר
הַזֶּה	הַיּוֹם	עַד	הַיָּרֵךְ	כַּף	עַל־	אֲשֶׁר
hazeh	*hayom*	*ad*	*hayárej*	*kaf*	*al*	*asher*
הזה	היום	עד	הירך	כף	על	אשר
𐤄𐤆𐤄	𐤄𐤉𐤅𐤌	𐤏𐤃	𐤄𐤉𐤓𐤊	𐤊𐤐	𐤏𐤋	𐤀𐤔𐤓
el-éste	el-día tiempo [la luz]	hasta	el-muslo genitales	palma-de	sobre	que

360	19	182	230 | 710	102 | 822	123	30
נשה	גיד	עקב	ירך	כפף	נגע	כי
הַנָּשֶׁה׃	בְּגִיד	יַעֲקֹב	יֶרֶךְ	בְּכַף־	נָגַע	כִּי
. hanasheh	*begid*	*Ya'akov*	*yérej*	*bejaf*	*nagá*	*ki*
הנשה	בגיד	יעקב	ירך	בכף	נגע	כי
𐤄𐤍𐤔𐤄	𐤁𐤂𐤉𐤃	𐤉𐤏𐤒𐤁	𐤉𐤓𐤊	𐤁𐤊𐤐	𐤍𐤂𐤏	𐤊𐤉
. el-encogido [ciático]	en-nervio	Ya'akov	muslo-de genitales	en-palma-de	tocó azotar; llagar	que porque

Total de palabras hebreas: 441.
Total de consonantes hebreas: 1674.
Consonantes ausentes: -

33:1

3	376	66	217	146	182	317
בוא	עשה	הן	ראה	עין	עקב	נשא
בָּא	עֵשָׂו	וְהִנֵּה	וַיַּרְא	עֵינָיו	יַעֲקֹב	וַיִּשָּׂא
ba	*Esav*	*vehineh*	*vayar*	*eynav*	*Ya'akov*	*Vayisá*
בא	עשו	והנה	וירא	עיניו	יעקב	וישא
𐤁𐤀	𐤏𐤔𐤅	𐤅𐤄𐤍𐤄	𐤅𐤉𐤓𐤀	𐤏𐤉𐤍𐤉𐤅	𐤉𐤏𐤒𐤁	𐤅𐤉𐤔𐤀
estaba-viniendo	Esav	y-¡Mira! he-aquí	y-vio	sus-ojos	Ya'akov	Y-alzó

99 | 659	401	114 | 924	311	447	273	122
ילד	את	חצה	איש	מאה	רבע	עם
הַיְלָדִים	אֶת־	וַיַּחַץ	אִישׁ	מֵאוֹת	אַרְבַּע	וְעִמּוֹ
hayeladim	*et*	*vayájats*	*ish*	*me'ot*	*arbá*	*ve'imó*
הילדים	את	ויחץ	איש	מאות	ארבע	ועמו
𐤄𐤉𐤋𐤃𐤉𐤌	𐤀𐤕	𐤅𐤉𐤇𐤑	𐤀𐤉𐤔	𐤌𐤀𐤅𐤕	𐤀𐤓𐤁𐤏	𐤅𐤏𐤌𐤅
los-niños	..	y-repartió dividir	varón	cientos centena	cuatro	y-con-él

799	710	106	238	106	36	100
שפח	שנה	עלה	רחל	עלה	לאה	עלה
הַשְּׁפָחוֹת׃	שְׁתֵּי	וְעַל	רָחֵל	וְעַל־	לֵאָה	עַל־
. hashefajot	*shtey*	*ve'al*	*Rajel*	*ve'al*	*Le'ah*	*al*
השפחות	שתי	ועל	רחל	ועל	לאה	על
𐤄𐤔𐤐𐤇𐤅𐤕	𐤔𐤕𐤉	𐤅𐤏𐤋	𐤓𐤇𐤋	𐤅𐤏𐤋	𐤋𐤀𐤄	𐤏𐤋
. las-siervas	dos-de	y-sobre	Rajel	y-sobre	Le'ah	sobre

33:2

407	556	109 | 759	407	799	401	356 | 916
את	ראש	ילד	את	שפח	את	שים
וְאֶת־	רִאשֹׁנָה	יַלְדֵיהֶן	וְאֶת־	הַשְּׁפָחוֹת	אֶת־	וַיָּשֶׂם
ve'et	*rishonah*	*yaldeyhén*	*ve'et*	*hashefajot*	*et*	*Vayásem*
ואת	ראשנה	ילדיהן	ואת	השפחות	את	וישם
𐤅𐤀𐤕	𐤓𐤀𐤔𐤍𐤄	𐤉𐤋𐤃𐤉𐤄𐤍	𐤅𐤀𐤕	𐤄𐤔𐤐𐤇𐤅𐤕	𐤀𐤕	𐤅𐤉𐤔𐤌
y-···	antes	y-sus-niños	y-···	las-siervas	..	Y-puso [ubicación]

156 | 876	407	238	407	309 | 869	65	36
יסף	את	רחל	את	אחר	ילד	לאה
יוֹסֵף	וְאֶת־	רָחֵל	וְאֶת־	אַחֲרֹנִים	וִילָדֶיהָ	לֵאָה
Yosef	*ve'et*	*Rajel*	*ve'et*	*ajaronim*	*viladeyha*	*Le'ah*
יוסף	ואת	רחל	ואת	אחרנים	וילדיה	לאה
𐤉𐤅𐤎𐤐	𐤅𐤀𐤕	𐤓𐤇𐤋	𐤅𐤀𐤕	𐤀𐤇𐤓𐤍𐤉𐤌	𐤅𐤉𐤋𐤃𐤉𐤄	𐤋𐤀𐤄
Yosef	y-···	Rajel	y-···	posteriores	y-sus-niños	Le'ah

33:3

372	296	730	215 | 775	272	18	309 | 869
שבע	ארץ	שחה	פנה	עבר	הוא	אחר
שֶׁ֣בַע	אַ֔רְצָה	וַיִּשְׁתַּ֣חוּ	לִפְנֵיהֶ֑ם	עָבַ֣ר	וְה֖וּא	אַחֲרֹנִֽים׃
sheva	*artsah*	*vayishtajú*	*lifneyhem*	*avar*	*Vehú*	*. ajaronim*
שבע	ארצה	וישתחו	לפניהם	עבר	והוא	אחרנים
𐤔𐤁𐤏	𐤀𐤓𐤑𐤄	𐤅𐤉𐤔𐤕𐤇𐤅	𐤋𐤐𐤍𐤉𐤄𐤌	𐤏𐤁𐤓	𐤅𐤄𐤅𐤀	𐤀𐤇𐤓𐤍𐤉𐤌
siete	a-tierra [la seca]	y-se-postró	ante-ellos presencia; superficie	cruzó	Y-él	. posteriores

33:4

376	306 | 1116	25	74	709	74	240 | 800
עשה	רוץ	אח	עדה	נגש	עדה	פעם
עֵשָׂ֤ו	וַיָּ֨רָץ	אָחִֽיו׃	עַד־	גִּשְׁתּ֖וֹ	עַד־	פְּעָמִ֔ים
Esav	*Vayárots*	*. ajiv*	*ad*	*gishtó*	*ad*	*pe'amim*
עשו	וירץ	אחיו	עד	גשתו	עד	פעמים
𐤏𐤔𐤅	𐤅𐤉𐤓𐤑	𐤀𐤇𐤉𐤅	𐤏𐤃	𐤂𐤔𐤕𐤅	𐤏𐤃	𐤐𐤏𐤌𐤉𐤌
Esav	Y-corrió	. su-hermano	hasta	acercarse	hasta	veces

44	427	303	100	126	137	737
בכה	נשק	צור	עלה	נפל	חבק	קרא
וַיִּבְכּֽוּ׃	וַיִּשָּׁקֵ֑הוּ	צַוָּארָ֖ו	עַל־	וַיִּפֹּ֥ל	וַֽיְחַבְּקֵ֔הוּ	לִקְרָאתוֹ֙
. vayivkú	*vayishakehu*	*tsavarav*	*al*	*vayipol*	*vayejabekehu*	*likrató*
ויבכו	וישקהו	צוארו	על	ויפל	ויחבקהו	לקראתו
𐤅𐤉𐤁𐤊𐤅	𐤅𐤉𐤔𐤒𐤄𐤅	𐤑𐤅𐤀𐤓𐤅	𐤏𐤋	𐤅𐤉𐤐𐤋	𐤅𐤉𐤇𐤁𐤒𐤄𐤅	𐤋𐤒𐤓𐤀𐤕𐤅
. y-lloraron	y-le-besó	su-cuello garganta	sobre	y-cayó	y-le-abrazó	a-encontrarle

33:5

407	405 | 965	401	217	146	401	317
את	אנש	את	ראה	עין	את	נשא
וְאֶת־	הַנָּשִׁים֙	אֶת־	וַיַּ֗רְא	עֵינָיו֙	אֶת־	וַיִּשָּׂ֣א
ve'et	*hanashim*	*et*	*vayar*	*eynav*	*et*	*Vayisá*
ואת	הנשים	את	וירא	עיניו	את	וישא
𐤅𐤀𐤕	𐤄𐤍𐤔𐤉𐤌	𐤀𐤕	𐤅𐤉𐤓𐤀	𐤏𐤉𐤍𐤉𐤅	𐤀𐤕	𐤅𐤉𐤔𐤀
y-···	las-mujeres	··	y-vio	sus-ojos	··	Y-alzó

99 | 659	257	50 | 530	36	50	257	99 | 659
ילד	אמר	·	אלה	מי	אמר	ילד
הַיְלָדִ֕ים	וַיֹּאמַ֕ר	לָ֑ךְ	אֵ֣לֶּה	מִי־	וַיֹּ֖אמֶר	הַיְלָדִ֔ים
hayeladim	*vayomar*	*laj*	*éleh*	*mi*	*vayómer*	*hayeladim*
הילדים	ויאמר	לך	אלה	מי	ויאמר	הילדים
𐤄𐤉𐤋𐤃𐤉𐤌	𐤅𐤉𐤀𐤌𐤓	𐤋𐤊	𐤀𐤋𐤄	𐤌𐤉	𐤅𐤉𐤀𐤌𐤓	𐤄𐤉𐤋𐤃𐤉𐤌
los-niños	y-dijo	para-ti	estos	¿Quién	y-dijo	los-niños

33:6

501	108 | 758	86 | 646	401	96 | 576	759 | 1409	799
אשר	חנן	אלהה	את	עבד	נגש	שפח
אֲשֶׁר־	חָנַן	אֱלֹהִים	אֶת־	עַבְדֶּךָ׃	וַתִּגַּשְׁןָ	הַשְּׁפָחוֹת
asher	*janán*	*Elohim*	*et*	*. avdeja*	*Vatigashna*	*hashefajot*
אשר	חנן	אלהים	את	עבדך	ותגשן	השפחות
𐤀𐤔𐤓	𐤇𐤍𐤍	𐤀𐤋𐤄𐤉𐤌	𐤀𐤕	𐤏𐤁𐤃𐤊	𐤅𐤕𐤂𐤔𐤍	𐤄𐤔𐤐𐤇𐤅𐤕
que	agració favorecer	elohim Dios; dioses; magistrados	..	. tu-siervo	Y-se-acercaron	las-siervas

33:7

60	115 | 765	1180 | 1830	709	43 | 603	36	65
הוא	ילד	שחה	נגש	גם	לאה	ילד
הֵנָּה	וְיַלְדֵיהֶן	וַתִּשְׁתַּחֲוֶיןָ׃	וַתִּגַּשׁ	גַּם־	לֵאָה	וִילָדֶיהָ
henah	*veyaldeyhén*	*. vatishtajaveyna*	*Vatigash*	*gam*	*Le'ah*	*viladeyha*
הנה	וילדיהן	ותשתחוין	ותגש	גם	לאה	וילדיה
𐤄𐤍𐤄	𐤅𐤉𐤋𐤃𐤉𐤄𐤍	𐤅𐤕𐤔𐤕𐤇𐤅𐤉𐤍	𐤅𐤕𐤂𐤔	𐤂𐤌	𐤋𐤀𐤄	𐤅𐤉𐤋𐤃𐤉𐤄
ellas	y-sus-niños	. y-se-postraron	Y-se-acercó	también	Le'ah	y-sus-niños

33:8

736	215	353	156 | 876	244	736	257
שחה	אחר	נגש	יסף	רחל	שחה	אמר
וַיִּשְׁתַּחֲוּוּ	וְאַחַר	נִגַּשׁ	יוֹסֵף	וְרָחֵל	וַיִּשְׁתַּחֲוּוּ׃	וַיֹּאמֶר
vayishtajavú	*ve'ajar*	*nigash*	*Yosef*	*veRajel*	*. vayishtajavú*	*Vayómer*
וישתחוו	ואחר	נגש	יוסף	ורחל	וישתחוו	ויאמר
𐤅𐤉𐤔𐤕𐤇𐤅𐤅	𐤅𐤀𐤇𐤓	𐤍𐤂𐤔	𐤉𐤅𐤎𐤐	𐤅𐤓𐤇𐤋	𐤅𐤉𐤔𐤕𐤇𐤅𐤅	𐤅𐤉𐤀𐤌𐤓
y-se-postraron	y-después	se-acercó	Yosef	y-Rajel	. y-se-postraron	Y-dijo

50	50 | 530	50	108	17	501	793
מי	·	כלל	חנה	זה	אשר	פגש
מִי	לְךָ	כָּל־	הַמַּחֲנֶה	הַזֶּה	אֲשֶׁר	פָּגָשְׁתִּי
mi	*lejá*	*kol*	*hamajaneh*	*hazeh*	*asher*	*pagashti*
מי	לך	כל	המחנה	הזה	אשר	פגשתי
𐤌𐤉	𐤋𐤊	𐤊𐤋	𐤄𐤌𐤇𐤍𐤄	𐤄𐤆𐤄	𐤀𐤔𐤓	𐤐𐤂𐤔𐤕𐤉
¿Quién	para-ti	todo	el-campamento	el-éste	que	encontré

33:9

257	161	58 | 708	273	65	257	376
אמר	מצא	חנן	עין	אדן	אמר	עשה
וַיֹּאמֶר	לִמְצֹא־	חֵן	בְּעֵינֵי	אֲדֹנִי׃	וַיֹּאמֶר	עֵשָׂו
vayómer	*limtsó*	*jen*	*be'eyney*	*. adoní*	*Vayómer*	*Esav*
ויאמר	למצא	חן	בעיני	אדני	ויאמר	עשו
𐤅𐤉𐤀𐤌𐤓	𐤋𐤌𐤑𐤀	𐤇𐤍	𐤁𐤏𐤉𐤍𐤉	𐤀𐤃𐤍𐤉	𐤅𐤉𐤀𐤌𐤓	𐤏𐤔𐤅
y-dijo	para-encontrar	gracia favor	en-ojos-de	. mi-señor	Y-dijo	Esav

501	50 | 530	25	19	202	40	310
אשר	·	היה	אח	רבב	·	יש
אֲשֶׁר־	לְךָ	יְהִי	אָחִי	רָב	לִי	יֶשׁ־
asher	lejá	yehí	ají	rav	li	yesh
אשר	לך	יהי	אחי	רב	לי	יש
𐤀𐤔𐤓	𐤋𐤊	𐤉𐤄𐤉	𐤀𐤇𐤉	𐤓𐤁	𐤋𐤉	𐤉𐤔
que	para-ti	sea	mi-hermano	abundancia	para-mí	hay

33:10

51	41 | 601	51	31	182	257	50 | 530
נא	אם	נא	אל	עקב	אמר	
נָא	אִם־	נָא	אַל־	יַעֲקֹב	וַיֹּאמֶר	לָךְ׃
na	im	na	al	Ya'akov	Vayómer	. laj
נא	אם	נא	אל	יעקב	ויאמר	לך
𐤍𐤀	𐤀𐤌	𐤍𐤀	𐤀𐤋	𐤉𐤏𐤒𐤁	𐤅𐤉𐤀𐤌𐤓	𐤋𐤊
ahora por-favor	si	por-favor ahora	no	Ya'akov	Y-dijo	. para-ti

30	64	508	544	162 | 642	58 | 708	541
כי	יד	מנח	לקח	עין	חנן	מצא
כִּי	מִיָּדִי	מִנְחָתִי	וְלָקַחְתָּ	בְּעֵינֶיךָ	חֵן	מָצָאתִי
ki	miyadí	minjatí	velakajtá	be'eyneyja	jen	matsati
כי	מידי	מנחתי	ולקחת	בעיניך	חן	מצאתי
𐤊𐤉	𐤌𐤉𐤃𐤉	𐤌𐤍𐤇𐤕𐤉	𐤅𐤋𐤒𐤇𐤕	𐤁𐤏𐤉𐤍𐤉𐤊	𐤇𐤍	𐤌𐤑𐤀𐤕𐤉
que porque	de-mi-mano	mi-ofrenda regalo; tributo [porción]	y-tomarás	en-tus-ojos	gracia favor	he-encontrado

86 | 646	140	621	160 | 640	621	70 | 720	100
אלהה	פנה	ראה	פנה	ראה	כן	עלה
אֱלֹהִים	פְּנֵי	כִּרְאֹת	פָּנֶיךָ	רָאִיתִי	כֵּן	עַל־
Elohim	peney	kirot	faneyja	ra'iti	ken	al
אלהים	פני	כראת	פניך	ראיתי	כן	על
𐤀𐤋𐤄𐤉𐤌	𐤐𐤍𐤉	𐤊𐤓𐤀𐤕	𐤐𐤍𐤉𐤊	𐤓𐤀𐤉𐤕𐤉	𐤊𐤍	𐤏𐤋
elohim Dios; dioses; magistrados	faces-de presencia; superficie	como-ver	tus-faces presencia; superficie	he-visto	eso enderezar; rectamente	por

33:11

408	501	632	401	51	108	756
בוא	אשר	ברך	את	נא	לקח	רצה
הֻבָאת	אֲשֶׁר	בִּרְכָתִי	אֶת־	נָא	קַח־	וַתִּרְצֵנִי׃
huvat	asher	birjatí	et	na	Kaj	. vatirtseni
הבאת	אשר	ברכתי	את	נא	קח	ותרצני
𐤄𐤁𐤀𐤕	𐤀𐤔𐤓	𐤁𐤓𐤊𐤕𐤉	𐤀𐤕	𐤍𐤀	𐤒𐤇	𐤅𐤕𐤓𐤑𐤍𐤉
ha-sido-traída	que	mi-bendición	..	por-favor ahora	Toma	. y-me-aceptaste

40	310	36	86 | 646	118	30	50 | 530
·	יש	כי	אלהה	חנן	כי	·
לִי־	יֶשׁ־	וְכִי	אֱלֹהִים	חַנַּנִי	כִּי־	לָךְ
li	*yesh*	*vejí*	*Elohim*	*janani*	*ki*	*laj*
לי	יש	וכי	אלהים	חנני	כי	לך
𐤋𐤉	𐤉𐤔	𐤅𐤊𐤉	𐤀𐤋𐤄𐤉𐤌	𐤇𐤍𐤍𐤉	𐤊𐤉	𐤋𐤊
para-mí	hay	y-que	elohim Dios; dioses; magistrados	me-agració favorecer	que porque	para-ti

33:12

111	185	257	124	8	386	50
הלך	נסע	אמר	לקח	הוא	פצר	כלל
וְנֵלֵכָה	נִסְעָה	וַיֹּאמֶר	וַיִּקָּח׃	בּוֹ	וַיִּפְצַר־	כֹּל
veneléjah	*nisah*	*Vayómer*	*. vayikaj*	*bo*	*vayiftsar*	*jol*
ונלכה	נסעה	ויאמר	ויקח	בו	ויפצר	כל
𐤅𐤍𐤋𐤊𐤄	𐤍𐤎𐤏𐤄	𐤅𐤉𐤀𐤌𐤓	𐤅𐤉𐤒𐤇	𐤁𐤅	𐤅𐤉𐤐𐤑𐤓	𐤊𐤋
y-andemos	partamos [retirar estacas]	Y-dijo	. y-tomó	con-él	y-porfió insistir	todo

33:13

30	84	65	47	257	107 | 587	62
כי	ידע	אדן	אלה	אמר	נגד	הלך
כִּי־	יֹדֵעַ	אֲדֹנִי	אֵלָיו	וַיֹּאמֶר	לְנֶגְדֶּךָ׃	וְאֵלְכָה
ki	*yode'a*	*adoní*	*elav*	*Vayómer*	*. lenegdeja*	*ve'eljah*
כי	ידע	אדני	אליו	ויאמר	לנגדך	ואלכה
𐤊𐤉	𐤉𐤃𐤏	𐤀𐤃𐤍𐤉	𐤀𐤋𐤉𐤅	𐤅𐤉𐤀𐤌𐤓	𐤋𐤍𐤂𐤃𐤊	𐤅𐤀𐤋𐤊𐤄
que porque	conoces	mi-señor	a-él	Y-dijo	. a-tu-enfrente	y-andaré

236 | 796	110	506	313	152 | 802	270 | 830	99 | 659
דפק	עלה	עול	בקר	צאן	רכך	ילד
וּדְפָקוּם	עָלָי	עָלוֹת	וְהַבָּקָר	וְהַצֹּאן	רַכִּים	הַיְלָדִים
udfakum	*alay*	*alot*	*vehabakar*	*vehatsón*	*rakim*	*hayeladim*
ודפקום	עלי	עלות	והבקר	והצאן	רכים	הילדים
𐤅𐤃𐤐𐤒𐤅𐤌	𐤏𐤋𐤉	𐤏𐤋𐤅𐤕	𐤅𐤄𐤁𐤒𐤓	𐤅𐤄𐤑𐤀𐤍	𐤓𐤊𐤉𐤌	𐤄𐤉𐤋𐤃𐤉𐤌
y-fatigándolos	sobre-mí	paridas	y-la-res [ganado mayor]	y-el-rebaño [ganado menor]	tiernos	los-niños

33:14

51	282	146 | 796	50	452	13	56 | 616
נא	עבר	צאן	כלל	מות	אחד	יום
נָא	יַעֲבָר־	הַצֹּאן׃	כָּל־	וָמֵתוּ	אֶחָד	יוֹם
na	*Ya'avor*	*. hatsón*	*kol*	*vametu*	*ejad*	*yom*
נא	יעבר	הצאן	כל	ומתו	אחד	יום
𐤍𐤀	𐤉𐤏𐤁𐤓	𐤄𐤑𐤀𐤍	𐤊𐤋	𐤅𐤌𐤕𐤅	𐤀𐤇𐤃	𐤉𐤅𐤌
por-favor ahora	Cruce	. el-rebaño [ganado menor]	todo	y-morirán	uno único; unido	día tiempo [la luz]

263	50	491	67	82	170	65
רגל	אט	נהל	אנך	עבד	פנה	אדן
לְרֶגֶל	לְאִטִּי	אֶתְנָהֲלָה	וַאֲנִי	עַבְדּוֹ	לִפְנֵי	אֲדֹנִי
lerégel	*le'ití*	*etnahalah*	*va'aní*	*avdó*	*lifney*	*adoní*
לרגל	לאטי	אתנהלה	ואני	עבדו	לפני	אדני
𐤋𐤓𐤂𐤋	𐤋𐤀𐤈𐤉	𐤀𐤕𐤍𐤄𐤋𐤄	𐤅𐤀𐤍𐤉	𐤏𐤁𐤃𐤅	𐤋𐤐𐤍𐤉	𐤀𐤃𐤍𐤉
a-pie-de	a-mi-ritmo [de modo lento]	avanzaré	y-yo	su-siervo	ante presencia; superficie	mi-señor

501	74	99 | 659	269	170	501	101
אשר	עדה	ילד	רגל	פנה	אשר	לאך
אֲשֶׁר־	עַד	הַיְלָדִים	וּלְרֶגֶל	לְפָנַי	אֲשֶׁר־	הַמְּלָאכָה
asher	*ad*	*hayeladim*	*ulerégel*	*lefanay*	*asher*	*hamelajah*
אשר	עד	הילדים	ולרגל	לפני	אשר	המלאכה
𐤀𐤔𐤓	𐤏𐤃	𐤄𐤉𐤋𐤃𐤉𐤌	𐤅𐤋𐤓𐤂𐤋	𐤋𐤐𐤍𐤉	𐤀𐤔𐤓	𐤄𐤌𐤋𐤀𐤊𐤄
que	hasta	los-niños	y-a-pie-de	ante-mí presencia; superficie	que	la-obra

33:15

104	376	257	585	65	31	4
יצג	עשה	אמר	שער	אדן	אל	בוא
אַצִּיגָה־	עֵשָׂו	וַיֹּאמֶר	שֵׂעִירָה׃	אֲדֹנִי	אֶל־	אָבֹא
atsigah	*Esav*	*Vayómer*	*. Se'írah*	*adoní*	*el*	*avó*
אציגה	עשו	ויאמר	שעירה	אדני	אל	אבא
𐤀𐤑𐤉𐤂𐤄	𐤏𐤔𐤅	𐤅𐤉𐤀𐤌𐤓	𐤔𐤏𐤉𐤓𐤄	𐤀𐤃𐤍𐤉	𐤀𐤋	𐤀𐤁𐤀
estableceré	Esav	Y-dijo	. a-Se'ir	mi-señor	a hacia	venga

257	411	501	115 | 675	90 | 740	130 | 610	51
אמר	את	אשר	עמם	מן	עם	נא
וַיֹּאמֶר	אִתִּי	אֲשֶׁר	הָעָם	מִן־	עִמְּךָ	נָּא
vayómer	*ití*	*asher*	*ha'am*	*min*	*imeja*	*na*
ויאמר	אתי	אשר	העם	מן	עמך	נא
𐤅𐤉𐤀𐤌𐤓	𐤀𐤕𐤉	𐤀𐤔𐤓	𐤄𐤏𐤌	𐤌𐤍	𐤏𐤌𐤊	𐤍𐤀
y-dijo	conmigo	que	el-pueblo	de desde	contigo	ahora por-favor

33:16

318	65	273	58 | 708	132	12	75
שוב	אדן	עין	חנן	מצא	זה	מה
וַיָּשָׁב	אֲדֹנִי׃	בְּעֵינֵי	חֵן	אֶמְצָא־	זֶּה	לָמָּה
Vayáshov	*. adoní*	*be'eyney*	*jen*	*emtsá*	*zeh*	*lámah*
וישב	אדני	בעיני	חן	אמצא	זה	למה
𐤅𐤉𐤔𐤁	𐤀𐤃𐤍𐤉	𐤁𐤏𐤉𐤍𐤉	𐤇𐤍	𐤀𐤌𐤑𐤀	𐤆𐤄	𐤋𐤌𐤄
Y-volvió	. mi-señor	en-ojos-de	gracia favor	encuentro	esto	¿Por-qué

33:17

180	188	585	260	376	17	58 | 618
נסע	עקב	שער	דרך	עשה	הוא	יום
נָסַ֣ע	וְיַעֲקֹב֙	שֵׂעִֽירָה׃	לְדַרְכּ֖וֹ	עֵשָׂ֛ו	הַה֥וּא	בַּיּ֨וֹם
nasá	*VeYa'akov*	*. Se'írah*	*ledarkó*	*Esav*	*hahú*	*bayom*
נסע	ויעקב	שעירה	לדרכו	עשו	ההוא	ביום
𐤍𐤎𐤏	𐤅𐤉𐤏𐤒𐤁	𐤔𐤏𐤉𐤓𐤄	𐤋𐤃𐤓𐤊𐤅	𐤏𐤔𐤅	𐤄𐤄𐤅𐤀	𐤁𐤉𐤅𐤌
partió [retirar estacas]	Y-Ya'akov	. a-Se'ir	a-su-camino	Esav	el-aquel	en-el-día tiempo [la luz]

480	375	237	412	36	68 | 718	485
סכך	עשה	קנה	בנה	הוא	בנה	סכך
סֻכֹּ֔ת	עָשָׂ֣ה	וּלְמִקְנֵ֙הוּ֙	בָּ֑יִת	ל֖וֹ	וַיִּ֥בֶן	סֻכֹּ֙תָה֙
sukot	*asah*	*ulemiknehu*	*báyit*	*lo*	*vayivén*	*Sukotah*
סכת	עשה	ולמקנהו	בית	לו	ויבן	סכתה
𐤎𐤊𐤕	𐤏𐤔𐤄	𐤅𐤋𐤌𐤒𐤍𐤄𐤅	𐤁𐤉𐤕	𐤋𐤅	𐤅𐤉𐤁𐤍	𐤎𐤊𐤕𐤄
cabañas	hizo	y-para-su-propiedad adquisición [ganado]	casa	para-él	y-edificó construir	a-Sukot

33:18

19	486	191 | 751	340 | 900	301	70 | 720	100
בוא	סכך	קום	שם	קרא	כן	עלה
וַיָּבֹ֨א	סֻכּֽוֹת׃	הַמָּק֖וֹם	שֵֽׁם־	קָרָ֥א	כֵּ֛ן	עַל־
Vayavó	*. Sukot*	*hamakom*	*shem*	*kará*	*ken*	*al*
ויבא	סכות	המקום	שם	קרא	כן	על
𐤅𐤉𐤁𐤀	𐤎𐤊𐤅𐤕	𐤄𐤌𐤒𐤅𐤌	𐤔𐤌	𐤒𐤓𐤀	𐤊𐤍	𐤏𐤋
Y-vino	. Sukot	el-lugar	nombre-de [ubicación]	llamó	eso enderezar; rectamente	por

190 | 840	293 | 1103	501	360 | 920	280	370 | 930	182
כנע	ארץ	אשר	שכם	עור	שלם	עקב
כְּנַ֔עַן	בְּאֶ֣רֶץ	אֲשֶׁר֙	שְׁכֶ֗ם	עִ֣יר	שָׁלֵ֜ם	יַעֲקֹ֜ב
Kena'an	*be'érets*	*asher*	*Shjem*	*ir*	*shalem*	*Ya'akov*
כנען	בארץ	אשר	שכם	עיר	שלם	יעקב
𐤊𐤍𐤏𐤍	𐤁𐤀𐤓𐤑	𐤀𐤔𐤓	𐤔𐤊𐤌	𐤏𐤉𐤓	𐤔𐤋𐤌	𐤉𐤏𐤒𐤁
Kena'an	en-tierra-de [la seca]	que	Shjem	ciudad-de	pleno [rel. con paz]	Ya'akov

285	140	401	74 | 74	241 | 801	174 | 824	11
עור	פנה	את	חנה	ארם	פדן	בוא
הָעִֽיר׃	פְּנֵ֥י	אֶת־	וַיִּ֖חַן	אֲרָ֑ם	מִפַּדַּ֣ן	בְּבֹא֖וֹ
. ha'ir	*peney*	*et*	*vayiján*	*Aram*	*miPadán*	*bevo'ó*
העיר	פני	את	ויחן	ארם	מפדן	בבאו
𐤄𐤏𐤉𐤓	𐤐𐤍𐤉	𐤀𐤕	𐤅𐤉𐤇𐤍	𐤀𐤓𐤌	𐤌𐤐𐤃𐤍	𐤁𐤁𐤀𐤅
. la-ciudad	faces-de presencia; superficie	..	y-acampó declinar	Aram	de-Padán	en-su-venir

33:19

340 | 900	64	501	314	538	401	166 | 816
שם	נטה	אשר	שדה	חלק	את	קנה
שָׁם	נָטָה־	אֲשֶׁר	הַשָּׂדֶה	חֶלְקַת	אֶת־	וַיִּקֶן
sham	*natah*	*asher*	*hasadeh*	*jelkat*	*et*	*Vayikén*
שם	נטה	אשר	השדה	חלקת	את	ויקן
𐤔𐤌	𐤍𐤈𐤄	𐤀𐤔𐤓	𐤄𐤔𐤃𐤄	𐤇𐤋𐤒𐤕	𐤀𐤕	𐤅𐤉𐤒𐤍
allí [ubicación]	extendió	que	el-campo	parte-de	..	Y-adquirió comprar

48	360 | 920	13	254	62	54	42
מאה	שכם	אב	חמר	בנה	יד	אהל
בְּמֵאָה	שְׁכֶם	אֲבִי	חֲמוֹר	בְּנֵי־	מִיַּד	אָהֳלוֹ
beme'ah	*Shjem*	*aví*	*Jamor*	*veney*	*miyad*	*oholó*
במאה	שכם	אבי	חמור	בני	מיד	אהלו
𐤁𐤌𐤀𐤄	𐤔𐤊𐤌	𐤀𐤁𐤉	𐤇𐤌𐤅𐤓	𐤁𐤍𐤉	𐤌𐤉𐤃	𐤀𐤄𐤋𐤅
en-cien	Shjem	padre-de	Jamor	hijos-de edificador	de-mano-de	su-tienda

33:20

31	36	317	57	340 | 900	108	424
אל	הוא	קרא	זבח	שם	נצב	קשט
אֵל	לוֹ	וַיִּקְרָא־	מִזְבֵּחַ	שָׁם	וַיַּצֶּב־	קְשִׂיטָה׃
El	*lo*	*vayikrá*	*mizbé'aj*	*sham*	*Vayatsev*	*. kesitah*
אל	לו	ויקרא	מזבח	שם	ויצב	קשיטה
𐤀𐤋	𐤋𐤅	𐤅𐤉𐤒𐤓𐤀	𐤌𐤆𐤁𐤇	𐤔𐤌	𐤅𐤉𐤑𐤁	𐤒𐤔𐤉𐤈𐤄
El	a-él	y-llamó	altar	allí [ubicación]	Y-erigió	*. kesitah* [ovejas o dinero]

541	46
שרה + אל	אלהה
יִשְׂרָאֵל׃	אֱלֹהֵי
. Yisra'El	*elohey*
ישראל	אלהי
𐤉𐤔𐤓𐤀𐤋	𐤀𐤋𐤄𐤉
. Yisra'El	Dios-de dioses-de [plural]

Total de palabras hebreas: 268.
Total de consonantes hebreas: 1002.
Consonantes ausentes: -

34:1

212	49	501	36	402	69	497
עקב	ילד	אשר	לאה	בנה	דין	יצא
לְיַעֲקֹב	יָלְדָה	אֲשֶׁר	לֵאָה	בַּת־	דִינָה	וַתֵּצֵא
leYa'akov	*yaldah*	*asher*	*Le'ah*	*bat*	*Dinah*	*Vatetse*
ליעקב	ילדה	אשר	לאה	בת	דינה	ותצא
𐤋𐤉𐤏𐤒𐤁	𐤉𐤋𐤃𐤄	𐤀𐤔𐤓	𐤋𐤀𐤄	𐤁𐤕	𐤃𐤉𐤍𐤄	𐤅𐤕𐤑𐤀
para-Ya'akov	engendró	que	Le'ah	hija-de	Dinah	Y-salió

34:2

52 | 702	360 | 920	406	217	296 | 1106	460	637
בנה	שכם	את	ראה	ארץ	בנה	ראה
בֶּן־	שְׁכֶם	אֹתָהּ	וַיַּרְא	הָאָרֶץ׃	בִּבְנוֹת	לִרְאוֹת
ben	*Shjem*	*otah*	*Vayar*	*. ha'árets*	*bivnot*	*lirot*
בן	שכם	אתה	וירא	הארץ	בבנות	לראות
𐤁𐤍	𐤔𐤊𐤌	𐤀𐤕𐤄	𐤅𐤉𐤓𐤀	𐤄𐤀𐤓𐤑	𐤁𐤁𐤍𐤅𐤕	𐤋𐤓𐤀𐤅𐤕
hijo-de edificador	Shjem	a-ella	Y-vio	. la-tierra [la seca]	con-las-hijas-de	para-ver

338	406	124	296 | 1106	361	29	254
שכב	את	לקח	ארץ	נשא	חוה	חמר
וַיִּשְׁכַּב	אֹתָהּ	וַיִּקַּח	הָאָרֶץ	נְשִׂיא	הַחִוִּי	חֲמוֹר
vayishkav	*otah*	*vayikaj*	*ha'árets*	*nesí*	*hajiví*	*Jamor*
וישכב	אתה	ויקח	הארץ	נשיא	החוי	חמור
𐤅𐤉𐤔𐤊𐤁	𐤀𐤕𐤄	𐤅𐤉𐤒𐤇	𐤄𐤀𐤓𐤑	𐤍𐤔𐤉𐤀	𐤄𐤇𐤅𐤉	𐤇𐤌𐤅𐤓
y-se-acostó	a-ella	y-tomó	la-tierra [la seca]	príncipe-de [alguien elevado]	el-jiví	Jamor

34:3

182	402	71	436	512	141	406
עקב	בנה	דין	נפש	דבק	ענה	את
יַעֲקֹב	בַּת־	בְּדִינָה	נַפְשׁוֹ	וַתִּדְבַּק	וַיְעַנֶּהָ׃	אֹתָהּ
Ya'akov	*bat*	*beDinah*	*nafshó*	*Vatidbak*	*. vaye'aneha*	*otah*
יעקב	בת	בדינה	נפשו	ותדבק	ויענה	אתה
𐤉𐤏𐤒𐤁	𐤁𐤕	𐤁𐤃𐤉𐤍𐤄	𐤍𐤐𐤔𐤅	𐤅𐤕𐤃𐤁𐤒	𐤅𐤉𐤏𐤍𐤄	𐤀𐤕𐤄
Ya'akov	hija-de	con-Dinah	su-alma aliento; garganta; ser	Y-se-unió ser-fiel [soldadura]	. y-la-violó humillar	con-ella

325	32	100	222	325	401	24
נער	לבב	עלה	דבר	נער	את	אהב
הַנַּעֲרָ׃	לֵב	עַל־	וַיְדַבֵּר	הַנַּעֲרָ	אֶת־	וַיֶּאֱהַב
. hana'ará	*lev*	*al*	*vayedaber*	*hana'ará*	*et*	*vaye'ehav*
הנער	לב	על	וידבר	הנער	את	ויאהב
𐤄𐤍𐤏𐤓	𐤋𐤁	𐤏𐤋	𐤅𐤉𐤃𐤁𐤓	𐤄𐤍𐤏𐤓	𐤀𐤕	𐤅𐤉𐤀𐤄𐤁
. la-moza	corazón-de	sobre	y-habló	la-moza	..	y-amó

34:4

108	271	19	254	31	360 | 920	257
לקח	אמר	אב	חמר	אל	שכם	אמר
קַֽח־	לֵאמֹ֑ר	אָבִ֖יו	חֲמ֥וֹר	אֶל־	שְׁכֶ֔ם	וַיֹּ֣אמֶר
kaj	*lemor*	*aviv*	*Jamor*	*el*	*Shjem*	*Vayómer*
קח	לאמר	אביו	חמור	אל	שכם	ויאמר
𐤒𐤇	𐤋𐤀𐤌𐤓	𐤀𐤁𐤉𐤅	𐤇𐤌𐤅𐤓	𐤀𐤋	𐤔𐤊𐤌	𐤅𐤉𐤀𐤌𐤓
toma	al-decir	su-padre	Jamor	a hacia	Shjem	Y-dijo

34:5

410	188	336	413	54	401	40
שמע	עקב	איש	זה	ילד	את	·
שָׁמַ֗ע	וְיַעֲקֹ֣ב	לְאִשָּֽׁה׃	הַזֹּ֖את	הַיַּלְדָּ֥ה	אֶת־	לִ֛י
shamá	*VeYa'akov*	*. le'ishah*	*hazot*	*hayaldah*	*et*	*li*
שמע	ויעקב	לאשה	הזאת	הילדה	את	לי
𐤔𐤌𐤏	𐤅𐤉𐤏𐤒𐤁	𐤋𐤀𐤔𐤄	𐤄𐤆𐤀𐤕	𐤄𐤉𐤋𐤃𐤄	𐤀𐤕	𐤋𐤉
oyó	Y-Ya'akov	. para-varona	la-ésta	la-niña	··	para-mí

21	74	408	69	401	50	30
היה	בנה	בנה	דין	את	טמא	כי
הָי֥וּ	וּבָנָ֛יו	בִתּ֔וֹ	דִּינָ֣ה	אֶת־	טִמֵּא֙	כִּ֤י
hayú	*uvanav*	*vitó*	*Dinah*	*et*	*timé*	*ki*
היו	ובניו	בתו	דינה	את	טמא	כי
𐤄𐤉𐤅	𐤅𐤁𐤍𐤉𐤅	𐤁𐤕𐤅	𐤃𐤉𐤍𐤄	𐤀𐤕	𐤈𐤌𐤀	𐤊𐤉
estaban	y-sus-hijos edificador	su-hija	Dinah	··	contaminó	que porque

43 | 603	74	182	519	311	201	401
בוא	עדה	עקב	חרש	שדה	קנה	את
בֹּאָֽם׃	עַד־	יַעֲקֹ֖ב	וְהֶחֱרִ֥שׁ	בַּשָּׂדֶ֑ה	מִקְנֵ֖הוּ	אֶת־
. bo'am	*ad*	*Ya'akov*	*vehejerish*	*basadeh*	*miknehu*	*et*
באם	עד	יעקב	והחרש	בשדה	מקנהו	את
𐤁𐤀𐤌	𐤏𐤃	𐤉𐤏𐤒𐤁	𐤅𐤄𐤇𐤓𐤔	𐤁𐤔𐤃𐤄	𐤌𐤒𐤍𐤄𐤅	𐤀𐤕
. su-venir	hasta	Ya'akov	y-calló	en-el-campo	su-propiedad adquisición [ganado]	··

34:6

236	182	31	360 | 920	13	254	107
דבר	עקב	אל	שכם	אב	חמר	יצא
לְדַבֵּ֖ר	יַעֲקֹ֑ב	אֶל־	שְׁכֶ֖ם	אֲבִֽי־	חֲמ֥וֹר	וַיֵּצֵ֛א
ledaber	*Ya'akov*	*el*	*Shjem*	*aví*	*Jamor*	*Vayetse*
לדבר	יעקב	אל	שכם	אבי	חמור	ויצא
𐤋𐤃𐤁𐤓	𐤉𐤏𐤒𐤁	𐤀𐤋	𐤔𐤊𐤌	𐤀𐤁𐤉	𐤇𐤌𐤅𐤓	𐤅𐤉𐤑𐤀
para-hablar	Ya'akov	a hacia	Shjem	padre-de	Jamor	Y-salió

34:7

470 | 1030	314	90 | 740	9	182	68	407
שמע	שדה	מן	בוא	עקב	בנה	את
כְּשָׁמְעָם	הַשָּׂדֶה	מִן־	בָּאוּ	יַעֲקֹב	וּבְנֵי	אִתּוֹ׃
keshomam	*hasadeh*	*min*	*ba'u*	*Ya'akov*	*Uveney*	*. itó*
כשמעם	השדה	מן	באו	יעקב	ובני	אתו
𐤊𐤔𐤌𐤏𐤌	𐤄𐤔𐤃𐤄	𐤌𐤍	𐤁𐤀𐤅	𐤉𐤏𐤒𐤁	𐤅𐤁𐤍𐤉	𐤀𐤕𐤅
como-oír-ellos	el-campo	de desde	vinieron	Ya'akov	E-hijos-de edificador	. con-él

87	30	45	90 | 650	224	406 | 966	584
נבל	כי	מאד	הוא	חרה	אנש	עצב
נְבָלָה	כִּי־	מְאֹד	לָהֶם	וַיִּחַר	הָאֲנָשִׁים	וַיִּתְעַצְּבוּ
nevalah	*ki*	*me'od*	*lahem*	*vayíjar*	*ha'anashim*	*vayitatsevu*
נבלה	כי	מאד	להם	ויחר	האנשים	ויתעצבו
𐤍𐤁𐤋𐤄	𐤊𐤉	𐤌𐤀𐤃	𐤋𐤄𐤌	𐤅𐤉𐤇𐤓	𐤄𐤀𐤍𐤔𐤉𐤌	𐤅𐤉𐤕𐤏𐤑𐤁𐤅
vileza necedad	que porque	mucho fuerza; poder; vigor	para-ellos	y-airó [efect. y síntoma de ira]	los-hombres mortal	y-se-dolieron [ídolo; perversidad]

76 | 726	182	402	401	352	543	375
כן	עקב	בנה	את	שכב	שרה + אל	עשה
וְכֵן	יַעֲקֹב	בַּת־	אֶת־	לִשְׁכַּב	בְּיִשְׂרָאֵל	עָשָׂה
vején	*Ya'akov*	*bat*	*et*	*lishkav*	*veYisra'El*	*asah*
וכן	יעקב	בת	את	לשכב	בישראל	עשה
𐤅𐤊𐤍	𐤉𐤏𐤒𐤁	𐤁𐤕	𐤀𐤕	𐤋𐤔𐤊𐤁	𐤁𐤉𐤔𐤓𐤀𐤋	𐤏𐤔𐤄
y-así enderezar; rectamente	Ya'akov	hija-de	..	al-acostar	en-Yisra'El	hizo

34:8

360 | 920	271	441 | 1001	254	222	385	31
שכם	אמר	את	חמר	דבר	עשה	לא
שְׁכֶם	לֵאמֹר	אִתָּם	חֲמוֹר	וַיְדַבֵּר	יֵעָשֶׂה׃	לֹא
Shjem	*lemor*	*itam*	*Jamor*	*Vayedaber*	*. ye'aseh*	*lo*
שכם	לאמר	אתם	חמור	וידבר	יעשה	לא
𐤔𐤊𐤌	𐤋𐤀𐤌𐤓	𐤀𐤕𐤌	𐤇𐤌𐤅𐤓	𐤅𐤉𐤃𐤁𐤓	𐤉𐤏𐤔𐤄	𐤋𐤀
Shjem	al-decir	con-ellos	Jamor	Y-habló	. se-hacía	no

406	51	456	464 | 1024	436	413	62
את	נא	נתן	בנה	נפש	חשק	בנה
אֹתָהּ	נָא	תְּנוּ	בְּבִתְּכֶם	נַפְשׁוֹ	חָשְׁקָה	בְּנִי
otah	*na*	*tenú*	*bevitejem*	*nafshó*	*jashkah*	*bení*
אתה	נא	תנו	בבתכם	נפשו	חשקה	בני
𐤀𐤕𐤄	𐤍𐤀	𐤕𐤍𐤅	𐤁𐤁𐤕𐤊𐤌	𐤍𐤐𐤔𐤅	𐤇𐤔𐤒𐤄	𐤁𐤍𐤉
a-ella	por-favor ahora	dad	con-vuestra-hija	su-alma aliento; garganta; ser	se-apegó	mi-hijo edificador

34:9

86	856	522 | 1082	457	875	336	36
·	נתן	בנה	את	חתן	איש	הוא
לָנוּ	תִּתְּנוּ־	בְּנֹתֵיכֶם	אֹתָנוּ	וְהִתְחַתְּנוּ	לְאִשָּׁה:	לוֹ
lanu	*titenu*	*benoteyjem*	*otanu*	*Vehitjatenu*	*. le'ishah*	*lo*
לנו	תתנו	בנתיכם	אתנו	והתחתנו	לאשה	לו
𐤋𐤍𐤅	𐤕𐤕𐤍𐤅	𐤁𐤍𐤕𐤉𐤊𐤌	𐤀𐤕𐤍𐤅	𐤅𐤄𐤕𐤇𐤕𐤍𐤅	𐤋𐤀𐤔𐤄	𐤋𐤅
a-nosotros	daréis	vuestras-hijas	con-nosotros	Y-emparentad	. para-varona	a-él

34:10

302 | 1112	708	463	90 | 650	514	518	407
ארץ	ישב	את	·	לקח	בנה	את
וְהָאָרֶץ	תֵּשֵׁבוּ	וְאִתָּנוּ	לָכֶם:	תִּקְחוּ	בְּנֹתֵינוּ	וְאֶת־
veha'árets	*teshevú*	*Ve'itanu*	*. lajem*	*tikjú*	*benoteynu*	*ve'et*
והארץ	תשבו	ואתנו	לכם	תקחו	בנתינו	ואת
𐤅𐤄𐤀𐤓𐤑	𐤕𐤔𐤁𐤅	𐤅𐤀𐤕𐤍𐤅	𐤋𐤊𐤌	𐤕𐤒𐤇𐤅	𐤁𐤍𐤕𐤉𐤍𐤅	𐤅𐤀𐤕
y-la-tierra [la seca]	asentaréis	Y-con-nosotros	. para-vosotros	tomaréis	nuestras-hijas	y-···

34:11

257	7	33	285	308	230 | 790	420
אמר	·	אחז	סחר	ישב	פנה	היה
וַיֹּאמֶר	בָּהּ:	וְהֵאָחֲזוּ	וּסְחָרוּהָ	שְׁבוּ	לִפְנֵיכֶם	תִּהְיֶה
Vayómer	*. bah*	*vehe'ajazú*	*usjaruha*	*shvú*	*lifneyjem*	*tihyeh*
ויאמר	בה	והאחזו	וסחרוה	שבו	לפניכם	תהיה
𐤅𐤉𐤀𐤌𐤓	𐤁𐤄	𐤅𐤄𐤀𐤇𐤆𐤅	𐤅𐤎𐤇𐤓𐤅𐤄	𐤔𐤁𐤅	𐤋𐤐𐤍𐤉𐤊𐤌	𐤕𐤄𐤉𐤄
Y-dijo	. en-ella	y-adquirid enredarse	y-mercadead-en-ella	asentad	ante-vosotros presencia; superficie	será

58 | 708	132	24	37	18	31	360 | 920
חנן	מצא	אח	אל	אב	אל	שכם
חֵן	אֶמְצָא־	אַחֶיהָ	וְאֶל־	אָבִיהָ	אֶל־	שְׁכֶם
hen	*emtsá*	*ajeyha*	*ve'el*	*avih*	*el*	*Shjem*
חן	אמצא	אחיה	ואל	אביה	אל	שכם
𐤇𐤍	𐤀𐤌𐤑𐤀	𐤀𐤇𐤉𐤄	𐤅𐤀𐤋	𐤀𐤁𐤉𐤄	𐤀𐤋	𐤔𐤊𐤌
gracia favor	encuentre	sus-hermanos	y-a hacia	su-padre [de Dinah]	a hacia	Shjem

34:12

110	213	451 | 1101	41	647	507	202 | 762
עלה	רבה	נתן	אלה	אמר	אשר	עין
עָלַי	הַרְבּוּ	אֶתֵּן:	אֵלַי	תֹּאמְרוּ	וַאֲשֶׁר	בְּעֵינֵיכֶם
alay	*Harbú*	*. etén*	*elay*	*tomrú*	*va'asher*	*be'eyneyjem*
עלי	הרבו	אתן	אלי	תאמרו	ואשר	בעיניכם
𐤏𐤋𐤉	𐤄𐤓𐤁𐤅	𐤀𐤕𐤍	𐤀𐤋𐤉	𐤕𐤀𐤌𐤓𐤅	𐤅𐤀𐤔𐤓	𐤁𐤏𐤉𐤍𐤉𐤊𐤌
sobre-mí	Aumentad crecer; multiplicar	. daré	a-mí	diréis	y-que	en-vuestros-ojos

41	647	521	462	496	1146	245	45
אלה	אמר	אשר	נתן	נתן	מהר	מאד
אֵלָ֑י	תֹּאמְר֖וּ	כַּאֲשֶׁ֥ר	וְאֶתְּנָ֕ה	וּמַתָּ֔ן	מֹ֙הַר֙	מְאֹד֙
elay	*tomrú*	*ka'asher*	*ve'eténah*	*umatán*	*mohar*	*me'od*
אלי	תאמרו	כאשר	ואתנה	ומתן	מהר	מאד
𐤀𐤋𐤉	𐤕𐤀𐤌𐤓𐤅	𐤊𐤀𐤔𐤓	𐤅𐤀𐤕𐤍𐤄	𐤅𐤌𐤕𐤍	𐤌𐤄𐤓	𐤌𐤀𐤃
a-mí	diréis	como según	y-daré	y-dádiva obsequio; regalo	dote	mucha fuerza; poder; vigor

34:13

62	142	336	325	401	40	462
בנה	ענה	איש	נער	את	·	נתן
בְּנֵֽי־	וַיַּעֲנ֨וּ	לְאִשָּֽׁה׃	הַֽנַּעֲרָ֖	אֶת־	לִ֖י	וּתְנוּ־
veney	*Vaya'anú*	*. le'ishah*	*hana'ará*	*et*	*li*	*utenú*
בני	ויענו	לאשה	הנער	את	לי	ותנו
𐤁𐤍𐤉	𐤅𐤉𐤏𐤍𐤅	𐤋𐤀𐤔𐤄	𐤄𐤍𐤏𐤓	𐤀𐤕	𐤋𐤉	𐤅𐤕𐤍𐤅
hijos-de edificador	Y-respondieron	. para-varona	la-moza	··	para-mí	y-dad

287	19	254	407	360	920	401	182
רמה	אב	חמר	את	שכם	את	עקב
בְּמִרְמָ֖ה	אָבִ֛יו	חֲמ֥וֹר	וְאֶת־	שְׁכֶ֜ם	אֶת־	יַעֲקֹ֨ב
bemirmah	*aviv*	*Jamor*	*ve'et*	*Shjem*	*et*	*Ya'akov*
במרמה	אביו	חמור	ואת	שכם	את	יעקב
𐤁𐤌𐤓𐤌𐤄	𐤀𐤁𐤉𐤅	𐤇𐤌𐤅𐤓	𐤅𐤀𐤕	𐤔𐤊𐤌	𐤀𐤕	𐤉𐤏𐤒𐤁
con-engaño	su-padre	Jamor	y-··	Shjem	··	Ya'akov

34:14

263	449	1009	69	401	50	501	228
אמר	אח	דין	את	טמא	אשר	דבר
וַיֹּאמְר֣וּ	אֲחֹתָֽם׃	דִּינָ֥ה	אֵ֖ת	טִמֵּ֔א	אֲשֶׁ֣ר	וַיְדַבֵּ֑רוּ
Vayomrú	*. ajotam*	*Dinah*	*et*	*timé*	*asher*	*vayedaberú*
ויאמרו	אחתם	דינה	את	טמא	אשר	וידברו
𐤅𐤉𐤀𐤌𐤓𐤅	𐤀𐤇𐤕𐤌	𐤃𐤉𐤍𐤄	𐤀𐤕	𐤈𐤌𐤀	𐤀𐤔𐤓	𐤅𐤉𐤃𐤁𐤓𐤅
Y-dijeron	. hermana-de-ellos	Dinah	··	contaminó	que	y-hablaron

830	17	211	806	106	31	86	646
נתן	זה	דבר	עשה	יכל	לא	אלה
לָתֵת֙	הַזֶּ֔ה	הַדָּבָ֣ר	לַעֲשׂוֹת֙	נוּכַל֙	לֹ֤א	אֲלֵיהֶ֗ם
latet	*hazeh*	*hadavar*	*la'asot*	*nujal*	*lo*	*aleyhem*
לתת	הזה	הדבר	לעשות	נוכל	לא	אליהם
𐤋𐤕𐤕	𐤄𐤆𐤄	𐤄𐤃𐤁𐤓	𐤋𐤏𐤔𐤅𐤕	𐤍𐤅𐤊𐤋	𐤋𐤀	𐤀𐤋𐤉𐤄𐤌
para-dar	la-ésta	la-palabra asunto; cosa	para-hacer	podemos	no	a-ellos

30	305	36	501	341	465	401
כי	ערל	הוא	אשר	איש	אח	את
כִּֽי־	עָרְלָ֑ה	ל֔וֹ	אֲשֶׁר־	לְאִ֖ישׁ	אֲחֹתֵ֔נוּ	אֶת־
ki	*orlah*	*lo*	*asher*	*le'ish*	*ajotenu*	*et*
כי	ערלה	לו	אשר	לאיש	אחתנו	את
𐤊𐤉	𐤏𐤓𐤋𐤄	𐤋𐤅	𐤀𐤔𐤓	𐤋𐤀𐤉𐤔	𐤀𐤇𐤕𐤍𐤅	𐤀𐤕
que porque	prepucio incircuncisión	para-él	que	a-varón	nuestra-hermana	··

34:15

90 | 650	457	410	21 | 501	86	12	293
·	אות	זה	אך	·	הוא	חרף
לָכֶ֑ם	נֵא֣וֹת	בְּזֹ֖את	אַךְ־	לָֽנוּ׃	הִ֖וא	חֶרְפָּ֥ה
lajem	*ne'ot*	*bezot*	*Aj*	*. lanu*	*hi*	*jerpah*
לכם	נאות	בזאת	אך	לנו	הוא	חרפה
𐤋𐤊𐤌	𐤍𐤀𐤅𐤕	𐤁𐤆𐤀𐤕	𐤀𐤊	𐤋𐤍𐤅	𐤄𐤅𐤀	𐤇𐤓𐤐𐤄
a-vosotros	consentiremos	con-esto	Solamente	. para-nosotros	ella	afrenta

227	50	90 | 650	105	116	421	41 | 601
זכר	כלל	·	מול	כמו	היה	אם
זָכָֽר׃	כָּל־	לָכֶ֖ם	לְהִמֹּ֥ל	כָּמֹ֑נוּ	תִּהְי֣וּ	אִ֥ם
. zajar	*kol*	*lajem*	*lehimol*	*jamonu*	*tihyú*	*im*
זכר	כל	לכם	להמל	כמנו	תהיו	אם
𐤆𐤊𐤓	𐤊𐤋	𐤋𐤊𐤌	𐤋𐤄𐤌𐤋	𐤊𐤌𐤍𐤅	𐤕𐤄𐤉𐤅	𐤀𐤌
. macho	todo	para-vosotros	para-circuncidar	como-nosotros	seréis	si

34:16

158	522 | 1082	407	90 | 650	518	401	512
לקח	בנה	את	·	בנה	את	נתן
נִקַּֽח־	בְּנֹתֵיכֶ֖ם	וְאֶת־	לָכֶ֔ם	בְּנֹתֵ֙ינוּ֙	אֶת־	וְנָתַ֤נּוּ
nikaj	*benoteyjem*	*ve'et*	*lajem*	*benoteynu*	*et*	*Venatanu*
נקח	בנתיכם	ואת	לכם	בנתינו	את	ונתנו
𐤍𐤒𐤇	𐤁𐤍𐤕𐤉𐤊𐤌	𐤅𐤀𐤕	𐤋𐤊𐤌	𐤁𐤍𐤕𐤉𐤍𐤅	𐤀𐤕	𐤅𐤍𐤕𐤍𐤅
tomaremos	y-vuestras-hijas	y-···	para-vosotros	nuestras-hijas	··	Y-daremos

34:17

47 | 607	13	140 | 700	87	461 | 1021	374	86
אם	אחד	עמם	היה	את	ישב	·
וְאִם־	אֶחָֽד׃	לְעַ֥ם	וְהָיִ֖ינוּ	אִתְּכֶ֔ם	וְיָשַׁ֣בְנוּ	לָ֑נוּ
Ve'im	*. ejad*	*le'am*	*vehayinu*	*itejem*	*veyashavnu*	*lanu*
ואם	אחד	לעם	והיינו	אתכם	וישבנו	לנו
𐤅𐤀𐤌	𐤀𐤇𐤃	𐤋𐤏𐤌	𐤅𐤄𐤉𐤉𐤍𐤅	𐤀𐤕𐤊𐤌	𐤅𐤉𐤔𐤁𐤍𐤅	𐤋𐤍𐤅
Y-si	. uno único; unido	para-pueblo	y-seremos	con-vosotros	y-asentaremos	para-nosotros

458	401	200	111	97	816	31
בנה	את	לקח	מול	אלה	שמע	לא
בִּתֵּנוּ	אֶת־	וְלָקַחְנוּ	לְהִמּוֹל	אֵלֵינוּ	תִשְׁמְעוּ	לֹא
bitenu	*et*	*velakajnu*	*lehimol*	*eleynu*	*tishme'ú*	*lo*
בתנו	את	ולקחנו	להמול	אלינו	תשמעו	לא
𐤁𐤕𐤍𐤅	𐤀𐤕	𐤅𐤋𐤒𐤇𐤍𐤅	𐤋𐤄𐤌𐤅𐤋	𐤀𐤋𐤉𐤍𐤅	𐤕𐤔𐤌𐤏𐤅	𐤋𐤀
nuestra-hija	··	y-tomaremos	para-circuncidar	a-nosotros	oís	no

34:18

360 | 920	148	254	142	261 | 821	43	117
שכם	עין	חמר	עין	דבר	יטב	הלך
שְׁכֶם	וּבְעֵינֵי	חֲמוֹר	בְּעֵינֵי	דִבְרֵיהֶם	וַיִּיטְבוּ	וְהָלָכְנוּ׃
Shjem	*uve'eyney*	*Jamor*	*be'eyney*	*divreyhem*	*Vayitvú*	*. vehalajnu*
שכם	ובעיני	חמור	בעיני	דבריהם	וייטבו	והלכנו
𐤔𐤊𐤌	𐤅𐤁𐤏𐤉𐤍𐤉	𐤇𐤌𐤅𐤓	𐤁𐤏𐤉𐤍𐤉	𐤃𐤁𐤓𐤉𐤄𐤌	𐤅𐤉𐤉𐤈𐤁𐤅	𐤅𐤄𐤋𐤊𐤍𐤅
Shjem	y-en-ojos-de	Jamor	en-ojos-de	sus-palabras asunto; cosa	Y-parecieron-bien	. y-andaremos

34:19

211	806	325	209	37	254	52 | 702
דבר	עשה	נער	אחר	לא	חמר	בנה
הַדָּבָר	לַעֲשׂוֹת	הַנַּעַר	אֵחַר	וְלֹא־	חֲמוֹר׃	בֶּן־
hadavar	*la'asot*	*hana'ar*	*ejar*	*Veló*	*. Jamor*	*ben*
הדבר	לעשות	הנער	אחר	ולא	חמור	בן
𐤄𐤃𐤁𐤓	𐤋𐤏𐤔𐤅𐤕	𐤄𐤍𐤏𐤓	𐤀𐤇𐤓	𐤅𐤋𐤀	𐤇𐤌𐤅𐤓	𐤁𐤍
la-palabra asunto; cosa	para-hacer	el-mozo	tardó	Y-no	. Jamor	hijo-de edificador

90	76	18	182	404	178 | 988	30
כלל	כבד	הוא	עקב	בנה	חפץ	כי
מִכֹּל	נִכְבָּד	וְהוּא	יַעֲקֹב	בְּבַת־	חָפֵץ	כִּי
mikol	*nijbad*	*vehú*	*Ya'akov*	*bevat*	*jafets*	*ki*
מכל	נכבד	והוא	יעקב	בבת	חפץ	כי
𐤌𐤊𐤋	𐤍𐤊𐤁𐤃	𐤅𐤄𐤅𐤀	𐤉𐤏𐤒𐤁	𐤁𐤁𐤕	𐤇𐤐𐤑	𐤊𐤉
más-que-toda	respetado apreciado [peso; gloria]	y-él	Ya'akov	en-hija-de	se-complació	que porque

34:20

31	58	366 | 926	254	19	19	412
אל	בנה	שכם	חמר	בוא	אב	בנה
אֶל־	בְּנוֹ	וּשְׁכֶם	חֲמוֹר	וַיָּבֹא	אָבִיו׃	בֵּית
el	*benó*	*uShjem*	*Jamor*	*Vayavó*	*. aviv*	*beyt*
אל	בנו	ושכם	חמור	ויבא	אביו	בית
𐤀𐤋	𐤁𐤍𐤅	𐤅𐤔𐤊𐤌	𐤇𐤌𐤅𐤓	𐤅𐤉𐤁𐤀	𐤀𐤁𐤉𐤅	𐤁𐤉𐤕
a hacia	su-hijo edificador	y-Shjem	Jamor	Y-vino	. su-padre	casa-de

271	320 | 880	361	31	228	320 | 880	570
אמר	עור	אנש	אל	דבר	עור	שער
לֵאמֹר׃	עִירָֽם	אַנְשֵׁי	אֶל־	וַיְדַבְּרוּ	עִירָם	שַׁעַר
. lemor	*iram*	*anshey*	*el*	*vayedaberú*	*iram*	*sha'ar*
לאמר	עירם	אנשי	אל	וידברו	עירם	שער
𐤋𐤀𐤌𐤓	𐤏𐤉𐤓𐤌	𐤀𐤍𐤔𐤉	𐤀𐤋	𐤅𐤉𐤃𐤁𐤓𐤅	𐤏𐤉𐤓𐤌	𐤔𐤏𐤓
. al-decir	su-ciudad	hombres-de mortal	a hacia	y-hablaron	su-ciudad	puerta-de

34:21

293 | 1103	324	457	45 | 605	420 | 980	41	406 | 966
ארץ	ישב	את	הוא	שלם	אלה	אנש
בָאָרֶץ	וְיֵשְׁבוּ	אִתָּנוּ	הֵם	שְׁלֵמִים	הָאֵלֶּה	הָאֲנָשִׁים
va'árets	*veyeshvú*	*itanu*	*hem*	*shlemim*	*ha'éleh*	*Ha'anashim*
בארץ	וישבו	אתנו	הם	שלמים	האלה	האנשים
𐤁𐤀𐤓𐤑	𐤅𐤉𐤔𐤁𐤅	𐤀𐤕𐤍𐤅	𐤄𐤌	𐤔𐤋𐤌𐤉𐤌	𐤄𐤀𐤋𐤄	𐤄𐤀𐤍𐤔𐤉𐤌
en-la-tierra [la seca]	y-se-asentarán	con-nosotros	ellos	pacíficos	los-estos	Los-hombres mortal

215 | 775	64 | 624	610	60	302 | 1112	406	290
פנה	יד	רחב	הן	ארץ	את	סחר
לִפְנֵיהֶם	יָדַיִם	רַחֲבַת־	הִנֵּה	וְהָאָרֶץ	אֹתָהּ	וְיִסְחֲרוּ
lifneyhem	*yadáyim*	*rajavat*	*hineh*	*veha'árets*	*otah*	*veyisjarú*
לפניהם	ידים	רחבת	הנה	והארץ	אתה	ויסחרו
𐤋𐤐𐤍𐤉𐤄𐤌	𐤉𐤃𐤉𐤌	𐤓𐤇𐤁𐤕	𐤄𐤍𐤄	𐤅𐤄𐤀𐤓𐤑	𐤀𐤕𐤄	𐤅𐤉𐤎𐤇𐤓𐤅
ante-ellos presencia; superficie	lugares [manos]	espaciosa-de	¡Mira! he-aquí	y-la-tierra [la seca]	en-ella	y-mercadearán

518	407	430 | 990	86	158	492 | 1052	401
בנה	את	אנש	·	לקח	בנה	את
בְּנֹתֵינוּ	וְאֶת־	לְנָשִׁים	לָנוּ	נִקַּח־	בְּנֹתָם	אֶת־
benoteynu	*ve'et*	*lenashim*	*lanu*	*nikaj*	*benotam*	*et*
בנתינו	ואת	לנשים	לנו	נקח	בנתם	את
𐤁𐤍𐤕𐤉𐤍𐤅	𐤅𐤀𐤕	𐤋𐤍𐤔𐤉𐤌	𐤋𐤍𐤅	𐤍𐤒𐤇	𐤁𐤍𐤕𐤌	𐤀𐤕
nuestras-hijas	y-···	para-mujeres	para-nosotros	tomaremos	sus-hijas	··

34:22

406 | 966	86	417	410	21 | 501	90 | 650	500 | 1150
אנש	·	אות	זה	אך	הוא	נתן
הָאֲנָשִׁים	לָנוּ	יֵאֹתוּ	בְּזֹאת	אַךְ־	לָהֶם׃	נִתֵּן
ha'anashim	*lanu*	*ye'otú*	*bezot*	*Aj*	*. lahem*	*nitén*
האנשים	לנו	יאתו	בזאת	אך	להם	נתן
𐤄𐤀𐤍𐤔𐤉𐤌	𐤋𐤍𐤅	𐤉𐤀𐤕𐤅	𐤁𐤆𐤀𐤕	𐤀𐤊	𐤋𐤄𐤌	𐤍𐤕𐤍
los-hombres mortal	a-nosotros	consentirán	con-esto	Solamente	. para-ellos	daremos

86	83	13	140 | 700	451	457	732
·	מול	אחד	עמם	היה	את	ישב
לָנוּ	בְּהִמּוֹל	אֶחָד	לְעַם	לִהְיוֹת	אִתָּנוּ	לָשֶׁבֶת
lanu	*behimol*	*ejad*	*le'am*	*lihyot*	*itanu*	*lashévet*
לנו	בהמול	אחד	לעם	להיות	אתנו	לשבת
𐤋𐤍𐤅	𐤁𐤄𐤌𐤅𐤋	𐤀𐤇𐤃	𐤋𐤏𐤌	𐤋𐤄𐤉𐤅𐤕	𐤀𐤕𐤍𐤅	𐤋𐤔𐤁𐤕
para-nosotros	en-ser-circuncidado	uno único; unido	para-pueblo	para-ser	con-nosotros	para-asentar

34:23

256 | 816	235 | 795	170 | 730	45 | 605	521	227	50
קנה	קנה	מול	הוא	אשר	זכר	כלל
וְקִנְיָנָם	מִקְנֵהֶם	נִמֹּלִים׃	הֵם	כַּאֲשֶׁר	זָכָר	כָּל־
vekinyanam	*Miknéhem*	*. nimolim*	*hem*	*ka'asher*	*zajar*	*kol*
וקנינם	מקנהם	נמלים	הם	כאשר	זכר	כל
𐤅𐤒𐤍𐤉𐤍𐤌	𐤌𐤒𐤍𐤄𐤌	𐤍𐤌𐤋𐤉𐤌	𐤄𐤌	𐤊𐤀𐤔𐤓	𐤆𐤊𐤓	𐤊𐤋
y-su-adquisición comprar	Su-propiedad adquisición [ganado]	. están-circuncidados	ellos	como según	macho	todo

462	21 | 501	45 | 605	86	36	487 | 1047	56
אות	אך	הוא	·	לא	בהם	כלל
נֵאוֹתָה	אַךְ	הֵם	לָנוּ	הֲלוֹא	בְּהֶמְתָּם	וְכָל־
ne'otah	*aj*	*hem*	*lanu*	*haló*	*behemtam*	*vejol*
נאותה	אך	הם	לנו	הלוא	בהמתם	וכל
𐤍𐤀𐤅𐤕𐤄	𐤀𐤊	𐤄𐤌	𐤋𐤍𐤅	𐤄𐤋𐤅𐤀	𐤁𐤄𐤌𐤕𐤌	𐤅𐤊𐤋
consintamos	solamente	ellos	para-nosotros	¿Acaso-no	su-cuadrúpedo	y-todo

34:24

37	254	31	432	457	324	90 | 650
אל	חמר	אל	שמע	את	ישב	הוא
וְאֶל־	חֲמוֹר	אֶל־	וַיִּשְׁמְעוּ	אִתָּנוּ׃	וְיֵשְׁבוּ	לָהֶם
ve'el	*Jamor*	*el*	*Vayishme'ú*	*. itanu*	*veyeshvú*	*lahem*
ואל	חמור	אל	וישמעו	אתנו	וישבו	להם
𐤅𐤀𐤋	𐤇𐤌𐤅𐤓	𐤀𐤋	𐤅𐤉𐤔𐤌𐤏𐤅	𐤀𐤕𐤍𐤅	𐤅𐤉𐤔𐤁𐤅	𐤋𐤄𐤌
y-a hacia	Jamor	a hacia	Y-oyeron	. con-nosotros	y-se-asentarán	a-ellos

92	286	570	111	50	58	360 | 920
מול	עור	שער	יצא	כלל	בנה	שכם
וַיִּמֹּלוּ	עִירוֹ	שַׁעַר	יֹצְאֵי	כָּל־	בְּנוֹ	שְׁכֶם
vayimolu	*iró*	*sha'ar*	*yotsey*	*kol*	*benó*	*Shjem*
וימלו	עירו	שער	יצאי	כל	בנו	שכם
𐤅𐤉𐤌𐤋𐤅	𐤏𐤉𐤓𐤅	𐤔𐤏𐤓	𐤉𐤑𐤀𐤉	𐤊𐤋	𐤁𐤍𐤅	𐤔𐤊𐤌
y-se-circuncidaron	su-ciudad	puerta-de	salientes-de	todos	su-hijo edificador	Shjem

34:25

31	286	570	111	50	227	50
היה	עור	שער	יצא	כלל	זכר	כלל
וַיְהִי	עִירֽוֹ׃	שַׁעַר	יֹצְאֵי	כָּל־	זָכָר	כָּל־
Vayehí	*. iró*	*sha'ar*	*yotsey*	*kol*	*zajar*	*kol*
ויהי	עירו	שער	יצאי	כל	זכר	כל
𐤅𐤉𐤄𐤉	𐤏𐤉𐤓𐤅	𐤔𐤏𐤓	𐤉𐤑𐤀𐤉	𐤊𐤋	𐤆𐤊𐤓	𐤊𐤋
Y-fue	. su-ciudad	puerta-de	salientes-de	todos	macho	todo

62	360	130	73 | 633	463 | 1023	655	58 | 618
בנה	שנה	לקח	כאב	היה	שלש	יום
בְנֵי־	שְׁנֵי־	וַיִּקְחוּ	כֹּאֲבִים	בִּהְיוֹתָם	הַשְּׁלִישִׁי	בַיּוֹם
veney	*shney*	*vayikjú*	*ko'avim*	*biheyotam*	*hashelishí*	*vayom*
בני	שני	ויקחו	כאבים	בהיותם	השלישי	ביום
𐤁𐤍𐤉	𐤔𐤍𐤉	𐤅𐤉𐤒𐤇𐤅	𐤊𐤀𐤁𐤉𐤌	𐤁𐤄𐤉𐤅𐤕𐤌	𐤄𐤔𐤋𐤉𐤔𐤉	𐤁𐤉𐤅𐤌
hijos-de edificador	dos-de otra-vez [años]	y-tomaron	dolorosos [sufrimiento]	en-ser-a-ellos	el-tercero	en-el-día tiempo [la luz]

216	311	69	19	52	466 | 1116	182
חרב	איש	דין	אח	לוה	שמע	עקב
חַרְבּוֹ	אִישׁ	דִינָה	אֲחֵי	וְלֵוִי	שִׁמְעוֹן	יַעֲקֹב
jarbó	*ish*	*Dinah*	*ajey*	*veLeví*	*Shimón*	*Ya'akov*
חרבו	איש	דינה	אחי	ולוי	שמעון	יעקב
𐤇𐤓𐤁𐤅	𐤀𐤉𐤔	𐤃𐤉𐤍𐤄	𐤀𐤇𐤉	𐤅𐤋𐤅𐤉	𐤔𐤌𐤏𐤅𐤍	𐤉𐤏𐤒𐤁
su-espada	varón [cada uno]	Dinah	hermanos-de	y-Leví	Shimón	Ya'akov

227	50	230	19	285	100	25
זכר	כלל	הרג	בטח	עור	עלה	בוא
זָכָר׃	כָּל־	וַיַּהַרְגוּ	בֶּטַח	הָעִיר	עַל־	וַיָּבֹאוּ
. zajar	*kol*	*vayahargú*	*betaj*	*ha'ir*	*al*	*vayavó'u*
זכר	כל	ויהרגו	בטח	העיר	על	ויבאו
𐤆𐤊𐤓	𐤊𐤋	𐤅𐤉𐤄𐤓𐤂𐤅	𐤁𐤈𐤇	𐤄𐤏𐤉𐤓	𐤏𐤋	𐤅𐤉𐤁𐤀𐤅
. macho	todo	y-mataron	desprevenida confiada	la-ciudad	sobre	y-vinieron entrar

34:26

120	214	58	360 | 920	407	254	407
פאה	הרג	בנה	שכם	את	חמר	את
לְפִי־	הָרְגוּ	בְּנוֹ	שְׁכֶם	וְאֶת־	חֲמוֹר	וְאֶת־
lefí	*hargú*	*benó*	*Shjem*	*ve'et*	*Jamor*	*Ve'et*
לפי	הרגו	בנו	שכם	ואת	חמור	ואת
𐤋𐤐𐤉	𐤄𐤓𐤂𐤅	𐤁𐤍𐤅	𐤔𐤊𐤌	𐤅𐤀𐤕	𐤇𐤌𐤅𐤓	𐤅𐤀𐤕
a-boca-de [filo]	mataron	su-hijo edificador	Shjem	y-···	Jamor	Y-···

113	360 | 920	452	69	401	130	210
יצא	שכם	בנה	דין	את	לקח	חרב
וַיֵּצֵאוּ׃	שְׁכֶם	מִבֵּית	דִּינָה	אֶת־	וַיִּקְחוּ	חֶרֶב
. vayetse'ú	*Shjem*	*mibeyt*	*Dinah*	*et*	*vayikjú*	*járev*
ויצאו	שכם	מבית	דינה	את	ויקחו	חרב
𐤅𐤉𐤑𐤀𐤅	𐤔𐤊𐤌	𐤌𐤁𐤉𐤕	𐤃𐤉𐤍𐤄	𐤀𐤕	𐤅𐤉𐤒𐤇𐤅	𐤇𐤓𐤁
. y-salieron	Shjem	de-casa-de	Dinah	··	y-tomaron	espada

34:27

285	31	123 | 683	100	9	182	62
עור	בזז	חלל	עלה	בוא	עקב	בנה
הָעִיר	וַיָּבֹזּוּ	הַחֲלָלִים	עַל־	בָּאוּ	יַעֲקֹב	בְּנֵי
ha'ir	*vayavozú*	*hajalalim*	*al*	*ba'u*	*Ya'akov*	*Beney*
העיר	ויבזו	החללים	על	באו	יעקב	בני
𐤄𐤏𐤉𐤓	𐤅𐤉𐤁𐤆𐤅	𐤄𐤇𐤋𐤋𐤉𐤌	𐤏𐤋	𐤁𐤀𐤅	𐤉𐤏𐤒𐤁	𐤁𐤍𐤉
la-ciudad	y-saquearon	los-muertos [los profanadores]	sobre	vinieron	Ya'akov	Hijos-de edificador

34:28

342 | 902	407	181 | 741	401	455 | 1015	56	501
בקר	את	צאן	את	אח	טמא	אשר
בְּקָרָם	וְאֶת־	צֹאנָם	אֶת־	אֲחוֹתָם׃	טִמְּאוּ	אֲשֶׁר
bekaram	*ve'et*	*tsonam*	*Et*	*. ajotam*	*time'ú*	*asher*
בקרם	ואת	צאנם	את	אחותם	טמאו	אשר
𐤁𐤒𐤓𐤌	𐤅𐤀𐤕	𐤑𐤀𐤍𐤌	𐤀𐤕	𐤀𐤇𐤅𐤕𐤌	𐤈𐤌𐤀𐤅	𐤀𐤔𐤓
sus-reses [ganado mayor]	y-···	sus-rebaños [ganado menor]	··	. hermana-de-ellos	contaminaron	que

501	407	282	501	407	303 | 863	407
אשר	את	עור	אשר	את	חמר	את
אֲשֶׁר	וְאֶת־	בָּעִיר	אֲשֶׁר־	וְאֵת	חֲמֹרֵיהֶם	וְאֶת־
asher	*ve'et*	*ba'ir*	*asher*	*ve'et*	*jamoreyhem*	*ve'et*
אשר	ואת	בעיר	אשר	ואת	חמריהם	ואת
𐤀𐤔𐤓	𐤅𐤀𐤕	𐤁𐤏𐤉𐤓	𐤀𐤔𐤓	𐤅𐤀𐤕	𐤇𐤌𐤓𐤉𐤄𐤌	𐤅𐤀𐤕
que	y-···	en-la-ciudad	que	y-···	sus-asnos	y-···

34:29

50	407	88 | 648	50	407	144	311
כלל	את	חול	כלל	את	לקח	שדה
כָּל־	וְאֶת־	חֵילָם	כָּל־	וְאֶת־	לָקָחוּ׃	בַּשָּׂדֶה
kol	*ve'et*	*jeylam*	*kol*	*Ve'et*	*. lakajú*	*basadeh*
כל	ואת	חילם	כל	ואת	לקחו	בשדה
𐤊𐤋	𐤅𐤀𐤕	𐤇𐤉𐤋𐤌	𐤊𐤋	𐤅𐤀𐤕	𐤋𐤒𐤇𐤅	𐤁𐤔𐤃𐤄
todos	y-···	sus-bienes	todos	Y-···	. tomaron	en-el-campo

50	407	31	308	405 | 965	407	129 | 689
כלל	את	בזז	שבה	אנש	את	טפף
כָּל־	וְאֶת	וַיָּבֹזּוּ	שָׁבוּ	נְשֵׁיהֶם	וְאֶת־	טַפָּם
kol	*ve'et*	*vayavozú*	*shavú*	*nesheyhem*	*ve'et*	*tapam*
כל	ואת	ויבזו	שבו	נשיהם	ואת	טפם
כל	ואת	ויבזו	שבו	נשיהם	ואת	טפם
todo	y-···	y-saquearon	capturaron	sus-mujeres	y-···	sus-niños-pequeños

34:30

37	466 | 1116	31	182	257	414	501
אל	שמע	אל	עקב	אמר	בנה	אשר
וְאֶל־	שִׁמְעוֹן	אֶל־	יַעֲקֹב	וַיֹּאמֶר	בַּבָּיִת׃	אֲשֶׁר
ve'el	*Shimón*	*el*	*Ya'akov*	*Vayómer*	*. babáyit*	*asher*
ואל	שמעון	אל	יעקב	ויאמר	בבית	אשר
ואל	שמעון	אל	יעקב	ויאמר	בבית	אשר
y-a hacia	Shimón	a hacia	Ya'akov	Y-dijo	. en-la-casa	que

202	296 | 1106	314	408	411	730 | 1290	46
כנע	ארץ	ישב	באש	את	עכר	לוה
בַּכְּנַעֲנִי	הָאָרֶץ	בְּיֹשֵׁב	לְהַבְאִישֵׁנִי	אֹתִי	עֲכַרְתֶּם	לֵוִי
bakena'aní	*ha'árets*	*beyoshev*	*lehavisheni*	*otí*	*ajartem*	*Leví*
בכנעני	הארץ	בישב	להבאישני	אתי	עכרתם	לוי
בכנעני	הארץ	בישב	להבאישני	אתי	עכרתם	לוי
en-el-kena'aní	la-tierra [la seca]	en-morador-de	al-hacerme-odioso	a-mí	perturbasteis [arruinar socialmente]	Leví

97	110	203	380	450	67	305
נכה	עלה	אסף	ספר	מתה	אנך	פרז
וְהִכּוּנִי	עָלַי	וְנֶאֶסְפוּ	מִסְפָּר	מְתֵי	וַאֲנִי	וּבַפְּרִזִּי
vehikuni	*alay*	*vene'esfú*	*mispar*	*metey*	*va'aní*	*uvaperizí*
והכוני	עלי	ונאספו	מספר	מתי	ואני	ובפרזי
והכוני	עלי	ונאספו	מספר	מתי	ואני	ובפרזי
y-me-herirán	sobre-mí	y-se-reunirán cosechar; recoger	número	pocos-de	y-yo	y-en-el-perizí

34:31

401	385	93	263	428	61	810
את	עשה	זנה	אמר	בנה	אנך	שמד
אֶת־	יַעֲשֶׂה	הַכְזוֹנָה	וַיֹּאמְרוּ	וּבֵיתִי׃	אֲנִי	וְנִשְׁמַדְתִּי
et	*ya'aseh*	*hajezonah*	*Vayomrú*	*. uveytí*	*aní*	*venishmadtí*
את	יעשה	הכזונה	ויאמרו	וביתי	אני	ונשמדתי
את	יעשה	הכזונה	ויאמרו	וביתי	אני	ונשמדתי
··	hará	¿Acaso-como-prostituta	Y-dijeron	. y-mi-casa	yo	y-seré-destruido

471
אח
אֲחוֹתֵנוּ׃
. ajotenu
אחותנו
𐤅𐤍𐤕𐤅𐤇𐤀
. nuestra-hermana

Total de palabras hebreas:	421.
Total de consonantes hebreas:	1587.
Consonantes ausentes:	ף (*Pe sofit*).

35:1

<table>
<tr><td>412</td><td>105</td><td>146 | 706</td><td>182</td><td>31</td><td>86 | 646</td><td>257</td></tr>
<tr><td>בנה</td><td>עלה</td><td>קום</td><td>עקב</td><td>אל</td><td>אלהה</td><td>אמר</td></tr>
<tr><td>בֵּית־</td><td>עֲלֵה</td><td>קוּם</td><td>יַעֲקֹב</td><td>אֶל־</td><td>אֱלֹהִים</td><td>וַיֹּאמֶר</td></tr>
<tr><td>Veyt</td><td>aleh</td><td>kum</td><td>Ya'akov</td><td>el</td><td>Elohim</td><td>Vayómer</td></tr>
<tr><td>בית</td><td>עלה</td><td>קום</td><td>יעקב</td><td>אל</td><td>אלהים</td><td>ויאמר</td></tr>
<tr><td>𐤁𐤉𐤕</td><td>𐤏𐤋𐤄</td><td>𐤒𐤅𐤌</td><td>𐤉𐤏𐤒𐤁</td><td>𐤀𐤋</td><td>𐤀𐤋𐤄𐤉𐤌</td><td>𐤅𐤉𐤀𐤌𐤓</td></tr>
<tr><td>Beyt
[casa-de]</td><td>asciende</td><td>levántate</td><td>Ya'akov</td><td>a
hacia</td><td>elohim
Dios; dioses; magistrados</td><td>Y-dijo</td></tr>
</table>

<table>
<tr><td>61</td><td>57</td><td>340 | 900</td><td>381</td><td>340 | 900</td><td>308</td><td>31</td></tr>
<tr><td>·</td><td>זבח</td><td>שם</td><td>עשה</td><td>שם</td><td>ישב</td><td>·</td></tr>
<tr><td>לָאֵל</td><td>מִזְבֵּחַ</td><td>שָּׁם</td><td>וַעֲשֵׂה־</td><td>שָׁם</td><td>וְשֶׁב־</td><td>אֵל</td></tr>
<tr><td>la'El</td><td>mizbé'aj</td><td>sham</td><td>va'aseh</td><td>sham</td><td>veshev</td><td>El</td></tr>
<tr><td>לאל</td><td>מזבח</td><td>שם</td><td>ועשה</td><td>שם</td><td>ושב</td><td>אל</td></tr>
<tr><td>𐤋𐤀𐤋</td><td>𐤌𐤆𐤁𐤇</td><td>𐤔𐤌</td><td>𐤅𐤏𐤔𐤄</td><td>𐤔𐤌</td><td>𐤅𐤔𐤁</td><td>𐤀𐤋</td></tr>
<tr><td>a-El</td><td>altar</td><td>allí
[ubicación]</td><td>y-haz</td><td>allí
[ubicación]</td><td>y-asienta</td><td>El</td></tr>
</table>

35:2

<table>
<tr><td>257</td><td>39 | 519</td><td>376</td><td>180</td><td>232 | 712</td><td>61 | 541</td><td>261</td></tr>
<tr><td>אמר</td><td>אח</td><td>עשה</td><td>פנה</td><td>ברח</td><td>אלה</td><td>ראה</td></tr>
<tr><td>וַיֹּאמֶר</td><td>אָחִיךָ׃</td><td>עֵשָׂו</td><td>מִפְּנֵי</td><td>בְּבָרְחֲךָ</td><td>אֵלֶיךָ</td><td>הַנִּרְאֶה</td></tr>
<tr><td>Vayómer</td><td>. ajija</td><td>Esav</td><td>mipeney</td><td>bevorjaja</td><td>eleyja</td><td>hanireh</td></tr>
<tr><td>ויאמר</td><td>אחיך</td><td>עשו</td><td>מפני</td><td>בברחך</td><td>אליך</td><td>הנראה</td></tr>
<tr><td>𐤅𐤉𐤀𐤌𐤓</td><td>𐤀𐤇𐤉𐤊</td><td>𐤏𐤔𐤅</td><td>𐤌𐤐𐤍𐤉</td><td>𐤁𐤁𐤓𐤇𐤊</td><td>𐤀𐤋𐤉𐤊</td><td>𐤄𐤍𐤓𐤀𐤄</td></tr>
<tr><td>Y-dijo</td><td>. tu-hermano</td><td>Esav</td><td>de-las-faces-de
presencia; superficie</td><td>en-tu-huir</td><td>a-ti</td><td>el-apariciente</td></tr>
</table>

<table>
<tr><td>116</td><td>501</td><td>50</td><td>37</td><td>418</td><td>31</td><td>182</td></tr>
<tr><td>עם</td><td>אשר</td><td>כלל</td><td>אל</td><td>בנה</td><td>אל</td><td>עקב</td></tr>
<tr><td>עִמּוֹ</td><td>אֲשֶׁר</td><td>כָּל־</td><td>וְאֶל</td><td>בֵּיתוֹ</td><td>אֶל־</td><td>יַעֲקֹב</td></tr>
<tr><td>imó</td><td>asher</td><td>kol</td><td>ve'el</td><td>beytó</td><td>el</td><td>Ya'akov</td></tr>
<tr><td>עמו</td><td>אשר</td><td>כל</td><td>ואל</td><td>ביתו</td><td>אל</td><td>יעקב</td></tr>
<tr><td>𐤏𐤌𐤅</td><td>𐤀𐤔𐤓</td><td>𐤊𐤋</td><td>𐤅𐤀𐤋</td><td>𐤁𐤉𐤕𐤅</td><td>𐤀𐤋</td><td>𐤉𐤏𐤒𐤁</td></tr>
<tr><td>con-él</td><td>que</td><td>todo</td><td>y-a
hacia</td><td>su-casa</td><td>a
hacia</td><td>Ya'akov</td></tr>
</table>

<table>
<tr><td>231</td><td>482 | 1042</td><td>501</td><td>275</td><td>46</td><td>401</td><td>271</td></tr>
<tr><td>טהר</td><td>תוך</td><td>אשר</td><td>נכר</td><td>אלהה</td><td>את</td><td>סור</td></tr>
<tr><td>וְהִטַּהֲרוּ</td><td>בְּתֹכְכֶם</td><td>אֲשֶׁר</td><td>הַנֵּכָר</td><td>אֱלֹהֵי</td><td>אֶת־</td><td>הָסִרוּ</td></tr>
<tr><td>vehitaharú</td><td>betoj'jem</td><td>asher</td><td>hanejar</td><td>elohey</td><td>et</td><td>hasirú</td></tr>
<tr><td>והטהרו</td><td>בתככם</td><td>אשר</td><td>הנכר</td><td>אלהי</td><td>את</td><td>הסרו</td></tr>
<tr><td>𐤅𐤄𐤈𐤄𐤓𐤅</td><td>𐤁𐤕𐤊𐤊𐤌</td><td>𐤀𐤔𐤓</td><td>𐤄𐤍𐤊𐤓</td><td>𐤀𐤋𐤄𐤉</td><td>𐤀𐤕</td><td>𐤄𐤎𐤓𐤅</td></tr>
<tr><td>y-purificaos
limpiar</td><td>entre-vosotros</td><td>que</td><td>el-extraño</td><td>dioses-de</td><td>..</td><td>quitad</td></tr>
</table>

35:3

382	31	412	161	207	840 | 1400	145
עשה	·	בנה	עלה	קום	שמל	חלף
וְאֶעֱשֶׂה־	אֵל	בֵּית־	וְנַעֲלֶה	וְנָקוּמָה	שִׂמְלֹתֵיכֶם׃	וְהַחֲלִיפוּ
ve'e'éseh	*El*	*Beyt*	*vena'aleh*	*Venakumah*	*. simloteyjem*	*vehajalifú*
ואעשה	אל	בית	ונעלה	ונקומה	שמלתיכם	והחליפו
𐤅𐤀𐤏𐤔𐤄	𐤀𐤋	𐤁𐤉𐤕	𐤅𐤍𐤏𐤋𐤄	𐤅𐤍𐤒𐤅𐤌𐤄	𐤔𐤌𐤋𐤕𐤉𐤊𐤌	𐤅𐤄𐤇𐤋𐤉𐤐𐤅
y-haré	El	Beyt [casa-de]	y-ascenderemos	Y-levantémonos	. vuestros-mantos	y-cambiad

700	58 | 618	411	130	61	57	340 | 900
צרר	יום	את	ענה	·	זבח	שם
צָרָתִי	בְּיוֹם	אֹתִי	הָעֹנֶה	לָאֵל	מִזְבֵּחַ	שָׁם
tsarati	*beyom*	*otí*	*ha'oneh*	*la'El*	*mizbé'aj*	*sham*
צרתי	ביום	אתי	הענה	לאל	מזבח	שם
𐤑𐤓𐤕𐤉	𐤁𐤉𐤅𐤌	𐤀𐤕𐤉	𐤄𐤏𐤍𐤄	𐤋𐤀𐤋	𐤌𐤆𐤁𐤇	𐤔𐤌
mi-angustia	en-día-de tiempo [la luz]	a-mí	el-que-respondió	a-El	altar	allí [ubicación]

35:4

31	472	465	501	226 | 706	124	31
אל	נתן	הלך	אשר	דרך	עמד	היה
אֶל־	וַיִּתְּנוּ	הָלָכְתִּי׃	אֲשֶׁר	בַּדֶּרֶךְ	עִמָּדִי	וַיְהִי
el	*Vayitenu*	*. halajti*	*asher*	*badérej*	*imadí*	*vayehí*
אל	ויתנו	הלכתי	אשר	בדרך	עמדי	ויהי
𐤀𐤋	𐤅𐤉𐤕𐤍𐤅	𐤄𐤋𐤊𐤕𐤉	𐤀𐤔𐤓	𐤁𐤃𐤓𐤊	𐤏𐤌𐤃𐤉	𐤅𐤉𐤄𐤉
a hacia	Y-dieron	. anduve	que	en-el-camino	conmigo a-mi-lado	y-fue

56 | 616	501	275	46	50	401	182
יד	אשר	נכר	אלהה	כלל	את	עקב
בְּיָדָם	אֲשֶׁר	הַנֵּכָר	אֱלֹהֵי	כָּל־	אֵת	יַעֲקֹב
beyadam	*asher*	*hanejar*	*elohey*	*kol*	*et*	*Ya'akov*
בידם	אשר	הנכר	אלהי	כל	את	יעקב
𐤁𐤉𐤃𐤌	𐤀𐤔𐤓	𐤄𐤍𐤊𐤓	𐤀𐤋𐤄𐤉	𐤊𐤋	𐤀𐤕	𐤉𐤏𐤒𐤁
en-sus-manos	que	el-extraño	dioses-de	todos	··	Ya'akov

182	441 | 1001	115 | 765	115 | 675	501	152 | 712	407
עקב	את	טמן	אזן	אשר	נזם	את
יַעֲקֹב	אֹתָם	וַיִּטְמֹן	בְּאָזְנֵיהֶם	אֲשֶׁר	הַנְּזָמִים	וְאֶת־
Ya'akov	*otam*	*vayitmón*	*be'ozneyhem*	*asher*	*hanezamim*	*ve'et*
יעקב	אתם	ויטמן	באזניהם	אשר	הנזמים	ואת
𐤉𐤏𐤒𐤁	𐤀𐤕𐤌	𐤅𐤉𐤈𐤌𐤍	𐤁𐤀𐤆𐤍𐤉𐤄𐤌	𐤀𐤔𐤓	𐤄𐤍𐤆𐤌𐤉𐤌	𐤅𐤀𐤕
Ya'akov	a-ellos	y-escondió enterrar	en-sus-orejas	que	los-aretes	y-··

35:5

31	152	360 | 920	110 | 670	501	41	808
היה	נסע	שכם	עם	אשר	איל	תחת
וַיְהִ֣י	וַיִּסָּ֑עוּ	שְׁכֶֽם׃	עִם־	אֲשֶׁ֣ר	הָֽאֵלָה֙	תַּ֥חַת
vayehí	*Vayisa'u*	*. Shjem*	*im*	*asher*	*ha'elah*	*tájat*
ויהי	ויסעו	שכם	עם	אשר	האלה	תחת
𐤅𐤉𐤄𐤉	𐤅𐤉𐤎𐤏𐤅	𐤔𐤊𐤌	𐤏𐤌	𐤀𐤔𐤓	𐤄𐤀𐤋𐤄	𐤕𐤇𐤕
y-fue	Y-partieron [retirar estacas]	. Shjem	con	que	la-encina [árbol fuerte: roble]	bajo

37	529 | 1089	501	325 | 885	100	86 | 646	808
לא	סבב	אשר	עור	עלה	אלהה	חתת
וְלֹ֣א	סְבִיבֹ֣תֵיהֶ֔ם	אֲשֶׁר֙	הֶעָרִ֗ים	עַל־	אֱלֹהִ֗ים	חִתַּ֣ת
veló	*svivoteyhem*	*asher*	*he'arim*	*al*	*Elohim*	*jitat*
ולא	סביבתיהם	אשר	הערים	על	אלהים	חתת
𐤅𐤋𐤀	𐤎𐤁𐤉𐤁𐤕𐤉𐤄𐤌	𐤀𐤔𐤓	𐤄𐤏𐤓𐤉𐤌	𐤏𐤋	𐤀𐤋𐤄𐤉𐤌	𐤇𐤕𐤕
y-no	alrededor-de-ellos	que	las-ciudades	sobre	elohim Dios; dioses; magistrados	terror-de

35:6

48	182	19	182	62	219	290
לוז	עקב	בוא	עקב	בנה	אחר	רדף
ל֗וּזָה	יַעֲקֹ֜ב	וַיָּבֹ֨א	יַעֲקֹֽב׃	בְּנֵ֥י	אַחֲרֵ֖י	רָֽדְפ֔וּ
Lúzah	*Ya'akov*	*Vayavó*	*. Ya'akov*	*veney*	*ajarey*	*radfú*
לוזה	יעקב	ויבא	יעקב	בני	אחרי	רדפו
𐤋𐤅𐤆𐤄	𐤉𐤏𐤒𐤁	𐤅𐤉𐤁𐤀	𐤉𐤏𐤒𐤁	𐤁𐤍𐤉	𐤀𐤇𐤓𐤉	𐤓𐤃𐤐𐤅
a-Luz	Ya'akov	Y-vino	. Ya'akov	hijos-de edificador	tras-de	persiguieron

12	31	412	12	190 | 840	293 | 1103	501
הוא	·	בנה	הוא	כנע	ארץ	אשר
ה֛וּא	אֵ֑ל	בֵּֽית־	הִ֖וא	כְּנַ֔עַן	בְּאֶ֣רֶץ	אֲשֶׁר֙
hu	*El*	*Beyt*	*hi*	*Kena'an*	*be'érets*	*asher*
הוא	אל	בית	הוא	כנען	בארץ	אשר
𐤄𐤅𐤀	𐤀𐤋	𐤁𐤉𐤕	𐤄𐤅𐤀	𐤊𐤍𐤏𐤍	𐤁𐤀𐤓𐤑	𐤀𐤔𐤓
él	El	Beyt [casa-de]	ella	Kena'an	en-tierra-de [la seca]	que

35:7

57	340 | 900	68 | 718	116	501	115 | 675	56
זבח	שם	בנה	עם	אשר	עמם	כלל
מִזְבֵּ֔חַ	שָׁם֙	וַיִּ֤בֶן	עִמּֽוֹ׃	אֲשֶׁר־	הָעָ֖ם	וְכָל־
mizbé'aj	*sham*	*Vayivén*	*. imó*	*asher*	*ha'am*	*vejol*
מזבח	שם	ויבן	עמו	אשר	העם	וכל
𐤌𐤆𐤁𐤇	𐤔𐤌	𐤅𐤉𐤁𐤍	𐤏𐤌𐤅	𐤀𐤔𐤓	𐤄𐤏𐤌	𐤅𐤊𐤋
altar	allí [ubicación]	Y-edificó construir	. con-él	que	el-pueblo	y-todo

<table>
<tr><td>340 | 900</td><td>30</td><td>31</td><td>412</td><td>31</td><td>216 | 776</td><td>317</td></tr>
<tr><td>שם</td><td>כי</td><td>·</td><td>בנה</td><td>·</td><td>קום</td><td>קרא</td></tr>
<tr><td>שָׁם</td><td>כִּי</td><td>אֵל</td><td>בֵּית־</td><td>אֵל</td><td>לַמָּקוֹם</td><td>וַיִּקְרָא</td></tr>
<tr><td>sham</td><td>ki</td><td>El</td><td>Beyt</td><td>El</td><td>lamakom</td><td>vayikrá</td></tr>
<tr><td>שם</td><td>כי</td><td>אל</td><td>בית</td><td>אל</td><td>למקום</td><td>ויקרא</td></tr>
<tr><td>𐤔𐤌</td><td>𐤊𐤉</td><td>𐤀𐤋</td><td>𐤁𐤉𐤕</td><td>𐤀𐤋</td><td>𐤋𐤌𐤒𐤅𐤌</td><td>𐤅𐤉𐤒𐤓𐤀</td></tr>
<tr><td>allí
[ubicación]</td><td>que
porque</td><td>El</td><td>Beyt
[casa-de]</td><td>El</td><td>al-lugar</td><td>y-llamó</td></tr>
</table>

35:8

<table>
<tr><td>846</td><td>25</td><td>180</td><td>218</td><td>91 | 651</td><td>47</td><td>89</td></tr>
<tr><td>מות</td><td>אח</td><td>פנה</td><td>ברח</td><td>אלהה</td><td>אלה</td><td>גלה</td></tr>
<tr><td>וַתָּמָת</td><td>אָחִיו׃</td><td>מִפְּנֵי</td><td>בְּבָרְחוֹ</td><td>הָאֱלֹהִים</td><td>אֵלָיו</td><td>נִגְלוּ</td></tr>
<tr><td>Vatámot</td><td>. ajiv</td><td>mipeney</td><td>bevorjó</td><td>ha'elohim</td><td>elav</td><td>niglú</td></tr>
<tr><td>ותמת</td><td>אחיו</td><td>מפני</td><td>בברחו</td><td>האלהים</td><td>אליו</td><td>נגלו</td></tr>
<tr><td>𐤅𐤕𐤌𐤕</td><td>𐤀𐤇𐤉𐤅</td><td>𐤌𐤐𐤍𐤉</td><td>𐤁𐤁𐤓𐤇𐤅</td><td>𐤄𐤀𐤋𐤄𐤉𐤌</td><td>𐤀𐤋𐤉𐤅</td><td>𐤍𐤂𐤋𐤅</td></tr>
<tr><td>Y-murió</td><td>. su-hermano</td><td>de-las-faces-de
presencia; superficie</td><td>en-su-huir</td><td>ha'elohim
Dios; dioses; magistrados</td><td>a-él</td><td>se-revelaron</td></tr>
</table>

<table>
<tr><td>31</td><td>442</td><td>848</td><td>708</td><td>307</td><td>600</td><td>211</td></tr>
<tr><td>·</td><td>בנה</td><td>תחת</td><td>קבר</td><td>רבק</td><td>ינק</td><td>דבר</td></tr>
<tr><td>אֵל</td><td>לְבֵית־</td><td>מִתַּחַת</td><td>וַתִּקָּבֵר</td><td>רִבְקָה</td><td>מֵינֶקֶת</td><td>דְּבֹרָה</td></tr>
<tr><td>El</td><td>leVeyt</td><td>mitájat</td><td>vatikaver</td><td>Rivkah</td><td>meynéket</td><td>Devorah</td></tr>
<tr><td>אל</td><td>לבית</td><td>מתחת</td><td>ותקבר</td><td>רבקה</td><td>מינקת</td><td>דברה</td></tr>
<tr><td>𐤀𐤋</td><td>𐤋𐤁𐤉𐤕</td><td>𐤌𐤕𐤇𐤕</td><td>𐤅𐤕𐤒𐤁𐤓</td><td>𐤓𐤁𐤒𐤄</td><td>𐤌𐤉𐤍𐤒𐤕</td><td>𐤃𐤁𐤓𐤄</td></tr>
<tr><td>El</td><td>a-Beyt
[a-casa-de]</td><td>de-debajo</td><td>y-fue-sepultada</td><td>Rivkah</td><td>amamantadora-de</td><td>Devorah</td></tr>
</table>

35:9

<table>
<tr><td>217</td><td>428</td><td>87 | 737</td><td>346</td><td>317</td><td>92 | 742</td><td>808</td></tr>
<tr><td>ראה</td><td>בכה</td><td>איל</td><td>שם</td><td>קרא</td><td>איל</td><td>תחת</td></tr>
<tr><td>וַיֵּרָא</td><td>בָּכוּת׃</td><td>אַלּוֹן</td><td>שְׁמוֹ</td><td>וַיִּקְרָא</td><td>הָאַלּוֹן</td><td>תַּחַת</td></tr>
<tr><td>Vayerá</td><td>. Bajut</td><td>Alón</td><td>shmó</td><td>vayikrá</td><td>ha'alón</td><td>tájat</td></tr>
<tr><td>וירא</td><td>בכות</td><td>אלון</td><td>שמו</td><td>ויקרא</td><td>האלון</td><td>תחת</td></tr>
<tr><td>𐤅𐤉𐤓𐤀</td><td>𐤁𐤊𐤅𐤕</td><td>𐤀𐤋𐤅𐤍</td><td>𐤔𐤌𐤅</td><td>𐤅𐤉𐤒𐤓𐤀</td><td>𐤄𐤀𐤋𐤅𐤍</td><td>𐤕𐤇𐤕</td></tr>
<tr><td>Y-se-apareció
ver</td><td>. Bajut</td><td>Alón</td><td>su-nombre
[ubicación]</td><td>y-llamó</td><td>la-encina
[árbol fuerte: roble]</td><td>bajo</td></tr>
</table>

<table>
<tr><td>241 | 801</td><td>174 | 824</td><td>11</td><td>80</td><td>182</td><td>31</td><td>86 | 646</td></tr>
<tr><td>ארם</td><td>פדן</td><td>בוא</td><td>עד</td><td>עקב</td><td>אל</td><td>אלהה</td></tr>
<tr><td>אֲרָם</td><td>מִפַּדַּן</td><td>בְּבֹאוֹ</td><td>עוֹד</td><td>יַעֲקֹב</td><td>אֶל־</td><td>אֱלֹהִים</td></tr>
<tr><td>Aram</td><td>miPadán</td><td>bevo'ó</td><td>od</td><td>Ya'akov</td><td>el</td><td>Elohim</td></tr>
<tr><td>ארם</td><td>מפדן</td><td>בבאו</td><td>עוד</td><td>יעקב</td><td>אל</td><td>אלהים</td></tr>
<tr><td>𐤀𐤓𐤌</td><td>𐤌𐤐𐤃𐤍</td><td>𐤁𐤁𐤀𐤅</td><td>𐤏𐤅𐤃</td><td>𐤉𐤏𐤒𐤁</td><td>𐤀𐤋</td><td>𐤀𐤋𐤄𐤉𐤌</td></tr>
<tr><td>Aram</td><td>de-Padán</td><td>en-su-venir</td><td>aún
otra-vez</td><td>Ya'akov</td><td>a
hacia</td><td>elohim
Dios; dioses; magistrados</td></tr>
</table>

35:10

182	360 | 840	86 | 646	36	257	407	238 | 718
עקב	שם	אלהה	הוא	אמר	את	ברך
יַעֲקֹב	שִׁמְךָ	אֱלֹהִים	לוֹ	וַיֹּאמֶר־	אֹתוֹ׃	וַיְבָרֶךְ
Ya'akov	*shimja*	*Elohim*	*lo*	*Vayómer*	*. otó*	*vayevárej*
יעקב	שמך	אלהים	לו	ויאמר	אתו	ויברך
𐤉𐤏𐤒𐤁	𐤔𐤌𐤊	𐤀𐤋𐤄𐤉𐤌	𐤋𐤅	𐤅𐤉𐤀𐤌𐤓	𐤀𐤕𐤅	𐤅𐤉𐤁𐤓𐤊
Ya'akov	tu-nombre [ubicación]	*elohim* Dios; dioses; magistrados	a-él	Y-dijo	. a-él	y-bendijo

41 | 601	30	182	80	360 | 840	311	31
אם	כי	עקב	עד	שם	קרא	לא
אִם־	כִּי	יַעֲקֹב	עוֹד	שִׁמְךָ	יִקָּרֵא	לֹא־
im	*ki*	*Ya'akov*	*od*	*shimja*	*yikaré*	*lo*
אם	כי	יעקב	עוד	שמך	יקרא	לא
𐤀𐤌	𐤊𐤉	𐤉𐤏𐤒𐤁	𐤏𐤅𐤃	𐤔𐤌𐤊	𐤉𐤒𐤓𐤀	𐤋𐤀
si	que porque	Ya'akov	aún otra-vez	tu-nombre [ubicación]	será-llamado	no

541	346	401	317	360 | 840	32	541
שרה + אל	שם	את	קרא	שם	היה	שרה + אל
יִשְׂרָאֵל׃	שְׁמוֹ	אֶת־	וַיִּקְרָא	שְׁמֶךָ	יִהְיֶה	יִשְׂרָאֵל
. Yisra'El	*shmó*	*et*	*vayikrá*	*shmeja*	*yihyeh*	*Yisra'El*
ישראל	שמו	את	ויקרא	שמך	יהיה	ישראל
𐤉𐤔𐤓𐤀𐤋	𐤔𐤌𐤅	𐤀𐤕	𐤅𐤉𐤒𐤓𐤀	𐤔𐤌𐤊	𐤉𐤄𐤉𐤄	𐤉𐤔𐤓𐤀𐤋
. Yisra'El	su-nombre [ubicación]	..	y-llamó	tu-nombre [ubicación]	será	Yisra'El

35:11

285	314	31	61	86 | 646	36	257
פרה	שדד	·	אנך	אלהה	הוא	אמר
פְּרֵה	שַׁדַּי	אֵל	אֲנִי	אֱלֹהִים	לוֹ	וַיֹּאמֶר
pereh	*shaday*	*El*	*aní*	*Elohim*	*lo*	*Vayómer*
פרה	שדי	אל	אני	אלהים	לו	ויאמר
𐤐𐤓𐤄	𐤔𐤃𐤉	𐤀𐤋	𐤀𐤍𐤉	𐤀𐤋𐤄𐤉𐤌	𐤋𐤅	𐤅𐤉𐤀𐤌𐤓
fructifica multiplicar; ser-fecundo	*shaday*	El	yo	*elohim* Dios; dioses; magistrados	a-él	Y-dijo

146 | 706	100 | 580	32	59 | 619	141	19	213
מלך	מן	היה	גאה	קהל	גאה	רבה
וּמְלָכִים	מִמְּךָ	יִהְיֶה	גוֹיִם	וּקְהַל	גּוֹי	וּרְבֵה
umelajim	*mimeja*	*yihyeh*	*goyim*	*ukehal*	*goy*	*ureveh*
ומלכים	ממך	יהיה	גוים	וקהל	גוי	ורבה
𐤅𐤌𐤋𐤊𐤉𐤌	𐤌𐤌𐤊	𐤉𐤄𐤉𐤄	𐤂𐤅𐤉𐤌	𐤅𐤒𐤄𐤋	𐤂𐤅𐤉	𐤅𐤓𐤁𐤄
y-reyes	de-ti	será	naciones gentil	y-asamblea-de congregación; reunión	nación gentil	y-aumenta crecer; multiplicar

35:12

278 | 838	860	501	296 | 1106	407	107	198 | 678
אב + רום + המון	נתן	אשר	ארץ	את	יצא	חלץ
לְאַבְרָהָם	נָתַתִּי	אֲשֶׁר	הָאָרֶץ	וְאֶת־	יֵצֵאוּ׃	מֵחֲלָצֶיךָ
le'Avraham	*natati*	*asher*	*ha'árets*	*Ve'et*	*. yetse'ú*	*mejalatseyja*
לאברהם	נתתי	אשר	הארץ	ואת	יצאו	מחלציך
𐤋𐤀𐤁𐤓𐤄𐤌	𐤍𐤕𐤕𐤉	𐤀𐤔𐤓	𐤄𐤀𐤓𐤑	𐤅𐤀𐤕	𐤉𐤑𐤀𐤅	𐤌𐤇𐤋𐤑𐤉𐤊
a-Avraham	di	que	la-tierra [la seca]	Y-···	. saldrán	de-tus-lomos

401	451 | 1101	239 | 719	333 | 813	506	50 | 530	244
את	נתן	אחר	זרע	נתן	·	צחק
אֶת־	אֶתֵּן	אַחֲרֶיךָ	וּלְזַרְעֲךָ	אֶתְּנֶנָּה	לְךָ	וּלְיִצְחָק
et	*etén*	*ajareyja*	*ulezaraja*	*etenenah*	*lejá*	*uleYitsjak*
את	אתן	אחריך	ולזרעך	אתננה	לך	וליצחק
𐤀𐤕	𐤀𐤕𐤍	𐤀𐤇𐤓𐤉𐤊	𐤅𐤋𐤆𐤓𐤏𐤊	𐤀𐤕𐤍𐤍𐤄	𐤋𐤊	𐤅𐤋𐤉𐤑𐤇𐤒
··	daré	después-de-ti	y-a-tu-simiente semilla	la-daré	a-ti	y-a-Yitsjak

35:13

206	501	188 | 748	86 | 646	156	116	296 | 1106
דבר	אשר	קום	אלהה	עלה	עלה	ארץ
דִּבֶּר	אֲשֶׁר־	בַּמָּקוֹם	אֱלֹהִים	מֵעָלָיו	וַיַּעַל	הָאָרֶץ׃
diber	*asher*	*bamakom*	*Elohim*	*me'alav*	*Vaya'al*	*. ha'árets*
דבר	אשר	במקום	אלהים	מעליו	ויעל	הארץ
𐤃𐤁𐤓	𐤀𐤔𐤓	𐤁𐤌𐤒𐤅𐤌	𐤀𐤋𐤄𐤉𐤌	𐤌𐤏𐤋𐤉𐤅	𐤅𐤉𐤏𐤋	𐤄𐤀𐤓𐤑
habló	que	en-el-lugar	elohim Dios; dioses; magistrados	de-sobre-él	Y-ascendió	. la-tierra [la seca]

35:14

206	501	188 | 748	137	182	108	407
דבר	אשר	קום	נצב	עקב	נצב	את
דִּבֶּר	אֲשֶׁר־	בַּמָּקוֹם	מַצֵּבָה	יַעֲקֹב	וַיַּצֵּב	אִתּוֹ׃
diber	*asher*	*bamakom*	*matsevah*	*Ya'akov*	*Vayatsev*	*. itó*
דבר	אשר	במקום	מצבה	יעקב	ויצב	אתו
𐤃𐤁𐤓	𐤀𐤔𐤓	𐤁𐤌𐤒𐤅𐤌	𐤌𐤑𐤁𐤄	𐤉𐤏𐤒𐤁	𐤅𐤉𐤑𐤁	𐤀𐤕𐤅
habló	que	en-el-lugar	estela monumento; pilar	Ya'akov	Y-erigió	. con-él

206	130 | 610	115	96 | 576	53 | 703	532	407
יצק	נסך	עלה	נסך	בנה	נצב	את
וַיִּצֹּק	נֶסֶךְ	עָלֶיהָ	וַיַּסֵּךְ	אֶבֶן	מַצֶּבֶת	אִתּוֹ
vayitsok	*nésej*	*aleyha*	*vayásej*	*áven*	*matsévet*	*itó*
ויצק	נסך	עליה	ויסך	אבן	מצבת	אתו
𐤅𐤉𐤑𐤒	𐤍𐤎𐤊	𐤏𐤋𐤉𐤄	𐤅𐤉𐤎𐤊	𐤀𐤁𐤍	𐤌𐤑𐤁𐤕	𐤀𐤕𐤅
y-derramó verter	libación	sobre-ella	e-hizo-libación	piedra	estela-de monumento; pilar	con-él

35:15

191 | 751	340 | 900	401	182	317	390 | 1040	115
קום	שם	את	עקב	קרא	שמן	עלה
הַמָּקֽוֹם	שָׁ֥ם	אֶת־	יַֽעֲקֹ֜ב	וַיִּקְרָ֨א	שָֽׁמֶן׃	עָלֶ֖יהָ
hamakom	*shem*	*et*	*Ya'akov*	*Vayikrá*	*. shamen*	*aleyha*
המקום	שם	את	יעקב	ויקרא	שמן	עליה
𐤄𐤌𐤒𐤅𐤌	𐤔𐤌	𐤀𐤕	𐤉𐤏𐤒𐤁	𐤅𐤉𐤒𐤓𐤀	𐤔𐤌𐤍	𐤏𐤋𐤉𐤄
el-lugar	nombre-de	..	Ya'akov	Y-llamó	. aceite grasa	sobre-ella

31	412	86 | 646	340 | 900	407	206	501
·	בנה	אלהה	שם	את	דבר	אשר
אֵֽל׃	בֵּֽית־	אֱלֹהִ֖ים	שָׁ֛ם	אִתּ֖וֹ	דִּבֶּ֥ר	אֲשֶׁר־
. El	*Beyt*	*Elohim*	*sham*	*itó*	*diber*	*asher*
אל	בית	אלהים	שם	אתו	דבר	אשר
𐤀𐤋	𐤁𐤉𐤕	𐤀𐤋𐤄𐤉𐤌	𐤔𐤌	𐤀𐤕𐤅	𐤃𐤁𐤓	𐤀𐤔𐤓
. El	Beyt [casa-de]	*elohim* Dios; dioses; magistrados	allí [ubicación]	con-él	habló	que

35:16

296 | 1106	622	80	31	31	452	152
ארץ	כבר	עד	היה	·	בנה	נסע
הָאָ֖רֶץ	כִּבְרַת־	ע֥וֹד	וַֽיְהִי־	אֵ֔ל	מִבֵּ֣ית	וַיִּסְעוּ֙
ha'árets	*kivrat*	*od*	*vayehí*	*El*	*miBeyt*	*Vayisú*
הארץ	כברת	עוד	ויהי	אל	מבית	ויסעו
𐤄𐤀𐤓𐤑	𐤊𐤁𐤓𐤕	𐤏𐤅𐤃	𐤅𐤉𐤄𐤉	𐤀𐤋	𐤌𐤁𐤉𐤕	𐤅𐤉𐤎𐤏𐤅
la-tierra [la seca]	cierta-distancia-de	aún otra-vez	y-fue	El	de-Beyt [casa de]	Y-partieron [retirar estacas]

35:17

31	441	806	238	440	686	39
היה	ילד	קשה	רחל	ילד	פרה	בוא
וַיְהִ֤י	בְּלִדְתָּֽהּ׃	וַתְּקַ֥שׁ	רָחֵ֖ל	וַתֵּ֥לֶד	אֶפְרָ֑תָה	לָב֣וֹא
Vayehí	*. belidtah*	*vatekash*	*Rajel*	*vatéled*	*Efrátah*	*lavó*
ויהי	בלדתה	ותקש	רחל	ותלד	אפרתה	לבוא
𐤅𐤉𐤄𐤉	𐤁𐤋𐤃𐤕𐤄	𐤅𐤕𐤒𐤔	𐤓𐤇𐤋	𐤅𐤕𐤋𐤃	𐤀𐤐𐤓𐤕𐤄	𐤋𐤁𐤅𐤀
Y-fue	. en-su-engendrar	y-se-endureció [tener dificultad]	Rajel	y-engendró	a-Efrat	para-venir

621	31	489	35	647	441	812
ירא	אל	ילד	הוא	אמר	ילד	קשה
תִּ֣ירְאִ֔י	אַל־	הַמְיַלֶּ֙דֶת֙	לָ֤הּ	וַתֹּ֨אמֶר	בְלִדְתָּ֑הּ	בְהַקְשֹׁתָ֣הּ
tirí	*al*	*hameyalédet*	*lah*	*vatómer*	*belidtah*	*vehakshotah*
תיראי	אל	המילדת	לה	ותאמר	בלדתה	בהקשתה
𐤕𐤉𐤓𐤀𐤉	𐤀𐤋	𐤄𐤌𐤉𐤋𐤃𐤕	𐤋𐤄	𐤅𐤕𐤀𐤌𐤓	𐤁𐤋𐤃𐤕𐤄	𐤁𐤄𐤒𐤔𐤕𐤄
temas	no	la-partera	a-ella	y-dijo	en-su-engendrar	en-su-endurecerse [tener dificultad]

35:18

493	31	52 | 702	50 | 530	12	43 | 603	30
יצא	היה	בנה	·	זה	גם	כי
בְּצֵאת	וַיְהִי	בֵּן׃	לָךְ	זֶה	גַם־	כִּי־
betset	*Vayehí*	*. ben*	*laj*	*zeh*	*gam*	*ki*
בצאת	ויהי	בן	לך	זה	גם	כי
𐤁𐤑𐤀𐤕	𐤅𐤉𐤄𐤉	𐤁𐤍	𐤋𐤊	𐤆𐤄	𐤂𐤌	𐤊𐤉
en-salir	Y-fue	. hijo edificador	para-ti	éste	también	que porque

67	52 | 702	346	707	445	30	435
און	בנה	שם	קרא	מות	כי	נפש
אוֹנִי	בֶּן־	שְׁמוֹ	וַתִּקְרָא	מֵתָה	כִּי	נַפְשָׁהּ
Oní	*Ben*	*shmó*	*vatikrá*	*metah*	*ki*	*nafshah*
אוני	בן	שמו	ותקרא	מתה	כי	נפשה
𐤀𐤅𐤍𐤉	𐤁𐤍	𐤔𐤌𐤅	𐤅𐤕𐤒𐤓𐤀	𐤌𐤕𐤄	𐤊𐤉	𐤍𐤐𐤔𐤄
Oní	Ben	su-nombre [ubicación]	y-llamó	murió	que porque	su-alma aliento; garganta; ser

35:19

708	238	846	162 | 812	36	301	25
קבר	רחל	מות	בנה + ימן	הוא	קרא	אב
וַתִּקָּבֵר	רָחֵל	וַתָּמָת	בִנְיָמִין׃	לוֹ	קָרָא־	וְאָבִיו
vatikaver	*Rajel*	*Vatámot*	*. Vinyamín*	*lo*	*kará*	*ve'aviv*
ותקבר	רחל	ותמת	בנימין	לו	קרא	ואביו
𐤅𐤕𐤒𐤁𐤓	𐤓𐤇𐤋	𐤅𐤕𐤌𐤕	𐤁𐤍𐤉𐤌𐤉𐤍	𐤋𐤅	𐤒𐤓𐤀	𐤅𐤀𐤁𐤉𐤅
y-fue-sepultada	Rajel	Y-murió	. Vinyamín	a-él	llamó	y-su-padre

35:20

182	108	78 | 638	412	12	686	226 | 706
עקב	נצב	לחם	בנה	הוא	פרה	דרך
יַעֲקֹב	וַיַּצֵּב	לָחֶם׃	בֵּית	הִוא	אֶפְרָתָה	בְּדֶרֶךְ
Ya'akov	*Vayatsev*	*. Lájem*	*Beyt*	*hi*	*Efrátah*	*bedérej*
יעקב	ויצב	לחם	בית	הוא	אפרתה	בדרך
𐤉𐤏𐤒𐤁	𐤅𐤉𐤑𐤁	𐤋𐤇𐤌	𐤁𐤉𐤕	𐤄𐤅𐤀	𐤀𐤐𐤓𐤕𐤄	𐤁𐤃𐤓𐤊
Ya'akov	Y-erigió	. Lájem	Beyt [casa-de]	ella	a-Efrat	en-camino

238	702	532	12	707	100	137
רחל	קבר	נצב	הוא	קבר	עלה	נצב
רָחֵל	קְבֻרַת־	מַצֶּבֶת	הִוא	קְבֻרָתָהּ	עַל־	מַצֵּבָה
Rajel	*kevurat*	*matsévet*	*hi*	*kevuratah*	*al*	*matsevah*
רחל	קברת	מצבת	הוא	קברתה	על	מצבה
𐤓𐤇𐤋	𐤒𐤁𐤓𐤕	𐤌𐤑𐤁𐤕	𐤄𐤅𐤀	𐤒𐤁𐤓𐤕𐤄	𐤏𐤋	𐤌𐤑𐤁𐤄
Rajel	sepultura-de	estela-de monumento; pilar	ella	su-sepultura	sobre	estela monumento; pilar

35:21

81	41	25	541	146	61 | 621	74
הלא	אהל	נטה	שרה + אל	נסע	יום	עדה
מֵהָ֫לְאָה	אָהֳלֹה	וַיֵּט	יִשְׂרָאֵל	וַיִּסַּע	הַיּוֹם׃	עַד־
mehalah	*oholoh*	*vayet*	*Yisra'El*	*Vayisá*	*. hayom*	*ad*
מהלאה	אהלה	ויט	ישראל	ויסע	היום	עד
𐤌𐤄𐤋𐤀𐤄	𐤀𐤄𐤋𐤄	𐤅𐤉𐤈	𐤉𐤔𐤓𐤀𐤋	𐤅𐤉𐤎𐤏	𐤄𐤉𐤅𐤌	𐤏𐤃
más-allá	su-tienda	y-extendió	Yisra'El	Y-partió [retirar estacas]	. hoy día; tiempo [la luz]	hasta

35:22

17	293 | 1103	541	372 | 1022	31	274	107
הוא	ארץ	שרה + אל	שכן	היה	עדר	גדל
הַהִוא	בָּאָרֶץ	יִשְׂרָאֵל	בִּשְׁכֹּן	וַיְהִי	עֵדֶר׃	לְמִגְדַּל־
hahí	*ba'árets*	*Yisra'El*	*bishkón*	*Vayehí*	*. Eder*	*leMigdal*
ההוא	בארץ	ישראל	בשכן	ויהי	עדר	למגדל
𐤄𐤄𐤅𐤀	𐤁𐤀𐤓𐤑	𐤉𐤔𐤓𐤀𐤋	𐤁𐤔𐤊𐤍	𐤅𐤉𐤄𐤉	𐤏𐤃𐤓	𐤋𐤌𐤂𐤃𐤋
la-aquella	en-la-tierra [la seca]	Yisra'El	en-acampar asentar; posar	Y-fue	. Eder	a-Migdal

19	423	42	401	338	259 | 909	66 | 546
אב	פלגש	בלה	את	שכב	ראה + בנה	הלך
אָבִיו	פִּילֶגֶשׁ	בִּלְהָה	אֶת־	וַיִּשְׁכַּב	רְאוּבֵן	וַיֵּלֶךְ
aviv	*pilégesh*	*Bilhah*	*et*	*vayishkav*	*Re'uvén*	*vayélej*
אביו	פילגש	בלהה	את	וישכב	ראובן	וילך
𐤀𐤁𐤉𐤅	𐤐𐤉𐤋𐤂𐤔	𐤁𐤋𐤄𐤄	𐤀𐤕	𐤅𐤉𐤔𐤊𐤁	𐤓𐤀𐤅𐤁𐤍	𐤅𐤉𐤋𐤊
su-padre	concubina-de	Bilhah	..	y-se-acostó	Re'uvén	y-anduvo

570	400 | 960	182	62	37	541	426
עשר	שנה	עקב	בנה	היה	שרה + אל	שמע
עָשָׂר׃	שְׁנֵים	יַעֲקֹב	בְנֵי־	וַיִּהְיוּ	יִשְׂרָאֵל	וַיִּשְׁמַע
. asar	*shneym*	*Ya'akov*	*veney*	*vayihyú*	*Yisra'El*	*vayishmá*
עשר	שנים	יעקב	בני	ויהיו	ישראל	וישמע
𐤏𐤔𐤓	𐤔𐤍𐤉𐤌	𐤉𐤏𐤒𐤁	𐤁𐤍𐤉	𐤅𐤉𐤄𐤉𐤅	𐤉𐤔𐤓𐤀𐤋	𐤅𐤉𐤔𐤌𐤏
. diez	dos	Ya'akov	hijos-de edificador	y-fueron	Yisra'El	y-oyó

35:23

52	472 | 1122	259 | 909	182	222	36	62
לוה	שמע	ראה + בנה	עקב	בכר	לאה	בנה
וְלֵוִי	וְשִׁמְעוֹן	רְאוּבֵן	יַעֲקֹב	בְּכוֹר	לֵאָה	בְּנֵי
veLeví	*veShimón*	*Re'uvén*	*Ya'akov*	*bejor*	*Le'ah*	*Beney*
ולוי	ושמעון	ראובן	יעקב	בכור	לאה	בני
𐤅𐤋𐤅𐤉	𐤅𐤔𐤌𐤏𐤅𐤍	𐤓𐤀𐤅𐤁𐤍	𐤉𐤏𐤒𐤁	𐤁𐤊𐤅𐤓	𐤋𐤀𐤄	𐤁𐤍𐤉
y-Leví	y-Shimón	Re'uvén	Ya'akov	primogénito-de primicia	Le'ah	Hijos-de edificador

35:24

158 | 808	156 | 876	238	62	101 | 751	836	36
בנה + ימן	יסף	רחל	בנה	זבל	שכר	היה + ידה
וּבִנְיָמִֽן׃	יוֹסֵ֣ף	רָחֵ֔ל	בְּנֵ֣י	וּזְבוּלֻֽן׃	וְיִשָּׂשכָ֖ר	וִֽיהוּדָ֔ה
. uVinyamín	*Yosef*	*Rajel*	*Beney*	*. uZevulún*	*veYisasjar*	*vihudah*
ובנימן	יוסף	רחל	בני	וזבולן	וישׂשכר	ויהודה
ובנימן	יוסף	רחל	בני	וזבולן	וישׂשכר	ויהודה
. y-Vinyamín	Yosef	Rajel	Hijos-de edificador	. y-Zevulún	y-Yisasjar	y-Yehudah

35:26

35:25

68	576	54 | 704	238	788	42	68
בנה	פתל	דין	רחל	שפח	בלה	בנה
וּבְנֵ֣י	וְנַפְתָּלִֽי׃	דָּ֚ן	רָחֵ֔ל	שִׁפְחַ֣ת	בִלְהָה֙	וּבְנֵ֤י
Uveney	*. veNaftalí*	*Dan*	*Rajel*	*shifjat*	*Bilhah*	*Uveney*
ובני	ונפתלי	דן	רחל	שפחת	בלהה	ובני
ובני	ונפתלי	דן	רחל	שפחת	בלהה	ובני
E-hijos-de edificador	. y-Naftalí	Dan	Rajel	sierva-de	Bilhah	E-hijos-de edificador

62	36	507	7	36	788	122
בנה	אלה	אשר	גוד	לאה	שפח	·
בְּנֵ֣י	אֵ֚לֶּה	וְאָשֵׁ֑ר	גָּ֣ד	לֵאָ֔ה	שִׁפְחַ֣ת	זִלְפָּ֜ה
beney	*éleh*	*ve'Asher*	*Gad*	*Le'ah*	*shifjat*	*Zilpah*
בני	אלה	ואשר	גד	לאה	שפחת	זלפה
בני	אלה	ואשר	גד	לאה	שפחת	זלפה
hijos-de edificador	estos	y-Asher	Gad	Le'ah	sierva-de	Zilpah

35:27

19	241 | 801	136 | 786	36	44	501	182
בוא	ארם	פדן	הוא	ילד	אשר	עקב
וַיָּבֹ֤א	אֲרָֽם׃	בְּפַדַּ֥ן	ל֖וֹ	יֻלַּד־	אֲשֶׁ֥ר	יַעֲקֹ֔ב
Vayavó	*. Aram*	*beFadán*	*lo*	*yulad*	*asher*	*Ya'akov*
ויבא	ארם	בפדן	לו	ילד	אשר	יעקב
ויבא	ארם	בפדן	לו	ילד	אשר	יעקב
Y-vino	. Aram	en-Padán	para-él	fue-engendrado	que	Ya'akov

278	710	281	19	208	31	182
רבע	קרה	מרא	אב	צחק	אלה	עקב
הָֽאַרְבַּ֔ע	קִרְיַ֣ת	מַמְרֵ֔א	אָבִ֔יו	יִצְחָ֣ק	אֶל־	יַעֲקֹב֙
ha'Arbá	*Kiryat*	*Mamré*	*aviv*	*Yitsjak*	*el*	*Ya'akov*
הארבע	קרית	ממרא	אביו	יצחק	אל	יעקב
הארבע	קרית	ממרא	אביו	יצחק	אל	יעקב
ha'Arbá	Kiryat	Mamré	su-padre	Yitsjak	a hacia	Ya'akov

214	248 | 808	340 | 900	203	501	266 | 916	12
צחק	אב + רום + המון	שם	גור	אשר	חבר	הוא
וְיִצְחָק׃	אַבְרָהָם	שָׁם	גָּר־	אֲשֶׁר־	חֶבְרוֹן	הִוא
. veYitsjak	*Avraham*	*sham*	*gar*	*asher*	*Jevrón*	*hi*
ויצחק	אברהם	שם	גר	אשר	חברון	הוא
𐤅𐤉𐤑𐤇𐤒	𐤀𐤁𐤓𐤄𐤌	𐤔𐤌	𐤂𐤓	𐤀𐤔𐤓	𐤇𐤁𐤓𐤅𐤍	𐤄𐤅𐤀
. y-Yitsjak	Avraham	allí [ubicación]	residió [como extranjero]	que	Jevrón	ella

35:28

355	446 | 1006	355	441	208	60	37
שנה	שמן	שנה	מאה	צחק	יום	היה
שָׁנָה׃	וּשְׁמֹנִים	שָׁנָה	מְאַת	יִצְחָק	יְמֵי	וַיִּהְיוּ
. shanah	*ushmonim*	*shanah*	*me'at*	*Yitsjak*	*yemey*	*Vayihyú*
שנה	ושמנים	שנה	מאת	יצחק	ימי	ויהיו
𐤔𐤍𐤄	𐤅𐤔𐤌𐤍𐤉𐤌	𐤔𐤍𐤄	𐤌𐤀𐤕	𐤉𐤑𐤇𐤒	𐤉𐤌𐤉	𐤅𐤉𐤄𐤉𐤅
. año cambio	y-ochenta	año cambio	cien	Yitsjak	días-de tiempo [la luz]	Y-fueron

35:29

157 | 807	126	31	157 | 877	456	208	95
זקן	עמם	אל	אסף	מות	צחק	גוע
זָקֵן	עַמָּיו	אֶל־	וַיֵּאָסֶף	וַיָּמָת	יִצְחָק	וַיִּגְוַע
zakén	*amav*	*el*	*vaye'asef*	*vayámot*	*Yitsjak*	*Vayigvá*
זקן	עמיו	אל	ויאסף	וימת	יצחק	ויגוע
𐤆𐤒𐤍	𐤏𐤌𐤉𐤅	𐤀𐤋	𐤅𐤉𐤀𐤎𐤐	𐤅𐤉𐤌𐤕	𐤉𐤑𐤇𐤒	𐤅𐤉𐤂𐤅𐤏
anciano	su-pueblo sus-pueblos [plural]	a hacia	y-fue-reunido cosechar; recoger	y-murió	Yitsjak	Y-expiró

68	188	376	407	324	100 | 660	378
בנה	עקב	עשה	את	קבר	יום	שבע
בָּנָיו׃	וְיַעֲקֹב	עֵשָׂו	אֹתוֹ	וַיִּקְבְּרוּ	יָמִים	וּשְׂבַע
. banav	*veYa'akov*	*Esav*	*otó*	*vayikberú*	*yamim*	*usvá*
בניו	ויעקב	עשו	אתו	ויקברו	ימים	ושבע
𐤁𐤍𐤉𐤅	𐤅𐤉𐤏𐤒𐤁	𐤏𐤔𐤅	𐤀𐤕𐤅	𐤅𐤉𐤒𐤁𐤓𐤅	𐤉𐤌𐤉𐤌	𐤅𐤔𐤁𐤏
. sus-hijos edificador	y-Ya'akov	Esav	a-él	y-sepultaron	días tiempo [la luz]	y-saciado-de

Total de palabras hebreas: 378.
Total de consonantes hebreas: 1423.
Consonantes ausentes: -

	36:2					36:1
138	376	56 | 616	12	376	840	42
לקח	עשה	אדם	הוא	עשה	ילד	אלה
לָקַח	עֵשָׂו	אֱדוֹם׃	הוּא	עֵשָׂו	תֹּלְדוֹת	וְאֵלֶּה
lakaj	*Esav*	*. Edom*	*hu*	*Esav*	*toldot*	*Ve'éleh*
לקח	עשו	אדום	הוא	עשו	תלדות	ואלה
𐤋𐤒𐤇	𐤏𐤔𐤅	𐤀𐤃𐤅𐤌	𐤄𐤅𐤀	𐤏𐤔𐤅	𐤕𐤋𐤃𐤅𐤕	𐤅𐤀𐤋𐤄
tomó	Esav	. Edom	él	Esav	generaciones-de historia [escrit. defect.]	Y-éstas

402	79	401	190 | 840	498	366	401
בנה	עדה	את	כנע	בנה	אנש	את
בַּת־	עָדָה	אֶת־	כְּנַעַן	מִבְּנוֹת	נָשָׁיו	אֶת־
bat	*Adah*	*et*	*Kena'an*	*mibenot*	*nashav*	*et*
בת	עדה	את	כנען	מבנות	נשיו	את
𐤁𐤕	𐤏𐤃𐤄	𐤀𐤕	𐤊𐤍𐤏𐤍	𐤌𐤁𐤍𐤅𐤕	𐤍𐤔𐤉𐤅	𐤀𐤕
hija-de	Adah	··	Kena'an	de-las-hijas-de	sus-mujeres	··

402	125	402	93	407	423	97 | 747
בנה	ענה	בנה	אהל + במה	את	חתת	איל
בַּת־	עֲנָה	בַּת־	אָהֳלִיבָמָה	וְאֶת־	הַחִתִּי	אֵילוֹן
bat	*Anah*	*bat*	*Aholivamah*	*ve'et*	*hajití*	*Eylón*
בת	ענה	בת	אהליבמה	ואת	החתי	אילון
𐤁𐤕	𐤏𐤍𐤄	𐤁𐤕	𐤀𐤄𐤋𐤉𐤁𐤌𐤄	𐤅𐤀𐤕	𐤄𐤇𐤕𐤉	𐤀𐤉𐤋𐤅𐤍
hija-de	Anah	hija-de	Aholivamah	y-···	el-jití	Eylón

				36:3		
415	451	402	742	407	423	218 | 868
אח	שמע + אל	בנה	בשם	את	חתת	צבע
אֲחוֹת	יִשְׁמָעֵאל	בַּת־	בָּשְׂמַת	וְאֶת־	הַחִוִּי׃	צִבְעוֹן
ajot	*Yishma'el*	*bat*	*Bosmat*	*Ve'et*	*. hajití*	*Tsivón*
אחות	ישמעאל	בת	בשמת	ואת	החוי	צבעון
𐤀𐤇𐤅𐤕	𐤉𐤔𐤌𐤏𐤀𐤋	𐤁𐤕	𐤁𐤔𐤌𐤕	𐤅𐤀𐤕	𐤄𐤇𐤅𐤉	𐤑𐤁𐤏𐤅𐤍
hermana-de	Yishma'el	hija-de	Bosmat	Y-···	. el-jití	Tsivón

					36:4	
748	128	401	406	79	440	468
בשם	אל + פזז	את	עשה	עדה	ילד	נוב
וּבָשְׂמַת	אֱלִיפָז	אֶת־	לְעֵשָׂו	עָדָה	וַתֵּלֶד	נְבָיוֹת׃
uVosmat	*Elifaz*	*et*	*le'Esav*	*Adah*	*Vatéled*	*. Nevayot*
ובשמת	אליפז	את	לעשו	עדה	ותלד	נביות
𐤅𐤁𐤔𐤌𐤕	𐤀𐤋𐤉𐤐𐤆	𐤀𐤕	𐤋𐤏𐤔𐤅	𐤏𐤃𐤄	𐤅𐤕𐤋𐤃	𐤍𐤁𐤉𐤅𐤕
y-Vosmat	Elifaz	··	para-Esav	Adah	Y-engendró	. Nevayot

36:5

390	401	49	99	307	401	49
עוש	את	ילד	אהל + במה	רעה + אל	את	ילד
יעיש	אֶת־	יָֽלְדָ֗ה	וְאָהֳלִיבָמָ֗ה	רְעוּאֵֽל׃	אֶת־	יָלְדָ֣ה
Ye'ush	*et*	*yaldah*	*Ve'Aholivamah*	*. Re'u'El*	*et*	*yaldah*
יעיש	את	ילדה	ואהליבמה	רעואל	את	ילדה
𐤉𐤏𐤉𐤔	𐤀𐤕	𐤉𐤋𐤃𐤄	𐤅𐤀𐤄𐤋𐤉𐤁𐤌𐤄	𐤓𐤏𐤅𐤀𐤋	𐤀𐤕	𐤉𐤋𐤃𐤄
Ye'ush [יְעוּשׁ]	··	engendró	Y-Aholivamah	. Re'u'El	··	engendró

376	62	36	308	407	150 | 710	407
עשה	בנה	אלה	קרח	את	עלם	את
עֵשָׂ֔ו	בְּנֵ֣י	אֵ֚לֶּה	קֹֽרַח	וְאֶת־	יַעְלָ֖ם	וְאֶת־
Esav	*beney*	*éleh*	*Kóraj*	*ve'et*	*Yalam*	*ve'et*
עשו	בני	אלה	קרח	ואת	יעלם	ואת
𐤏𐤔𐤅	𐤁𐤍𐤉	𐤀𐤋𐤄	𐤒𐤓𐤇	𐤅𐤀𐤕	𐤉𐤏𐤋𐤌	𐤅𐤀𐤕
Esav	hijos-de edificador	estos	Kóraj	y-···	Yalam	y-···

36:6

376	124	190 | 840	293 | 1103	36	50	501
עשה	לקח	כנע	ארץ	הוא	ילד	אשר
עֵשָׂ֜ו	וַיִּקַּ֣ח	כְּנָֽעַן׃	בְּאֶ֥רֶץ	ל֖וֹ	יֻלְּדוּ־	אֲשֶׁ֥ר
Esav	*Vayikaj*	*. Kena'an*	*be'érets*	*lo*	*yuledú*	*asher*
עשו	ויקח	כנען	בארץ	לו	ילדו	אשר
𐤏𐤔𐤅	𐤅𐤉𐤒𐤇	𐤊𐤍𐤏𐤍	𐤁𐤀𐤓𐤑	𐤋𐤅	𐤉𐤋𐤃𐤅	𐤀𐤔𐤓
Esav	Y-tomó	. Kena'an	en-tierra-de [la seca]	para-él	fueron-engendrados	que

407	468	407	68	407	366	401
את	בנה	את	בנה	את	אנש	את
וְאֶת־	בְּנֹתָיו֮	וְאֶת־	בָּנָ֣יו	וְאֶת־	נָ֠שָׁיו	אֶת־
ve'et	*benotav*	*ve'et*	*banav*	*ve'et*	*nashav*	*et*
ואת	בנתיו	ואת	בניו	ואת	נשיו	את
𐤅𐤀𐤕	𐤁𐤍𐤕𐤉𐤅	𐤅𐤀𐤕	𐤁𐤍𐤉𐤅	𐤅𐤀𐤕	𐤍𐤔𐤉𐤅	𐤀𐤕
y-···	sus-hijas	y-···	sus-hijos edificador	y-···	sus-mujeres	··

50	407	201	407	418	836	50
כלל	את	קנה	את	בנה	נפש	כלל
כָּל־	וְאֶת־	מִקְנֵ֜הוּ	וְאֶת־	בֵּיתוֹ֒	נַפְשׁ֣וֹת	כָּל־
kol	*ve'et*	*miknehu*	*ve'et*	*beytó*	*nafshot*	*kol*
כל	ואת	מקנהו	ואת	ביתו	נפשות	כל
𐤊𐤋	𐤅𐤀𐤕	𐤌𐤒𐤍𐤄𐤅	𐤅𐤀𐤕	𐤁𐤉𐤕𐤅	𐤍𐤐𐤔𐤅𐤕	𐤊𐤋
todo	y-···	su-propiedad adquisición [ganado]	y-···	su-casa	almas-de aliento; garganta; ser	todas

293 | 1103	520	501	216	50	407	453
ארץ	רכש	אשר	קנה	כלל	את	בהם
בְּאֶרֶץ	רָכַשׁ	אֲשֶׁר	קִנְיָנוֹ	כָּל־	וְאֵת	בְּהֶמְתּוֹ
be'érets	*rajash*	*asher*	*kinyanó*	*kol*	*ve'et*	*behemtó*
בארץ	רכש	אשר	קנינו	כל	ואת	בהמתו
𐤁𐤀𐤓𐤑	𐤓𐤊𐤔	𐤀𐤔𐤓	𐤒𐤍𐤉𐤍𐤅	𐤊𐤋	𐤅𐤀𐤕	𐤁𐤄𐤌𐤕𐤅
en-tierra-de [la seca]	ganó adquirir; posesión	que	su-adquisición comprar	toda	y-···	su-cuadrúpedo

25	182	180	291 | 1101	31	66 | 546	190 | 840
אח	עקב	פנה	ארץ	אלה	הלך	כנע
אָחִיו׃	יַעֲקֹב	מִפְּנֵי	אֶרֶץ	אֶל־	וַיֵּלֶךְ	כְּנָעַן
. ajiv	*Ya'akov*	*mipeney*	*érets*	*el*	*vayélej*	*Kena'an*
אחיו	יעקב	מפני	ארץ	אל	וילך	כנען
𐤀𐤇𐤉𐤅	𐤉𐤏𐤒𐤁	𐤌𐤐𐤍𐤉	𐤀𐤓𐤑	𐤀𐤋	𐤅𐤉𐤋𐤊	𐤊𐤍𐤏𐤍
. su-hermano	Ya'akov	de-las-faces-de presencia; superficie	tierra [la seca]	a hacia	y-anduvo	Kena'an

36:7

37	28	742	202	566 | 1126	20	30
לא	יחד	ישב	רבב	רכש	היה	כי
וְלֹא	יַחְדָּו	מִשֶּׁבֶת	רָב	רְכוּשָׁם	הָיָה	כִּי־
veló	*yajdav*	*mishévet*	*rav*	*rejusham*	*hayah*	*Ki*
ולא	יחדו	משבת	רב	רכושם	היה	כי
𐤅𐤋𐤀	𐤉𐤇𐤃𐤅	𐤌𐤔𐤁𐤕	𐤓𐤁	𐤓𐤊𐤅𐤔𐤌	𐤄𐤉𐤄	𐤊𐤉
y-no	siendo-uno juntos	de-asentar	abundante	su-ganancia adquirir; posesión	fue	Que porque

245 | 805	180	441 | 1001	731	304 | 864	291 | 1101	65
קנה	פנה	את	נשא	גור	ארץ	יכל
מִקְנֵיהֶם׃	מִפְּנֵי	אֹתָם	לָשֵׂאת	מְגוּרֵיהֶם	אֶרֶץ	יָכְלָה
. mikneyhem	*mipeney*	*otam*	*laset*	*megureyhem*	*érets*	*yajlah*
מקניהם	מפני	אתם	לשאת	מגוריהם	ארץ	יכלה
𐤌𐤒𐤍𐤉𐤄𐤌	𐤌𐤐𐤍𐤉	𐤀𐤕𐤌	𐤋𐤔𐤀𐤕	𐤌𐤂𐤅𐤓𐤉𐤄𐤌	𐤀𐤓𐤑	𐤉𐤊𐤋𐤄
. sus-propiedades adquisición [ganado]	de-las-faces-de presencia; superficie	a-ellos	para-alzar	de-sus-residencias [como extranjero]	tierra [la seca]	podía

36:8

56 | 616	12	376	580	207	376	318
אדם	הוא	עשה	שער	הרר	עשה	ישב
אֱדוֹם׃	הוּא	עֵשָׂו	שֵׂעִיר	בְּהַר	עֵשָׂו	וַיֵּשֶׁב
. Edom	*hu*	*Esav*	*Se'ir*	*behar*	*Esav*	*Vayéshev*
אדום	הוא	עשו	שעיר	בהר	עשו	וישב
𐤀𐤃𐤅𐤌	𐤄𐤅𐤀	𐤏𐤔𐤅	𐤔𐤏𐤉𐤓	𐤁𐤄𐤓	𐤏𐤔𐤅	𐤅𐤉𐤔𐤁
. Edom	él	Esav	Se'ir	en-monte-de	Esav	Y-se-asentó

36:9

580	207	56 | 616	13	376	840	42
שער	הרר	אדם	אב	עשה	ילד	אלה
שֵׂעִיר׃	בְּהַר	אֱדוֹם	אֲבִי	עֵשָׂו	תֹּלְדוֹת	וְאֵלֶּה
. Se'ir	*behar*	*Edom*	*aví*	*Esav*	*toldot*	*Ve'éleh*
שעיר	בהר	אדום	אבי	עשו	תלדות	ואלה
𐤔𐤏𐤉𐤓	𐤁𐤄𐤓	𐤀𐤃𐤅𐤌	𐤀𐤁𐤉	𐤏𐤔𐤅	𐤕𐤋𐤃𐤅𐤕	𐤅𐤀𐤋𐤄
. Se'ir	en-monte-de	Edom	padre-de	Esav	generaciones-de historia [escrit. defect.]	Y-éstas

36:10

79	52 | 702	128	376	62	746	36
עדה	בנה	אל + פזז	עשה	בנה	שם	אלה
עָדָה֙	בֶּן־	אֱלִיפַז	עֵשָׂו	בְּנֵי־	שְׁמוֹת	אֵלֶּה
Adah	*ben*	*Elifaz*	*Esav*	*beney*	*shmot*	*Éleh*
עדה	בן	אליפז	עשו	בני	שמות	אלה
𐤏𐤃𐤄	𐤁𐤍	𐤀𐤋𐤉𐤐𐤆	𐤏𐤔𐤅	𐤁𐤍𐤉	𐤔𐤌𐤅𐤕	𐤀𐤋𐤄
Adah	hijo-de edificador	Elifaz	Esav	hijos-de edificador	nombres-de [ubicación]	Estos

376	701	742	52 | 702	307	376	701
עשה	איש	בשם	בנה	רעה + אל	עשה	איש
עֵשָׂו׃	אֵשֶׁת	בָּשְׂמַת	בֶּן־	רְעוּאֵל	עֵשָׂו	אֵשֶׁת
. Esav	*éshet*	*Bosmat*	*ben*	*Re'u'El*	*Esav*	*éshet*
עשו	אשת	בשמת	בן	רעואל	עשו	אשת
𐤏𐤔𐤅	𐤀𐤔𐤕	𐤁𐤔𐤌𐤕	𐤁𐤍	𐤓𐤏𐤅𐤀𐤋	𐤏𐤔𐤅	𐤀𐤔𐤕
. Esav	varona-de	Bosmat	hijo-de edificador	Re'u'El	Esav	varona-de

36:11

519 | 1079	176	247	500 | 1150	128	62	37
·	צפה	אמר	ימן	אל + פזז	בנה	היה
וְגַעְתָּם	צְפוֹ	אוֹמָר	תֵּימָן	אֱלִיפָז	בְּנֵי	וַיִּהְיוּ
veGatam	*Tsfó*	*Omar*	*Teymán*	*Elifaz*	*beney*	*Vayihyú*
וגעתם	צפו	אומר	תימן	אליפז	בני	ויהיו
𐤅𐤂𐤏𐤕𐤌	𐤑𐤐𐤅	𐤀𐤅𐤌𐤓	𐤕𐤉𐤌𐤍	𐤀𐤋𐤉𐤐𐤆	𐤁𐤍𐤉	𐤅𐤉𐤄𐤉𐤅
y-Gatam	Tsfó	Omar	Teymán	Elifaz	hijos-de edificador	Y-fueron

36:12

376	52 | 702	158	423	420	566	163
עשה	בנה	אל + פזז	פלגש	היה	מנע	·
עֵשָׂו	בֶּן־	לֶאֱלִיפַז	פִילֶגֶשׁ	הָיְתָה	וְתִמְנַע	וּקְנַז׃
Esav	*ben*	*le'Elifaz*	*filégesh*	*haytah*	*VeTimná*	*. uKenaz*
עשו	בן	לאליפז	פילגש	היתה	ותמנע	וקנז
𐤏𐤔𐤅	𐤁𐤍	𐤋𐤀𐤋𐤉𐤐𐤆	𐤐𐤉𐤋𐤂𐤔	𐤄𐤉𐤕𐤄	𐤅𐤕𐤌𐤍𐤏	𐤅𐤒𐤍𐤆
Esav	hijo-de edificador	para-Elifaz	concubina	era	Y-Timná	. y-Kenaz

79	62	36	240	401	158	440
עדה	בנה	אלה	·	את	אל + פזז	ילד
עָדָה	בְּנֵי	אֵלֶּה	עֲמָלֵק	אֶת־	לֶאֱלִיפַז	וַתֵּלֶד
Adah	*beney*	*éleh*	*Amalek*	*et*	*le'Elifaz*	*vatéled*
עדה	בני	אלה	עמלק	את	לאליפז	ותלד
𐤏𐤃𐤄	𐤁𐤍𐤉	𐤀𐤋𐤄	𐤏𐤌𐤋𐤒	𐤀𐤕	𐤋𐤀𐤋𐤉𐤐𐤆	𐤅𐤕𐤋𐤃
Adah	hijos-de edificador	estos	Amalek	··	para-Elifaz	y-engendró

36:13

221	458	307	62	42	376	701
זרח	נחת	רעה + אל	בנה	אלה	עשה	איש
וָזֶרַח	נַחַת	רְעוּאֵל	בְּנֵי	וְאֵלֶּה	עֵשָׂו׃	אֵשֶׁת
vaZéraj	*Najat*	*Re'u'El*	*beney*	*Ve'éleh*	*. Esav*	*éshet*
וזרח	נחת	רעואל	בני	ואלה	עשו	אשת
𐤅𐤆𐤓𐤇	𐤍𐤇𐤕	𐤓𐤏𐤅𐤀𐤋	𐤁𐤍𐤉	𐤅𐤀𐤋𐤄	𐤏𐤔𐤅	𐤀𐤔𐤕
y-Zéraj	Najat	Re'u'El	hijos-de edificador	Y-estos	. Esav	varona-de

701	742	62	27	36	58	345
איש	בשם	בנה	היה	אלה	מזה	שמם
אֵשֶׁת	בָשְׂמַת	בְּנֵי	הָיוּ	אֵלֶּה	וּמִזָּה	שַׁמָּה
éshet	*Vosmat*	*beney*	*hayú*	*éleh*	*uMizah*	*Shamah*
אשת	בשמת	בני	היו	אלה	ומזה	שמה
𐤀𐤔𐤕	𐤁𐤔𐤌𐤕	𐤁𐤍𐤉	𐤄𐤉𐤅	𐤀𐤋𐤄	𐤅𐤌𐤆𐤄	𐤔𐤌𐤄
varona-de	Vosmat	hijos-de edificador	fueron	estos	y-Mizah	Shamah

36:14

125	402	93	62	27	42	376
ענה	בנה	אהל + במה	בנה	היה	אלה	עשה
עֲנָה	בַת־	אָהֳלִיבָמָה	בְּנֵי	הָיוּ	וְאֵלֶּה	עֵשָׂו׃
Anah	*bat*	*Aholivamah*	*beney*	*hayú*	*Ve'éleh*	*. Esav*
ענה	בת	אהליבמה	בני	היו	ואלה	עשו
𐤏𐤍𐤄	𐤁𐤕	𐤀𐤄𐤋𐤉𐤁𐤌𐤄	𐤁𐤍𐤉	𐤄𐤉𐤅	𐤅𐤀𐤋𐤄	𐤏𐤔𐤅
Anah	hija-de	Aholivamah	hijos-de edificador	fueron	Y-estos	. Esav

401	406	440	376	701	218 | 868	402
את	עשה	ילד	עשה	איש	צבע	בנה
אֶת־	לְעֵשָׂו	וַתֵּלֶד	עֵשָׂו	אֵשֶׁת	צִבְעוֹן	בַּת־
et	*le'Esav*	*vatéled*	*Esav*	*éshet*	*Tsivón*	*bat*
את	לעשו	ותלד	עשו	אשת	צבעון	בת
𐤀𐤕	𐤋𐤏𐤔𐤅	𐤅𐤕𐤋𐤃	𐤏𐤔𐤅	𐤀𐤔𐤕	𐤑𐤁𐤏𐤅𐤍	𐤁𐤕
··	para-Esav	y-engendró	Esav	varona-de	Tsivón	hija-de

36:15

127	36	308	407	150 | 710	407	390
אלף	אלה	קרח	את	עלם	את	עוש
אַלּוּפֵי	אֵלֶּה	קֹרַח׃	וְאֶת־	יַעְלָם	וְאֶת־	יעיש
alufey	*Éleh*	*. Kóraj*	*ve'et*	*Yalam*	*ve'et*	*Ye'ush*
אלופי	אלה	קרח	ואת	יעלם	ואת	יעיש
𐤀𐤋𐤅𐤐𐤉	𐤀𐤋𐤄	𐤒𐤓𐤇	𐤅𐤀𐤕	𐤉𐤏𐤋𐤌	𐤅𐤀𐤕	𐤉𐤏𐤉𐤔
jefes-de	Estos	. Kóraj	y-···	Yalam	y-···	Ye'ush [יְעוּשׁ]

117 | 837	376	222	128	62	376	62
אלף	עשה	בכר	אל + פזז	בנה	עשה	בנה
אַלּוּף	עֵשָׂו	בְּכוֹר	אֱלִיפַז	בְּנֵי	עֵשָׂו	בְּנֵי־
aluf	*Esav*	*bejor*	*Elifaz*	*beney*	*Esav*	*veney*
אלוף	עשו	בכור	אליפז	בני	עשו	בני
𐤀𐤋𐤅𐤐	𐤏𐤔𐤅	𐤁𐤊𐤅𐤓	𐤀𐤋𐤉𐤐𐤆	𐤁𐤍𐤉	𐤏𐤔𐤅	𐤁𐤍𐤉
jefe	Esav	primogénito-de primicia	Elifaz	hijos-de edificador	Esav	hijos-de edificador

157	117 | 837	176	117 | 837	247	117 | 837	500 | 1150
·	אלף	צפה	אלף	אמר	אלף	ימן
קְנַז׃	אַלּוּף	צְפוֹ	אַלּוּף	אוֹמָר	אַלּוּף	תֵּימָן
. Kenaz	*aluf*	*Tsfó*	*aluf*	*Omar*	*aluf*	*Teymán*
קנז	אלוף	צפו	אלוף	אומר	אלוף	תימן
𐤒𐤍𐤆	𐤀𐤋𐤅𐤐	𐤑𐤐𐤅	𐤀𐤋𐤅𐤐	𐤀𐤅𐤌𐤓	𐤀𐤋𐤅𐤐	𐤕𐤉𐤌𐤍
. Kenaz	jefe	Tsfó	jefe	Omar	jefe	Teymán

36:16

36	240	117 | 837	513 | 1073	117 | 837	308	117 | 837
אלה	·	אלף	·	אלף	קרח	אלף
אֵלֶּה	עֲמָלֵק	אַלּוּף	גַּעְתָּם	אַלּוּף	קֹרַח	אַלּוּף־
éleh	*Amalek*	*aluf*	*Gatam*	*aluf*	*Kóraj*	*Aluf*
אלה	עמלק	אלוף	געתם	אלוף	קרח	אלוף
𐤀𐤋𐤄	𐤏𐤌𐤋𐤒	𐤀𐤋𐤅𐤐	𐤂𐤏𐤕𐤌	𐤀𐤋𐤅𐤐	𐤒𐤓𐤇	𐤀𐤋𐤅𐤐
estos	Amalek	jefe	Gatam	jefe	Kóraj	Jefe

79	62	36	56 | 616	293 | 1103	128	127
עדה	בנה	אלה	אדם	ארץ	אל + פזז	אלף
עָדָה׃	בְּנֵי	אֵלֶּה	אֱדוֹם	בְּאֶרֶץ	אֱלִיפַז	אַלּוּפֵי
. Adah	*beney*	*éleh*	*Edom*	*be'érets*	*Elifaz*	*alufey*
עדה	בני	אלה	אדום	בארץ	אליפז	אלופי
𐤏𐤃𐤄	𐤁𐤍𐤉	𐤀𐤋𐤄	𐤀𐤃𐤅𐤌	𐤁𐤀𐤓𐤑	𐤀𐤋𐤉𐤐𐤆	𐤀𐤋𐤅𐤐𐤉
. Adah	hijos-de edificador	estos	Edom	en-tierra-de [la seca]	Elifaz	jefes-de

36:17

458	117 | 837	376	52 | 702	307	62	42
נחת	אלף	עשה	בנה	רעה + אל	בנה	אלה
נַחַת֙	אַלּוּף	עֵשָׂו	בֶּן־	רְעוּאֵל֙	בְּנֵי	וְאֵלֶּה
Najat	*aluf*	*Esav*	*ben*	*Re'u'El*	*beney*	*Ve'éleh*
נחת	אלוף	עשו	בן	רעואל	בני	ואלה
נחת	אלוף	עשו	בן	רעואל	בני	ואלה
Najat	jefe	Esav	hijo-de edificador	Re'u'El	hijos-de edificador	Y-estos

36	52	117 | 837	345	117 | 837	215	117 | 837
אלה	מזה	אלף	שמם	אלף	זרח	אלף
אֵלֶּה	מִזָּה	אַלּוּף	שַׁמָּה	אַלּוּף	זֶרַח	אַלּוּף
éleh	*Mizah*	*aluf*	*Shamah*	*aluf*	*Zéraj*	*aluf*
אלה	מזה	אלוף	שמה	אלוף	זרח	אלוף
אלה	מזה	אלוף	שמה	אלוף	זרח	אלוף
estos	Mizah	jefe	Shamah	jefe	Zéraj	jefe

742	62	36	56 | 616	293 | 1103	307	127
בשם	בנה	אלה	אדם	ארץ	רעה + אל	אלף
בָּשְׂמַת	בְּנֵי	אֵלֶּה	אֱדוֹם	בְּאֶרֶץ	רְעוּאֵל֙	אַלּוּפֵי
Vosmat	*beney*	*éleh*	*Edom*	*be'érets*	*Re'u'El*	*alufey*
בשמת	בני	אלה	אדום	בארץ	רעואל	אלופי
בשמת	בני	אלה	אדום	בארץ	רעואל	אלופי
Vosmat	hijos-de edificador	estos	Edom	en-tierra-de [la seca]	Re'u'El	jefes-de

36:18

376	701	93	62	42	376	701
עשה	איש	אהל + במה	בנה	אלה	עשה	איש
עֵשָׂו	אֵשֶׁת	אָהֳלִיבָמָה֙	בְּנֵי	וְאֵלֶּה	עֵשָׂו׃	אֵשֶׁת
Esav	*éshet*	*Aholivamah*	*beney*	*Ve'éleh*	*. Esav*	*éshet*
עשו	אשת	אהליבמה	בני	ואלה	עשו	אשת
עשו	אשת	אהליבמה	בני	ואלה	עשו	אשת
Esav	varona-de	Aholivamah	hijos-de edificador	Y-estos	. Esav	varona-de

36	308	117 | 837	150 | 710	117 | 837	386	117 | 837
אלה	קרח	אלף	עלם	אלף	עוש	אלף
אֵלֶּה	קֹרַח	אַלּוּף	יַעְלָם	אַלּוּף	יְעוּשׁ	אַלּוּף
éleh	*Kóraj*	*aluf*	*Yalam*	*aluf*	*Ye'ush*	*aluf*
אלה	קרח	אלוף	יעלם	אלוף	יעוש	אלוף
אלה	קרח	אלוף	יעלם	אלוף	יעוש	אלוף
estos	Kóraj	jefe	Yalam	jefe	Ye'ush	jefe

36:19

36	376	701	125	402	93	127
אלה	עשה	איש	ענה	בנה	אהל + במה	אלף
אֵלֶּה	עֵשָׂו׃	אֵשֶׁת	עֲנָה	בַּת־	אָהֳלִיבָמָה	אַלּוּפֵי
Éleh	*. Esav*	*éshet*	*Anah*	*bat*	*Aholivamah*	*alufey*
אלה	עשו	אשת	ענה	בת	אהליבמה	אלופי
𐤀𐤋𐤄	𐤏𐤔𐤅	𐤀𐤔𐤕	𐤏𐤍𐤄	𐤁𐤕	𐤀𐤄𐤋𐤉𐤁𐤌𐤄	𐤀𐤋𐤅𐤐𐤉
Estos	. Esav	varona-de	Anah	hija-de	Aholivamah	jefes-de

36:20

36	56 | 616	12	172 | 732	42	376	62
אלה	אדם	הוא	אלף	אלה	עשה	בנה
אֵלֶּה	אֱדוֹם׃	הוּא	אַלּוּפֵיהֶם	וְאֵלֶּה	עֵשָׂו	בְּנֵי־
Éleh	*. Edom*	*hu*	*alufeyhem*	*ve'éleh*	*Esav*	*veney*
אלה	אדום	הוא	אלופיהם	ואלה	עשו	בני
𐤀𐤋𐤄	𐤀𐤃𐤅𐤌	𐤄𐤅𐤀	𐤀𐤋𐤅𐤐𐤉𐤄𐤌	𐤅𐤀𐤋𐤄	𐤏𐤔𐤅	𐤁𐤍𐤉
Estos	. Edom	él	sus-jefes	y-estos	Esav	hijos-de edificador

344	95 | 745	296 | 1106	322	223	580	62
שבל	לוט	ארץ	ישב	חור	שער	בנה
וְשׁוֹבָל	לוֹטָן	הָאָרֶץ	יֹשְׁבֵי	הַחֹרִי	שֵׂעִיר	בְנֵי־
veShoval	*Lotán*	*ha'árets*	*yoshvey*	*hajorí*	*Se'ir*	*veney*
ושובל	לוטן	הארץ	ישבי	החרי	שעיר	בני
𐤅𐤔𐤅𐤁𐤋	𐤋𐤅𐤈𐤍	𐤄𐤀𐤓𐤑	𐤉𐤔𐤁𐤉	𐤄𐤇𐤓𐤉	𐤔𐤏𐤉𐤓	𐤁𐤍𐤉
y-Shoval	Lotán	la-tierra [la seca]	moradores-de	los-jorí [habitan en cuevas]	Se'ir	hijos-de edificador

36:21

127	36	370 | 1020	297	366 | 1016	131	224 | 874
אלף	אלה	דוש	אצר	דוש	ענה	צבע
אַלּוּפֵי	אֵלֶּה	וְדִישָׁן	וְאֵצֶר	וְדִשׁוֹן	וַעֲנָה׃	וְצִבְעוֹן
alufey	*éleh*	*veDishán*	*ve'Étser*	*VeDishón*	*. va'Anah*	*veTsivón*
אלופי	אלה	ודישן	ואצר	ודשון	וענה	וצבעון
𐤀𐤋𐤅𐤐𐤉	𐤀𐤋𐤄	𐤅𐤃𐤉𐤔𐤍	𐤅𐤀𐤑𐤓	𐤅𐤃𐤔𐤅𐤍	𐤅𐤏𐤍𐤄	𐤅𐤑𐤁𐤏𐤅𐤍
jefes-de	estos	y-Dishán	y-Étser	Y-Dishón	. y-Anah	y-Tsivón

36:22

62	37	56 | 616	293 | 1103	580	62	223
בנה	היה	אדם	ארץ	שער	בנה	חור
בְּנֵי־	וַיִּהְיוּ	אֱדוֹם׃	בְּאֶרֶץ	שֵׂעִיר	בְּנֵי	הַחֹרִי
veney	*Vayihyú*	*. Edom*	*be'érets*	*Se'ir*	*beney*	*hajorí*
בני	ויהיו	אדום	בארץ	שעיר	בני	החרי
𐤁𐤍𐤉	𐤅𐤉𐤄𐤉𐤅	𐤀𐤃𐤅𐤌	𐤁𐤀𐤓𐤑	𐤔𐤏𐤉𐤓	𐤁𐤍𐤉	𐤄𐤇𐤓𐤉
hijos-de edificador	Y-fueron	. Edom	en-tierra-de [la seca]	Se'ir	hijos-de edificador	los-jorí [habitan en cuevas]

36:23

42	560	95 | 745	421	101 | 661	218	95 | 745
אלה	מנע	לוט	אח	המם	חור	לוט
וְאֵ֗לֶּה	תִּמְנָֽע׃	לוֹטָ֔ן	וַאֲח֥וֹת	וְהֵימָ֑ם	חֹרִ֣י	לוֹטָ֖ן
Ve'éleh	*. Timná*	*Lotán*	*va'ajot*	*veHeymam*	*jorí*	*Lotán*
ואלה	תמנע	לוטן	ואחות	והימם	חרי	לוטן
𐤅𐤀𐤋𐤄	𐤕𐤌𐤍𐤏	𐤋𐤅𐤈𐤍	𐤅𐤀𐤇𐤅𐤕	𐤅𐤄𐤉𐤌𐤌	𐤇𐤓𐤉	𐤋𐤅𐤈𐤍
Y-estos	. Timná	Lotán	y-hermana-de	y-Heymam	jorí [habitan en cuevas]	Lotán

103 | 663	386	118	504	156 | 806	338	62
און	שפה	·	נוח	עלה	שבל	בנה
וְאוֹנָֽם׃	שְׁפ֖וֹ	וְעֵיבָ֥ל	וּמָנַ֛חַת	עַלְוָ֥ן	שׁוֹבָ֗ל	בְּנֵ֣י
. ve'Onam	*Shfó*	*ve'Eyval*	*uManajat*	*Alván*	*Shoval*	*beney*
ואונם	שפו	ועיבל	ומנחת	עלון	שובל	בני
𐤅𐤀𐤅𐤍𐤌	𐤔𐤐𐤅	𐤅𐤏𐤉𐤁𐤋	𐤅𐤌𐤍𐤇𐤕	𐤏𐤋𐤅𐤍	𐤔𐤅𐤁𐤋	𐤁𐤍𐤉
. y-Onam	Shfó	y-Eyval	y-Manajat	Alván	Shoval	hijos-de edificador

36:24

125	12	131	22	218 | 868	62	42
ענה	הוא	ענה	אוה	צבע	בנה	אלה
עֲנָ֔ה	ה֣וּא	וַעֲנָ֑ה	וְאַיָּ֣ה	צִבְע֖וֹן	בְנֵֽי־	וְאֵ֥לֶּה
Anah	*hu*	*va'Anah*	*ve'Ayah*	*Tsivón*	*veney*	*Ve'éleh*
ענה	הוא	וענה	ואיה	צבעון	בני	ואלה
𐤏𐤍𐤄	𐤄𐤅𐤀	𐤅𐤏𐤍𐤄	𐤅𐤀𐤉𐤄	𐤑𐤁𐤏𐤅𐤍	𐤁𐤍𐤉	𐤅𐤀𐤋𐤄
Anah	él	y-Anah	y-Ayah	Tsivón	hijos-de edificador	Y-estos

401	678	248	95 | 655	401	131	501
את	רעה	דבר	·	את	מצא	אשר
אֶת־	בִּרְעֹת֥וֹ	בַּמִּדְבָּ֔ר	הַיֵּמִם֙	אֶת־	מָצָ֤א	אֲשֶׁ֨ר
et	*birotó*	*bamidbar*	*hayemim*	*et*	*matsá*	*asher*
את	ברעתו	במדבר	הימם	את	מצא	אשר
𐤀𐤕	𐤁𐤓𐤏𐤕𐤅	𐤁𐤌𐤃𐤁𐤓	𐤄𐤉𐤌𐤌	𐤀𐤕	𐤌𐤑𐤀	𐤀𐤔𐤓
..	en-su-pastorear apacentar	en-el-desierto	*hayemim* [hapax legomenon]	..	encontró	que

36:25

354 | 1004	125	62	42	19	248 | 898	303 | 863
דוש	ענה	בנה	אלה	אב	צבע	חמר
דִּשֹׁ֖ן	עֲנָ֔ה	בְנֵֽי־	וְאֵ֥לֶּה	אָבִֽיו׃	לְצִבְע֥וֹן	הַחֲמֹרִ֖ים
Dishón	*Anah*	*veney*	*Ve'éleh*	*. aviv*	*leTsivón*	*hajamorim*
דשן	ענה	בני	ואלה	אביו	לצבעון	החמרים
𐤃𐤔𐤍	𐤏𐤍𐤄	𐤁𐤍𐤉	𐤅𐤀𐤋𐤄	𐤀𐤁𐤉𐤅	𐤋𐤑𐤁𐤏𐤅𐤍	𐤄𐤇𐤌𐤓𐤉𐤌
Dishón	Anah	hijos-de edificador	Y-estos	. su-padre	para-Tsivón	los-asnos

36:26

102 | 752	364 | 1014	62	42	125	402	99
חמד	דוש	בנה	אלה	ענה	בנה	אהל + במה
חֶמְדָּן	דִּישָׁן	בְּנֵי	וְאֵלֶּה	עֲנָה׃	בַּת־	וְאָהֳלִיבָמָה
Jemdán	*Dishán*	*beney*	*Ve'éleh*	*. Anah*	*bat*	*ve'Aholivamah*
חמדן	דישן	בני	ואלה	ענה	בת	ואהליבמה
𐤇𐤌𐤃𐤍	𐤃𐤉𐤔𐤍	𐤁𐤍𐤉	𐤅𐤀𐤋𐤄	𐤏𐤍𐤄	𐤁𐤕	𐤅𐤀𐤄𐤋𐤉𐤁𐤌𐤄
Jemdán	Dishán	hijos-de edificador	Y-estos	. Anah	hija-de	y-Aholivamah

36:27

87 | 737	291	62	36	276 | 926	666 | 1316	359 | 1009
בלה	אצר	בנה	אלה	·	יתר	·
בִּלְהָן	אֵצֶר	בְּנֵי־	אֵלֶּה	וּכְרָן׃	וְיִתְרָן	וְאֶשְׁבָּן
Bilhán	*Étser*	*beney*	*Éleh*	*. uJerán*	*veYitrán*	*ve'Eshbán*
בלהן	אצר	בני	אלה	וכרן	ויתרן	ואשבן
𐤁𐤋𐤄𐤍	𐤀𐤑𐤓	𐤁𐤍𐤉	𐤀𐤋𐤄	𐤅𐤊𐤓𐤍	𐤅𐤉𐤕𐤓𐤍	𐤅𐤀𐤔𐤁𐤍
Bilhán	Étser	hijos-de edificador	Estos	. y-Jerán	y-Yitrán	y-Eshbán

36:28

257 | 907	166 | 976	364 | 1014	62	36	226 | 876	139 | 789
רנן	עוץ	דוש	בנה	אלה	·	זוע
וַאֲרָן׃	עוּץ	דִּישָׁן	בְנֵי־	אֵלֶּה	וַעֲקָן׃	וְזַעֲוָן
. va'Arán	*Uts*	*Dishán*	*veney*	*Éleh*	*. va'Akán*	*veZa'aván*
וארן	עוץ	דישן	בני	אלה	ועקן	וזעון
𐤅𐤀𐤓𐤍	𐤏𐤅𐤑	𐤃𐤉𐤔𐤍	𐤁𐤍𐤉	𐤀𐤋𐤄	𐤅𐤏𐤒𐤍	𐤅𐤆𐤏𐤅𐤍
. y-Arán	Uts	Dishán	hijos-de edificador	Estos	. y-Akán	y-Za'aván

36:29

338	117 | 837	95 | 745	117 | 837	223	127	36
שבל	אלף	לוט	אלף	חור	אלף	אלה
שׁוֹבָל	אַלּוּף	לוֹטָן	אַלּוּף	הַחֹרִי	אַלּוּפֵי	אֵלֶּה
Shoval	*aluf*	*Lotán*	*aluf*	*hajorí*	*alufey*	*Éleh*
שובל	אלוף	לוטן	אלוף	החרי	אלופי	אלה
𐤔𐤅𐤁𐤋	𐤀𐤋𐤅𐤐	𐤋𐤅𐤈𐤍	𐤀𐤋𐤅𐤐	𐤄𐤇𐤓𐤉	𐤀𐤋𐤅𐤐𐤉	𐤀𐤋𐤄
Shoval	jefe	Lotán	jefe	los-jorí [habitan en cuevas]	jefes-de	Estos

36:30

117 | 837	354 | 1004	117 | 837	125	117 | 837	218 | 868	117 | 837
אלף	דוש	אלף	ענה	אלף	צבע	אלף
אַלּוּף	דִּשֹׁן	אַלּוּף	עֲנָה׃	אַלּוּף	צִבְעוֹן	אַלּוּף
aluf	*Dishón*	*Aluf*	*. Anah*	*aluf*	*Tsivón*	*aluf*
אלוף	דשן	אלוף	ענה	אלוף	צבעון	אלוף
𐤀𐤋𐤅𐤐	𐤃𐤔𐤍	𐤀𐤋𐤅𐤐	𐤏𐤍𐤄	𐤀𐤋𐤅𐤐	𐤑𐤁𐤏𐤅𐤍	𐤀𐤋𐤅𐤐
jefe	Dishón	Jefe	. Anah	jefe	Tsivón	jefe

196 | 756	223	127	36	364 | 1014	117 | 837	291
אלף	חור	אלף	אלה	דוש	אלף	אצר
לְאַלֻּפֵיהֶם	הַחֹרִ֑י	אַלּוּפֵ֥י	אֵ֫לֶּה	דִּישָׁ֑ן	אַלּ֥וּף	אֵ֖צֶר
le'alufeyhem	*hajorí*	*alufey*	*éleh*	*Dishán*	*aluf*	*Étser*
לאלפיהם	החרי	אלופי	אלה	דישן	אלוף	אצר
𐤋𐤀𐤋𐤐𐤉𐤄𐤌	𐤄𐤇𐤓𐤉	𐤀𐤋𐤅𐤐𐤉	𐤀𐤋𐤄	𐤃𐤉𐤔𐤍	𐤀𐤋𐤅𐤐	𐤀𐤑𐤓
para-sus-jefes	los-jorí [habitan en cuevas]	jefes-de	estos	Dishán	jefe	Étser

36:31

293 | 1103	96	501	145 | 705	42	580	293 | 1103
ארץ	מלך	אשר	מלך	אלה	שער	ארץ
בְּאֶרֶץ	מָלְכ֖וּ	אֲשֶׁ֣ר	הַמְּלָכִ֔ים	וְאֵ֙לֶּה֙	שֵׂעִֽיר׃	בְּאֶ֥רֶץ
be'érets	*maljú*	*asher*	*hamelajim*	*Ve'éleh*	*. Se'ir*	*be'érets*
בארץ	מלכו	אשר	המלכים	ואלה	שעיר	בארץ
𐤁𐤀𐤓𐤑	𐤌𐤋𐤊𐤅	𐤀𐤔𐤓	𐤄𐤌𐤋𐤊𐤉𐤌	𐤅𐤀𐤋𐤄	𐤔𐤏𐤉𐤓	𐤁𐤀𐤓𐤑
en-tierra-de [la seca]	reinaron	que	los-reyes	Y-estos	. Se'ir	en-tierra-de [la seca]

36:32

106 | 586	541	92	90 | 570	90 | 570	170	56 | 616
מלך	שרה + אל	בנה	מלך	מלך	פנה	אדם
וַיִּמְלֹ֣ךְ	יִשְׂרָאֵֽל׃	לִבְנֵ֥י	מֶ֖לֶךְ	מְלָךְ־	לִפְנֵ֥י	אֱד֑וֹם
Vayimloj	*. Yisra'El*	*livney*	*mélej*	*melaj*	*lifney*	*Edom*
וימלך	ישראל	לבני	מלך	מלך	לפני	אדום
𐤅𐤉𐤌𐤋𐤊	𐤉𐤔𐤓𐤀𐤋	𐤋𐤁𐤍𐤉	𐤌𐤋𐤊	𐤌𐤋𐤊	𐤋𐤐𐤍𐤉	𐤀𐤃𐤅𐤌
Y-reinó	. Yisra'El	a-los-hijos-de edificador	rey	reinar	antes-de presencia; superficie	Edom

66	286	346 | 906	278	52 | 702	102	58 | 618
·	עור	שם	בער	בנה	בלע	אדם
דִּנְהָֽבָה׃	עִיר֖וֹ	וְשֵׁ֥ם	בְּע֑וֹר	בֶּן־	בֶּ֣לַע	בֶּאֱד֖וֹם
. Dinhavah	*iró*	*veshem*	*Be'or*	*ben*	*Bela*	*be'Edom*
דנהבה	עירו	ושם	בעור	בן	בלע	באדום
𐤃𐤍𐤄𐤁𐤄	𐤏𐤉𐤓𐤅	𐤅𐤔𐤌	𐤁𐤏𐤅𐤓	𐤁𐤍	𐤁𐤋𐤏	𐤁𐤀𐤃𐤅𐤌
. Dinhavah	su-ciudad	y-nombre-de [ubicación]	Be'or	hijo-de edificador	Bela	en-Edom

36:33

215	52 | 702	20	824	106 | 586	102	456
זרח	בנה	יבב	תחת	מלך	בלע	מות
זֶ֖רַח	בֶּן־	יוֹבָ֥ב	תַּחְתָּ֔יו	וַיִּמְלֹ֣ךְ	בָּ֑לַע	וַיָּ֖מָת
Zéraj	*ben*	*Yovav*	*tajtav*	*vayimloj*	*Bala*	*Vayámot*
זרח	בן	יובב	תחתיו	וימלך	בלע	וימת
𐤆𐤓𐤇	𐤁𐤍	𐤉𐤅𐤁𐤁	𐤕𐤇𐤕𐤉𐤅	𐤅𐤉𐤌𐤋𐤊	𐤁𐤋𐤏	𐤅𐤉𐤌𐤕
Zéraj	hijo-de edificador	Yovav	en-su-lugar	y-reinó	Bala	Y-murió

36:34

331 | 1141	348 | 908	824	106 | 586	20	456	337
ארץ	חוש	תחת	מלך	יבב	מות	בצר
מֵאֶרֶץ	חֻשָׁם	תַּחְתָּיו	וַיִּמְלֹךְ	יוֹבָב	וַיָּמָת	מִבָּצְרָה׃
me'érets	*Jusham*	*tajtav*	*vayimloj*	*Yovav*	*Vayámot*	*. miBotsrah*
מארץ	חשם	תחתיו	וימלך	יובב	וימת	מבצרה
𐤌𐤀𐤓𐤑	𐤇𐤔𐤌	𐤕𐤇𐤕𐤉𐤅	𐤅𐤉𐤌𐤋𐤊	𐤉𐤅𐤁𐤁	𐤅𐤉𐤌𐤕	𐤌𐤁𐤑𐤓𐤄
de-tierra-de [la seca]	Jusham	en-su-lugar	y-reinó	Yovav	Y-murió	. de-Botsrah

36:35

52 | 702	13	824	106 | 586	348 | 908	456	515
בנה	·	תחת	מלך	חוש	מות	ימן
בֶּן־	הֲדַד	תַּחְתָּיו	וַיִּמְלֹךְ	חֻשָׁם	וַיָּמָת	הַתֵּימָנִי׃
ben	*Hadad*	*tajtav*	*vayimloj*	*Jusham*	*Vayámot*	*. hateymaní*
בן	הדד	תחתיו	וימלך	חשם	וימת	התימני
𐤁𐤍	𐤄𐤃𐤃	𐤕𐤇𐤕𐤉𐤅	𐤅𐤉𐤌𐤋𐤊	𐤇𐤔𐤌	𐤅𐤉𐤌𐤕	𐤄𐤕𐤉𐤌𐤍𐤉
hijo-de edificador	Hadad	en-su-lugar	y-reinó	Jusham	Y-murió	. el-teymaní

346 | 906	49	311	104 | 754	401	70	10
שם	אב	שדה	דין	את	נכה	בדד
וְשֵׁם	מוֹאָב	בִּשְׂדֵה	מִדְיָן	אֶת־	הַמַּכֶּה	בְּדַד
veshem	*Mo'av*	*bisdeh*	*Midyán*	*et*	*hamakeh*	*Bedad*
ושם	מואב	בשדה	מדין	את	המכה	בדד
𐤅𐤔𐤌	𐤌𐤅𐤀𐤁	𐤁𐤔𐤃𐤄	𐤌𐤃𐤉𐤍	𐤀𐤕	𐤄𐤌𐤊𐤄	𐤁𐤃𐤃
y-nombre-de [ubicación]	Mo'av	en-el-campo-de	Midyán	..	el-que-hirió	Bedad

36:36

375	824	106 | 586	13	456	486	286
·	תחת	מלך	·	מות	עוה	עור
שַׂמְלָה	תַּחְתָּיו	וַיִּמְלֹךְ	הֲדָד	וַיָּמָת	עֲוִית׃	עִירוֹ
Samlah	*tajtav*	*vayimloj*	*Hadad*	*Vayámot*	*. Avit*	*iró*
שמלה	תחתיו	וימלך	הדד	וימת	עוית	עירו
𐤔𐤌𐤋𐤄	𐤕𐤇𐤕𐤉𐤅	𐤅𐤉𐤌𐤋𐤊	𐤄𐤃𐤃	𐤅𐤉𐤌𐤕	𐤏𐤅𐤉𐤕	𐤏𐤉𐤓𐤅
Samlah	en-su-lugar	y-reinó	Hadad	Y-murió	. Avit	su-ciudad .

36:37

656	337	824	106 | 586	375	456	685
רחב	שאל	תחת	מלך	·	מות	שרק
מֵרְחֹבוֹת	שָׁאוּל	תַּחְתָּיו	וַיִּמְלֹךְ	שַׂמְלָה	וַיָּמָת	מִמַּשְׂרֵקָה׃
meRjovot	*Sha'ul*	*tajtav*	*vayimloj*	*Samlah*	*Vayámot*	*. miMasrekah*
מרחבות	שאול	תחתיו	וימלך	שמלה	וימת	ממשרקה
𐤌𐤓𐤇𐤁𐤅𐤕	𐤔𐤀𐤅𐤋	𐤕𐤇𐤕𐤉𐤅	𐤅𐤉𐤌𐤋𐤊	𐤔𐤌𐤋𐤄	𐤅𐤉𐤌𐤕	𐤌𐤌𐤔𐤓𐤒𐤄
de-Rjovot-de	Sha'ul	en-su-lugar	y-reinó	Samlah	Y-murió	. de-Masrekah

36:38

108 | 758	102	824	106 | 586	337	456	260
חנן	בעל	תחת	מלך	שאל	מות	נהר
חָנָן	בַּעַל	תַּחְתָּיו	וַיִּמְלֹךְ	שָׁאוּל	וַיָּמָת	הַנָּהָר׃
Janán	*Ba'al*	*tajtav*	*vayimloj*	*Sha'ul*	*Vayámot*	*. hanahar*
חנן	בעל	תחתיו	וימלך	שאול	וימת	הנהר
𐤇𐤍𐤍	𐤁𐤏𐤋	𐤕𐤇𐤕𐤉𐤅	𐤅𐤉𐤌𐤋𐤊	𐤔𐤀𐤅𐤋	𐤅𐤉𐤌𐤕	𐤄𐤍𐤄𐤓
Janán	Ba'al	en-su-lugar	y-reinó	Sha'ul	Y-murió	. el-río brillar; fluir

36:39

298	52 | 702	108 | 758	102	456	298	52 | 702
·	בנה	חנן	בעל	מות	·	בנה
עַכְבּוֹר	בֶּן־	חָנָן	בַּעַל	וַיָּמָת	עַכְבּוֹר׃	בֶּן־
Ajbor	*ben*	*Janán*	*Ba'al*	*Vayámot*	*. Ajbor*	*ben*
עכבור	בן	חנן	בעל	וימת	עכבור	בן
𐤏𐤊𐤁𐤅𐤓	𐤁𐤍	𐤇𐤍𐤍	𐤁𐤏𐤋	𐤅𐤉𐤌𐤕	𐤏𐤊𐤁𐤅𐤓	𐤁𐤍
Ajbor	hijo-de edificador	Janán	Ba'al	Y-murió	. Ajbor	hijo-de edificador

346 | 906	156	286	346 | 906	209	824	106 | 586
שם	פעה	עור	שם	הדר	תחת	מלך
וְשֵׁם	פָּעוּ	עִירוֹ	וְשֵׁם	הֲדַר	תַּחְתָּיו	וַיִּמְלֹךְ
veshem	*Pa'ú*	*iró*	*veshem*	*Hadar*	*tajtav*	*vayimloj*
ושם	פעו	עירו	ושם	הדר	תחתיו	וימלך
𐤅𐤔𐤌	𐤐𐤏𐤅	𐤏𐤉𐤓𐤅	𐤅𐤔𐤌	𐤄𐤃𐤓	𐤕𐤇𐤕𐤉𐤅	𐤅𐤉𐤌𐤋𐤊
y-nombre-de [ubicación]	Pa'ú	su-ciudad	y-nombre-de [ubicación]	Hadar	en-su-lugar	y-reinó

14	50	402	253	402	97	707
זהב	מי	בנה	טרד	בנה	יטב + אל	איש
זָהָב׃	מֵי	בַּת	מַטְרֵד	בַּת־	מְהֵיטַבְאֵל	אִשְׁתּוֹ
. Zahav	*Mey*	*bat*	*Matred*	*bat*	*Meheytav'El*	*ishtó*
זהב	מי	בת	מטרד	בת	מהיטבאל	אשתו
𐤆𐤄𐤁	𐤌𐤉	𐤁𐤕	𐤌𐤈𐤓𐤃	𐤁𐤕	𐤌𐤄𐤉𐤈𐤁𐤀𐤋	𐤀𐤔𐤕𐤅
. Zahav	Mey	hija-de	Matred	hija-de	Meheytav'El	su-varona

36:40

782 | 1342	650 | 1210	898 | 1458	376	127	746	42
שם	קום	שפח	עשה	אלף	שם	אלה
בִּשְׁמֹתָם	לִמְקֹמֹתָם	לְמִשְׁפְּחֹתָם	עֵשָׂו	אַלּוּפֵי	שְׁמוֹת	וְאֵלֶּה
bishmotam	*limkomotam*	*lemishpejotam*	*Esav*	*alufey*	*shmot*	*Ve'éleh*
בשמתם	למקמתם	למשפחתם	עשו	אלופי	שמות	ואלה
𐤁𐤔𐤌𐤕𐤌	𐤋𐤌𐤒𐤌𐤕𐤌	𐤋𐤌𐤔𐤐𐤇𐤕𐤌	𐤏𐤔𐤅	𐤀𐤋𐤅𐤐𐤉	𐤔𐤌𐤅𐤕	𐤅𐤀𐤋𐤄
con-sus-nombres [ubicación]	para-sus-lugares	para-sus-familias etnia; tribu	Esav	jefes-de	nombres-de [ubicación]	Y-estos

36:41

117 | 837	810	117 | 837	111	117 | 837	560	117 | 837
אלף	·	אלף	עול	אלף	מנע	אלף
אַלּוּף	יְתֵת׃	אַלּוּף	עַלְוָה	אַלּוּף	תִּמְנָע	אַלּוּף
Aluf	*. Yetet*	*aluf*	*Alvah*	*aluf*	*Timná*	*aluf*
אלוף	יתת	אלוף	עלוה	אלוף	תמנע	אלוף
𐤀𐤋𐤅𐤐	𐤉𐤕𐤕	𐤀𐤋𐤅𐤐	𐤏𐤋𐤅𐤄	𐤀𐤋𐤅𐤐	𐤕𐤌𐤍𐤏	𐤀𐤋𐤅𐤐
Jefe	. Yetet	jefe	Alvah	jefe	Timná	jefe

36:42

157	117 | 837	190 | 840	117 | 837	36	117 | 837	93
·	אלף	פון	אלף	איל	אלף	אהל + במה
קְנַז	אַלּוּף	פִּינֹן׃	אַלּוּף	אֵלָה	אַלּוּף	אָהֳלִיבָמָה
Kenaz	*Aluf*	*. Pinón*	*aluf*	*Elah*	*aluf*	*Aholivamah*
קנז	אלוף	פינן	אלוף	אלה	אלוף	אהליבמה
𐤒𐤍𐤆	𐤀𐤋𐤅𐤐	𐤐𐤉𐤍𐤍	𐤀𐤋𐤅𐤐	𐤀𐤋𐤄	𐤀𐤋𐤅𐤐	𐤀𐤄𐤋𐤉𐤁𐤌𐤄
Kenaz	Jefe	. Pinón	jefe	Elah	jefe	Aholivamah

36:43

117 | 837	88	117 | 837	332	117 | 837	500 | 1150	117 | 837
אלף	מגד + אל	אלף	בצר	אלף	ימן	אלף
אַלּוּף	מַגְדִּיאֵל	אַלּוּף	מִבְצָר׃	אַלּוּף	תֵּימָן	אַלּוּף
aluf	*Magdi'El*	*Aluf*	*. Mivtsar*	*aluf*	*Teymán*	*aluf*
אלוף	מגדיאל	אלוף	מבצר	אלוף	תימן	אלוף
𐤀𐤋𐤅𐤐	𐤌𐤂𐤃𐤉𐤀𐤋	𐤀𐤋𐤅𐤐	𐤌𐤁𐤑𐤓	𐤀𐤋𐤅𐤐	𐤕𐤉𐤌𐤍	𐤀𐤋𐤅𐤐
jefe	Magdi'El	Jefe	. Mivtsar	jefe	Teymán	jefe

456 | 1016	293 | 1103	812 | 1372	56 | 616	127	36	320 | 880
אחז	ארץ	ישב	אדם	אלף	אלה	עור
אֲחֻזָּתָם	בְּאֶרֶץ	לְמֹשְׁבֹתָם	אֱדוֹם	אַלּוּפֵי	אֵלֶּה	עִירָם
ajuzatam	*be'érets*	*lemoshvotam*	*Edom*	*alufey*	*éleh*	*Iram*
אחזתם	בארץ	למשבתם	אדום	אלופי	אלה	עירם
𐤀𐤇𐤆𐤕𐤌	𐤁𐤀𐤓𐤑	𐤋𐤌𐤔𐤁𐤕𐤌	𐤀𐤃𐤅𐤌	𐤀𐤋𐤅𐤐𐤉	𐤀𐤋𐤄	𐤏𐤉𐤓𐤌
su-posesión propiedad	en-tierra-de [la seca]	para-sus-asentamientos	Edom	jefes-de	estos	Iram

56 | 616	13	376	12
אדם	אב	עשה	הוא
אֱדוֹם׃	אֲבִי	עֵשָׂו	הוּא
. Edom	*aví*	*Esav*	*hu*
אדום	אבי	עשו	הוא
𐤀𐤃𐤅𐤌	𐤀𐤁𐤉	𐤏𐤔𐤅	𐤄𐤅𐤀
. Edom	padre-de	Esav	él

Total de palabras hebreas: 487.
Total de consonantes hebreas: 1851.
Consonantes ausentes: **ס** (*Sámej*).

37:1

318	182	293 | 1103	259	19	293 | 1103	190 | 840
ישב	עקב	ארץ	גור	אב	ארץ	כנע
וַיֵּשֶׁב	יַעֲקֹב	בְּאֶרֶץ	מְגוּרֵי	אָבִיו	בְּאֶרֶץ	כְּנָעַן׃
Vayéshev	*Ya'akov*	*be'érets*	*megurey*	*aviv*	*be'érets*	*. Kena'an*
וישב	יעקב	בארץ	מגורי	אביו	בארץ	כנען
𐤅𐤉𐤔𐤁	𐤉𐤏𐤒𐤁	𐤁𐤀𐤓𐤑	𐤌𐤂𐤅𐤓𐤉	𐤀𐤁𐤉𐤅	𐤁𐤀𐤓𐤑	𐤊𐤍𐤏𐤍
Y-se-asentó	Ya'akov	en-tierra-de [la seca]	residencias-de [como extranjero]	su-padre	en-tierra-de [la seca]	. Kena'an

37:2

36	840	182	156 | 876	52 | 702	372	575
אלה	ילד	עקב	יסף	בנה	שבע	עשר
אֵלֶּה	תֹּלְדוֹת	יַעֲקֹב	יוֹסֵף	בֶּן־	שְׁבַע־	עֶשְׂרֵה
Éleh	*toldot*	*Ya'akov*	*Yosef*	*ben*	*shvá*	*esreh*
אלה	תלדות	יעקב	יוסף	בן	שבע	עשרה
𐤀𐤋𐤄	𐤕𐤋𐤃𐤅𐤕	𐤉𐤏𐤒𐤁	𐤉𐤅𐤎𐤐	𐤁𐤍	𐤔𐤁𐤏	𐤏𐤔𐤓𐤄
Éstas	generaciones-de historia [escrit. defect.]	Ya'akov	Yosef	hijo-de edificador	siete	diez

355	20	275	401	25	143 | 793	18
שנה	היה	רעה	את	אח	צאן	הוא
שָׁנָה	הָיָה	רֹעֶה	אֶת־	אֶחָיו	בַּצֹּאן	וְהוּא
shanah	*hayah*	*ro'eh*	*et*	*ejav*	*batsón*	*vehú*
שנה	היה	רעה	את	אחיו	בצאן	והוא
𐤔𐤍𐤄	𐤄𐤉𐤄	𐤓𐤏𐤄	𐤀𐤕	𐤀𐤇𐤉𐤅	𐤁𐤑𐤀𐤍	𐤅𐤄𐤅𐤀
año cambio	fue	pastor compañero	..	sus-hermanos	con-el-rebaño [ganado menor]	y-él

320	401	62	42	407	62	122
נער	את	בנה	בלה	את	בנה	·
נַעַר	אֶת־	בְּנֵי	בִלְהָה	וְאֶת־	בְנֵי	זִלְפָּה
na'ar	*et*	*beney*	*Vilhah*	*ve'et*	*beney*	*Zilpah*
נער	את	בני	בלהה	ואת	בני	זלפה
𐤍𐤏𐤓	𐤀𐤕	𐤁𐤍𐤉	𐤁𐤋𐤄𐤄	𐤅𐤀𐤕	𐤁𐤍𐤉	𐤆𐤋𐤐𐤄
mozo	..	hijos-de edificador	Vilhah	y-...	hijos-de edificador	Zilpah

360	19	19	156 | 876	401	446 | 1006	275
אנש	אב	בוא	יסף	את	דבב	רעע
נְשֵׁי	אָבִיו	וַיָּבֵא	יוֹסֵף	אֶת־	דִּבָּתָם	רָעָה
neshey	*aviv*	*vayavé*	*Yosef*	*et*	*dibatam*	*ra'ah*
נשי	אביו	ויבא	יוסף	את	דבתם	רעה
𐤍𐤔𐤉	𐤀𐤁𐤉𐤅	𐤅𐤉𐤁𐤀	𐤉𐤅𐤎𐤐	𐤀𐤕	𐤃𐤁𐤕𐤌	𐤓𐤏𐤄
mujeres-de	su-padre	y-trajo	Yosef	..	fama	mala

37:3

90	156 | 876	401	8	547	58 | 618	31
כלל	יסף	את	אהב	שרה + אל	אב	אלה
מִכָּל־	יוֹסֵף	אֶת־	אָהַב	וְיִשְׂרָאֵל	אֲבִיהֶם׃	אֶל־
mikol	*Yosef*	*et*	*ahav*	*VeYisra'El*	*. avihem*	*el*
מכל	יוסף	את	אהב	וישראל	אביהם	אל
𐤌𐤊𐤋	𐤉𐤅𐤎𐤐	𐤀𐤕	𐤀𐤄𐤁	𐤅𐤉𐤔𐤓𐤀𐤋	𐤀𐤁𐤉𐤄𐤌	𐤀𐤋
más-que-todos	Yosef	··	amaba	Y-Yisra'El	. padre-de-ellos	a hacia

381	36	12	207 | 767	52 | 702	30	68
עשה	הוא	הוא	זקן	בנה	כי	בנה
וְעָשָׂה	לוֹ	הוּא	זְקֻנִים	בֶן־	כִּי־	בָּנָיו
ve'asah	*lo*	*hu*	*zekunim*	*ven*	*ki*	*banav*
ועשה	לו	הוא	זקנים	בן	כי	בניו
𐤅𐤏𐤔𐤄	𐤋𐤅	𐤄𐤅𐤀	𐤆𐤒𐤍𐤉𐤌	𐤁𐤍	𐤊𐤉	𐤁𐤍𐤉𐤅
e-hizo	para-él	él	vejeces	hijo-de edificador	que porque	sus-hijos edificador

37:4

407	30	25	223	190 | 750	870	36
את	כי	אח	ראה	פסס	כתן	הוא
אֹתוֹ	כִּי־	אֶחָיו	וַיִּרְאוּ	פַּסִּים׃	כְּתֹנֶת	לוֹ
otó	*ki*	*ejav*	*Vayirú*	*. pasim*	*ketonet*	*lo*
אתו	כי	אחיו	ויראו	פסים	כתנת	לו
𐤀𐤕𐤅	𐤊𐤉	𐤀𐤇𐤉𐤅	𐤅𐤉𐤓𐤀𐤅	𐤐𐤎𐤉𐤌	𐤊𐤕𐤍𐤕	𐤋𐤅
a-él	que porque	sus-hermanos	Y-vieron	. talar [con mangas]	túnica	para-él

37	407	373	25	90	58 | 618	8
לא	את	שנא	אח	כלל	אב	אהב
וְלֹא	אֹתוֹ	וַיִּשְׂנְאוּ	אֶחָיו	מִכָּל־	אֲבִיהֶם	אָהַב
veló	*otó*	*vayisne'ú*	*ejav*	*mikol*	*avihem*	*ahav*
ולא	אתו	וישנאו	אחיו	מכל	אביהם	אהב
𐤅𐤋𐤀	𐤀𐤕𐤅	𐤅𐤉𐤔𐤍𐤀𐤅	𐤀𐤇𐤉𐤅	𐤌𐤊𐤋	𐤀𐤁𐤉𐤄𐤌	𐤀𐤄𐤁
y-no	a-él	y-aborrecieron	sus-hermanos	más-que-todos	padre-de-ellos	amaba

37:5

23	84 | 644	156 | 876	94 | 654	400 | 960	212	66
נגד	חלם	יסף	חלם	שלם	דבר	יכל
וַיַּגֵּד	חֲלוֹם	יוֹסֵף	וַיַּחֲלֹם	לְשָׁלֹם׃	דַּבְּרוֹ	יָכְלוּ
vayaged	*jalom*	*Yosef*	*Vayajalom*	*. leshalom*	*daberó*	*yajlú*
ויגד	חלום	יוסף	ויחלם	לשלם	דברו	יכלו
𐤅𐤉𐤂𐤃	𐤇𐤋𐤅𐤌	𐤉𐤅𐤎𐤐	𐤅𐤉𐤇𐤋𐤌	𐤋𐤔𐤋𐤌	𐤃𐤁𐤓𐤅	𐤉𐤊𐤋𐤅
y-manifestó contar; declarar	sueño	Yosef	Y-soñó	. para-paz plenitud	hablarle	podían

37:6

86	646	257	407	351	80	168	55
אלה	אמר	את	שנא	עד	יסף	אח
אֲלֵיהֶֽם	וַיֹּ֖אמֶר	אֹתֽוֹ׃	שְׂנֹ֖א	ע֔וֹד	וַיּוֹסִ֥פוּ	לְאֶחָ֑יו
aleyhem	*Vayómer*	*. otó*	*sno*	*od*	*vayosifu*	*le'ejav*
אליהם	ויאמר	אתו	שנא	עוד	ויוספו	לאחיו
𐤀𐤋𐤉𐤄𐤌	𐤅𐤉𐤀𐤌𐤓	𐤀𐤕𐤅	𐤔𐤍𐤀	𐤏𐤅𐤃	𐤅𐤉𐤅𐤎𐤐𐤅	𐤋𐤀𐤇𐤉𐤅
a-ellos	Y-dijo	. a-él	aborrecer	aún otra-vez	y-añadieron continuar	a-sus-hermanos

37:7

66	488	501	17	89	649	51	416
הן	חלם	אשר	זה	חלם	נא	שמע
וְהִנֵּ֨ה	חָלָֽמְתִּי׃	אֲשֶׁ֥ר	הַזֶּ֖ה	הַחֲל֥וֹם	נָ֔א	שִׁמְעוּ־
Vehineh	*. jalamti*	*asher*	*hazeh*	*hajalom*	*na*	*shimú*
והנה	חלמתי	אשר	הזה	החלום	נא	שמעו
𐤅𐤄𐤍𐤄	𐤇𐤋𐤌𐤕𐤉	𐤀𐤔𐤓	𐤄𐤆𐤄	𐤄𐤇𐤋𐤅𐤌	𐤍𐤀	𐤔𐤌𐤏𐤅
Y-¡Mira! he-aquí	. soñé	que	el-éste	el-sueño	por-favor ahora	oíd

145	66	314	428	908	121	681	161	721	115
קום	הן	שדה	תוך	אלם	אלם	אנך
קָ֥מָה	וְהִנֵּ֛ה	הַשָּׂדֶ֔ה	בְּת֣וֹךְ	אֲלֻמִּים֙	מְאַלְּמִ֤ים	אֲנַ֜חְנוּ
kamah	*vehineh*	*hasadeh*	*betoj*	*alumim*	*me'alemim*	*anajnu*
קמה	והנה	השדה	בתוך	אלמים	מאלמים	אנחנו
𐤒𐤌𐤄	𐤅𐤄𐤍𐤄	𐤄𐤔𐤃𐤄	𐤁𐤕𐤅𐤊	𐤀𐤋𐤌𐤉𐤌	𐤌𐤀𐤋𐤌𐤉𐤌	𐤀𐤍𐤇𐤍𐤅
se-levantó	y-¡Mira! he-aquí	el-campo	en-medio-de	gavillas	estábamos-gavillando	nosotros

1180	1830	541	1101	527	66	147	49	609	481
שחה	אלם	סבב	הן	נצב	גם	אלם
וַתִּשְׁתַּחֲוֶ֖יןָ	אֲלֻמֹּתֵיכֶ֔ם	תְסֻבֶּ֙ינָה֙	וְהִנֵּ֤ה	נִצָּ֑בָה	וְגַם־	אֲלֻמָּתִ֖י
vatishtajaveyna	*alumoteyjem*	*tesubéynah*	*vehineh*	*nitsavah*	*vegam*	*alumatí*
ותשתחוין	אלמתיכם	תסבינה	והנה	נצבה	וגם	אלמתי
𐤅𐤕𐤔𐤕𐤇𐤅𐤉𐤍	𐤀𐤋𐤌𐤕𐤉𐤊𐤌	𐤕𐤎𐤁𐤉𐤍𐤄	𐤅𐤄𐤍𐤄	𐤍𐤑𐤁𐤄	𐤅𐤂𐤌	𐤀𐤋𐤌𐤕𐤉
y-se-postraron	vuestras-gavillas	rodeaban	y-¡Mira! he-aquí	se-irguió	y-también	mi-gavilla

37:8

166	490	970	96	576	25	36	263	511
עלה	מלך	מלך	אח	הוא	אמר	אלם
עָלֵ֔ינוּ	תִּמְלֹךְ֙	הֲמָלֹ֤ךְ	אֶחָ֗יו	ל֜וֹ	וַיֹּ֨אמְרוּ	לַאֲלֻמָּתִֽי׃
aleynu	*timloj*	*hamaloj*	*ejav*	*lo*	*Vayomrú*	*. la'alumatí*
עלינו	תמלך	המלך	אחיו	לו	ויאמרו	לאלמתי
𐤏𐤋𐤉𐤍𐤅	𐤕𐤌𐤋𐤊	𐤄𐤌𐤋𐤊	𐤀𐤇𐤉𐤅	𐤋𐤅	𐤅𐤉𐤀𐤌𐤓𐤅	𐤋𐤀𐤋𐤌𐤕𐤉
sobre-nosotros	reinarás	¿Acaso-reinar ciertamente	sus-hermanos	a-él	Y-dijeron	. a-mi-gavilla

351	80	168	58	770	376	41 | 601
שנא	עד	יסף	·	משל	משל	אם
שְׂנֹ֣א	ע֗וֹד	וַיּוֹסִ֤פוּ	בָּ֑נוּ	תִּמְשֹׁ֖ל	מָשׁ֥וֹל	אִם־
sno	*od*	*vayosifu*	*banu*	*timshol*	*mashol*	*im*
שנא	עוד	ויוספו	בנו	תמשל	משול	אם
𐤔𐤍𐤀	𐤏𐤅𐤃	𐤅𐤉𐤅𐤎𐤐𐤅	𐤁𐤍𐤅	𐤕𐤌𐤔𐤋	𐤌𐤔𐤅𐤋	𐤀𐤌
aborrecer	aún otra-vez	y-añadieron continuar	en-nosotros	dominarás gobernar [territorial]	dominar gobernar [territorial]	o

37:9

80	94 | 654	222	106	494	100	407
עד	חלם	דבר	עלה	חלם	עלה	את
ע֗וֹד	וַיַּחֲלֹ֥ם	דְּבָרָֽיו׃	וְעַל־	חֲלֹמֹתָ֖יו	עַל־	אֹת֔וֹ
od	*Vayajalom*	*. devarav*	*ve'al*	*jalomotav*	*al*	*otó*
עוד	ויחלם	דבריו	ועל	חלמתיו	על	אתו
𐤏𐤅𐤃	𐤅𐤉𐤇𐤋𐤌	𐤃𐤁𐤓𐤉𐤅	𐤅𐤏𐤋	𐤇𐤋𐤌𐤕𐤉𐤅	𐤏𐤋	𐤀𐤕𐤅
aún otra-vez	Y-soñó	. sus-palabras asunto; cosa	y-por	sus-sueños	por	a-él

60	257	55	407	356	209	84 | 644
הן	אמר	אח	את	ספר	אחר	חלם
הִנֵּ֨ה	וַיֹּ֗אמֶר	לְאֶחָ֔יו	אֹתוֹ֙	וַיְסַפֵּ֤ר	אַחֵ֔ר	חֲל֣וֹם
hineh	*vayómer*	*le'ejav*	*otó*	*vayesaper*	*ajer*	*jalom*
הנה	ויאמר	לאחיו	אתו	ויספר	אחר	חלום
𐤄𐤍𐤄	𐤅𐤉𐤀𐤌𐤓	𐤋𐤀𐤇𐤉𐤅	𐤀𐤕𐤅	𐤅𐤉𐤎𐤐𐤓	𐤀𐤇𐤓	𐤇𐤋𐤅𐤌
¡Mira! he-aquí	y-dijo	a-sus-hermanos	a-él	y-contó censar; enumerar	otro siguiente	sueño

19	229	645	66	80	84 | 644	488
אחד	ירח	שמש	הן	עד	חלם	חלם
וְאַחַ֤ד	וְהַיָּרֵ֗חַ	הַשֶּׁ֣מֶשׁ	וְהִנֵּ֧ה	ע֔וֹד	חֲל֙וֹם֙	חָלַ֤מְתִּי
ve'ajad	*vehayaré'aj*	*hashémesh*	*vehineh*	*od*	*jalom*	*jalamti*
ואחד	והירח	השמש	והנה	עוד	חלום	חלמתי
𐤅𐤀𐤇𐤃	𐤅𐤄𐤉𐤓𐤇	𐤄𐤔𐤌𐤔	𐤅𐤄𐤍𐤄	𐤏𐤅𐤃	𐤇𐤋𐤅𐤌	𐤇𐤋𐤌𐤕𐤉
y-uno	y-la-luna	el-sol	y-¡Mira! he-aquí	aún otra-vez	sueño	soñé

37:10

19	31	356	40	804 | 1364	98 | 658	570
אב	אלה	ספר	·	שחה	כוה	עשר
אָבִיו֙	אֶל־	וַיְסַפֵּ֣ר	לִֽי׃	מִֽשְׁתַּחֲוִ֖ים	כּֽוֹכָבִ֔ים	עָשָׂר֙
aviv	*el*	*Vayesaper*	*. li*	*mishtajavim*	*kojavim*	*asar*
אביו	אל	ויספר	לי	משתחוים	כוכבים	עשר
𐤀𐤁𐤉𐤅	𐤀𐤋	𐤅𐤉𐤎𐤐𐤓	𐤋𐤉	𐤌𐤔𐤕𐤇𐤅𐤉𐤌	𐤊𐤅𐤊𐤁𐤉𐤌	𐤏𐤔𐤓
su-padre	a hacia	Y-contó censar; enumerar	. a-mí	estaban-postrándose	estrellas	diez

<table>
<tr><td>36</td><td>257</td><td>19</td><td>8</td><td>289</td><td>25</td><td>37</td></tr>
<tr><td>הוא</td><td>אמר</td><td>אב</td><td>הוא</td><td>גער</td><td>אח</td><td>אלה</td></tr>
<tr><td>לֹו</td><td>וַיֹּאמֶר</td><td>אָבִיו</td><td>בֹּו</td><td>וַיִּגְעַר־</td><td>אֶחָיו</td><td>וְאֶל־</td></tr>
<tr><td>lo</td><td>vayómer</td><td>aviv</td><td>bo</td><td>vayigar</td><td>ejav</td><td>ve'el</td></tr>
<tr><td>לו</td><td>ויאמר</td><td>אביו</td><td>בו</td><td>ויגער</td><td>אחיו</td><td>ואל</td></tr>
<tr><td>𐤋𐤅</td><td>𐤅𐤉𐤀𐤌𐤓</td><td>𐤀𐤁𐤉𐤅</td><td>𐤁𐤅</td><td>𐤅𐤉𐤂𐤏𐤓</td><td>𐤀𐤇𐤉𐤅</td><td>𐤅𐤀𐤋</td></tr>
<tr><td>a-él</td><td>y-dijo</td><td>su-padre</td><td>en-él</td><td>y-reprendió</td><td>sus-hermanos</td><td>y-a
hacia</td></tr>
</table>

<table>
<tr><td>59</td><td>14</td><td>478</td><td>501</td><td>17</td><td>89 | 649</td><td>45</td></tr>
<tr><td>בוא</td><td>בוא</td><td>חלם</td><td>אשר</td><td>זה</td><td>חלם</td><td>מה</td></tr>
<tr><td>נָבֹוא</td><td>הֲבֹוא</td><td>חָלָמְתָּ</td><td>אֲשֶׁר</td><td>הַזֶּה</td><td>הַחֲלֹום</td><td>מָה</td></tr>
<tr><td>navó</td><td>havó</td><td>jalamta</td><td>asher</td><td>hazeh</td><td>hajalom</td><td>mah</td></tr>
<tr><td>נבוא</td><td>הבוא</td><td>חלמת</td><td>אשר</td><td>הזה</td><td>החלום</td><td>מה</td></tr>
<tr><td>𐤍𐤁𐤅𐤀</td><td>𐤄𐤁𐤅𐤀</td><td>𐤇𐤋𐤌𐤕</td><td>𐤀𐤔𐤓</td><td>𐤄𐤆𐤄</td><td>𐤄𐤇𐤋𐤅𐤌</td><td>𐤌𐤄</td></tr>
<tr><td>vendremos</td><td>¿Acaso-venir
ciertamente</td><td>soñaste</td><td>que</td><td>el-éste</td><td>el-sueño</td><td>¿Qué</td></tr>
</table>

37:11

<table>
<tr><td>173</td><td>296</td><td>50 | 530</td><td>1149</td><td>45 | 525</td><td>67 | 547</td><td>61</td></tr>
<tr><td>קנא</td><td>ארץ</td><td>·</td><td>שחה</td><td>אח</td><td>אמם</td><td>אנך</td></tr>
<tr><td>וַיְקַנְאוּ־</td><td>אַרְצָה׃</td><td>לְךָ</td><td>לְהִשְׁתַּחֲוֹת</td><td>וְאַחֶיךָ</td><td>וְאִמְּךָ</td><td>אֲנִי</td></tr>
<tr><td>Vayekanú</td><td>. artsah</td><td>lejá</td><td>lehishtajavot</td><td>ve'ajeyja</td><td>ve'imeja</td><td>aní</td></tr>
<tr><td>ויקנאו</td><td>ארצה</td><td>לך</td><td>להשתחות</td><td>ואחיך</td><td>ואמך</td><td>אני</td></tr>
<tr><td>𐤅𐤉𐤒𐤍𐤀𐤅</td><td>𐤀𐤓𐤑𐤄</td><td>𐤋𐤊</td><td>𐤋𐤄𐤔𐤕𐤇𐤅𐤕</td><td>𐤅𐤀𐤇𐤉𐤊</td><td>𐤅𐤀𐤌𐤊</td><td>𐤀𐤍𐤉</td></tr>
<tr><td>Y-envidiaron</td><td>. a-tierra
[la seca]</td><td>a-ti</td><td>a-postrarnos</td><td>y-tus-hermanos</td><td>y-tu-madre</td><td>yo</td></tr>
</table>

37:12

<table>
<tr><td>72</td><td>211</td><td>401</td><td>540</td><td>25</td><td>25</td><td>8</td></tr>
<tr><td>הלך</td><td>דבר</td><td>את</td><td>שמר</td><td>אב</td><td>אח</td><td>הוא</td></tr>
<tr><td>וַיֵּלְכוּ</td><td>הַדָּבָר׃</td><td>אֶת־</td><td>שָׁמַר</td><td>וְאָבִיו</td><td>אֶחָיו</td><td>בֹו</td></tr>
<tr><td>Vayeljú</td><td>. hadavar</td><td>et</td><td>shamar</td><td>ve'aviv</td><td>ejav</td><td>vo</td></tr>
<tr><td>וילכו</td><td>הדבר</td><td>את</td><td>שמר</td><td>ואביו</td><td>אחיו</td><td>בו</td></tr>
<tr><td>𐤅𐤉𐤋𐤊𐤅</td><td>𐤄𐤃𐤁𐤓</td><td>𐤀𐤕</td><td>𐤔𐤌𐤓</td><td>𐤅𐤀𐤁𐤉𐤅</td><td>𐤀𐤇𐤉𐤅</td><td>𐤁𐤅</td></tr>
<tr><td>Y-anduvieron</td><td>. la-palabra
asunto; cosa</td><td>..</td><td>guardó</td><td>y-su-padre</td><td>sus-hermanos</td><td>en-él</td></tr>
</table>

37:13

<table>
<tr><td>257</td><td>362 | 922</td><td>58 | 618</td><td>141 | 791</td><td>401</td><td>706</td><td>25</td></tr>
<tr><td>אמר</td><td>שכם</td><td>אב</td><td>צאן</td><td>את</td><td>רעה</td><td>אח</td></tr>
<tr><td>וַיֹּאמֶר</td><td>בִּשְׁכֶם׃</td><td>אֲבִיהֶם</td><td>צֹאן</td><td>אֶת־</td><td>לִרְעֹות</td><td>אֶחָיו</td></tr>
<tr><td>Vayómer</td><td>. biShjem</td><td>avihem</td><td>tson</td><td>et</td><td>lirot</td><td>ejav</td></tr>
<tr><td>ויאמר</td><td>בשכם</td><td>אביהם</td><td>צאן</td><td>את</td><td>לרעות</td><td>אחיו</td></tr>
<tr><td>𐤅𐤉𐤀𐤌𐤓</td><td>𐤁𐤔𐤊𐤌</td><td>𐤀𐤁𐤉𐤄𐤌</td><td>𐤑𐤀𐤍</td><td>𐤀𐤕</td><td>𐤋𐤓𐤏𐤅𐤕</td><td>𐤀𐤇𐤉𐤅</td></tr>
<tr><td>Y-dijo</td><td>. en-Shjem</td><td>su-padre</td><td>rebaño-de
[ganado menor]</td><td>..</td><td>a-pastorear
apacentar</td><td>sus-hermanos</td></tr>
</table>

362 | 922	320 | 880	39 | 519	36	156 | 876	31	541
שכם	רעה	אח	לא	יסף	אלה	שרה + אל
בִּשְׁכֶם	רֹעִים	אַחֶיךָ	הֲלוֹא	יוֹסֵף	אֶל־	יִשְׂרָאֵל
biShjem	*ro'im*	*ajeyja*	*haló*	*Yosef*	*el*	*Yisra'El*
בשכם	רעים	אחיך	הלוא	יוסף	אל	ישראל
𐤁𐤔𐤊𐤌	𐤓𐤏𐤉𐤌	𐤀𐤇𐤉𐤊	𐤄𐤋𐤅𐤀	𐤉𐤅𐤎𐤐	𐤀𐤋	𐤉𐤔𐤓𐤀𐤋
en-Shjem	están-pastoreando apacentar	tus-hermanos	¿Acaso-no	Yosef	a hacia	Yisra'El

37:14

257	115	36	257	86 | 646	365 | 845	55
אמר	הן	הוא	אמר	אלה	שלח	הלך
וַיֹּאמֶר	הִנֵּנִי׃	לוֹ	וַיֹּאמֶר	אֲלֵיהֶם	וְאֶשְׁלָחֲךָ	לְכָה
Vayómer	*. hineni*	*lo*	*vayómer*	*aleyhem*	*ve'eshlajaja*	*lejah*
ויאמר	הנני	לו	ויאמר	אליהם	ואשלחך	לכה
𐤅𐤉𐤀𐤌𐤓	𐤄𐤍𐤍𐤉	𐤋𐤅	𐤅𐤉𐤀𐤌𐤓	𐤀𐤋𐤉𐤄𐤌	𐤅𐤀𐤔𐤋𐤇𐤊	𐤋𐤊𐤄
Y-dijo	¡Mírame! heme-aquí	a-él	y-dijo	a-ellos	y-te-enviaré	anda

39 | 519	376 | 936	401	206	51	50 | 530	36
אח	שלם	את	ראה	נא	הלך	הוא
אַחֶיךָ	שְׁלוֹם	אֶת־	רְאֵה	נָא	לֶךְ־	לוֹ
ajeyja	*shlom*	*et*	*re'eh*	*na*	*lej*	*lo*
אחיך	שלום	את	ראה	נא	לך	לו
𐤀𐤇𐤉𐤊	𐤔𐤋𐤅𐤌	𐤀𐤕	𐤓𐤀𐤄	𐤍𐤀	𐤋𐤊	𐤋𐤅
tus-hermanos	paz-de plenitud	··	mira	ahora por-favor	anda	a-él

250	365	206	373	146 | 796	376 | 936	407
עמק	שלח	דבר	שוב	צאן	שלם	את
מֵעֵמֶק	וַיִּשְׁלָחֵהוּ	דָּבָר	וַהֲשִׁבֵנִי	הַצֹּאן	שְׁלוֹם	וְאֶת־
me'émek	*vayishlajehu*	*davar*	*vahashiveni*	*hatsón*	*shlom*	*ve'et*
מעמק	וישלחהו	דבר	והשבני	הצאן	שלום	ואת
𐤌𐤏𐤌𐤒	𐤅𐤉𐤔𐤋𐤇𐤄𐤅	𐤃𐤁𐤓	𐤅𐤄𐤔𐤁𐤍𐤉	𐤄𐤑𐤀𐤍	𐤔𐤋𐤅𐤌	𐤅𐤀𐤕
del-valle-de	y-le-envió	palabra asunto; cosa	y-hazme-volver	el-rebaño [ganado menor]	paz-de plenitud	y-··

37:15

475	66	311	158	365	19	266 | 916
תעה	הן	איש	מצא	שכם	בוא	חבר
תֹּעֶה	וְהִנֵּה	אִישׁ	וַיִּמְצָאֵהוּ	שְׁכֶמָה׃	וַיָּבֹא	חֶבְרוֹן
to'eh	*vehineh*	*ish*	*Vayimtsa'ehu*	*. Shjémah*	*vayavó*	*Jevrón*
תעה	והנה	איש	וימצאהו	שכמה	ויבא	חברון
𐤕𐤏𐤄	𐤅𐤄𐤍𐤄	𐤀𐤉𐤔	𐤅𐤉𐤌𐤑𐤀𐤄𐤅	𐤔𐤊𐤌𐤄	𐤅𐤉𐤁𐤀	𐤇𐤁𐤓𐤅𐤍
errante	y-¡Mira! he-aquí	varón	Y-le-encontró	. a-Shjem	y-vino	Jevrón

37:16

257	802	45	271	316	358	311
אמר	בקש	מה	אמר	איש	שאל	שדה
וַיֹּאמֶר	תְּבַקֵּשׁ׃	מַה־	לֵאמֹר	הָאִישׁ	וַיִּשְׁאָלֵהוּ	בַּשָּׂדֶה
Vayómer	*. tevakesh*	*mah*	*lemor*	*ha'ish*	*vayishalehu*	*basadeh*
ויאמר	תבקש	מה	לאמר	האיש	וישאלהו	בשדה
𐤅𐤉𐤀𐤌𐤓	𐤕𐤁𐤒𐤔	𐤌𐤄	𐤋𐤀𐤌𐤓	𐤄𐤀𐤉𐤔	𐤅𐤉𐤔𐤀𐤋𐤄𐤅	𐤁𐤔𐤃𐤄
Y-dijo	. buscas	¿Qué	al-decir	el-varón	y-le-preguntó	en-el-campo

40	51	27	442	81	19	401
·	נא	נגד	בקש	אנך	אח	את
לִּי	נָּא	הַגִּידָה־	מְבַקֵּשׁ	אָנֹכִי	אַחַי	אֶת־
li	*na*	*hagidah*	*mevakesh*	*anojí*	*ajay*	*et*
לי	נא	הגידה	מבקש	אנכי	אחי	את
𐤋𐤉	𐤍𐤀	𐤄𐤂𐤉𐤃𐤄	𐤌𐤁𐤒𐤔	𐤀𐤍𐤊𐤉	𐤀𐤇𐤉	𐤀𐤕
a-mí	por-favor ahora	manifiesta contar; declarar	estoy-buscando	yo	mis-hermanos	··

37:17

52	186	316	257	320 | 880	45 | 605	96
זה	נסע	איש	אמר	רעה	הוא	אי
מִזֶּה	נָסְעוּ	הָאִישׁ	וַיֹּאמֶר	רֹעִים׃	הֵם	אֵיפֹה
mizeh	*nasú*	*ha'ish*	*Vayómer*	*. ro'im*	*hem*	*eyfoh*
מזה	נסעו	האיש	ויאמר	רעים	הם	איפה
𐤌𐤆𐤄	𐤍𐤎𐤏𐤅	𐤄𐤀𐤉𐤔	𐤅𐤉𐤀𐤌𐤓	𐤓𐤏𐤉𐤌	𐤄𐤌	𐤀𐤉𐤐𐤄
de-éste	partieron [retirar estacas]	el-varón	Y-dijo	. están-pastoreando apacentar	ellos	¿Dónde

156 | 876	66 | 546	469	105	291 | 851	820	30
יסף	הלך	·	הלך	אמר	שמע	כי
יוֹסֵף	וַיֵּלֶךְ	דֹּתָיְנָה	נֵלְכָה	אֹמְרִים	שָׁמַעְתִּי	כִּי
Yosef	*vayélej*	*Dotáynah*	*neljah*	*omrim*	*shamati*	*ki*
יוסף	וילך	דתינה	נלכה	אמרים	שמעתי	כי
𐤉𐤅𐤎𐤐	𐤅𐤉𐤋𐤊	𐤃𐤕𐤉𐤍𐤄	𐤍𐤋𐤊𐤄	𐤀𐤌𐤓𐤉𐤌	𐤔𐤌𐤏𐤕𐤉	𐤊𐤉
Yosef	y-anduvo	a-Dotán	andaremos	estaban-diciendo	oí	que porque

37:18

348	407	223	456 | 1106	187 | 747	25	209
רחק	את	ראה	·	מצא	אח	אחר
מֵרָחֹק	אֹתוֹ	וַיִּרְאוּ	בְּדֹתָן׃	וַיִּמְצָאֵם	אֶחָיו	אַחַר
merajok	*otó*	*Vayirú*	*. beDotán*	*vayimtsa'em*	*ejav*	*ajar*
מרחק	אתו	ויראו	בדתן	וימצאם	אחיו	אחר
𐤌𐤓𐤇𐤒	𐤀𐤕𐤅	𐤅𐤉𐤓𐤀𐤅	𐤁𐤃𐤕𐤍	𐤅𐤉𐤌𐤑𐤀𐤌	𐤀𐤇𐤉𐤅	𐤀𐤇𐤓
de-lejos [de lugar o tiempo]	a-él	Y-vieron	. en-Dotán	y-los-encontró	sus-hermanos	tras

37:19

263	491	407	522	86 | 646	312	257 | 817
אמר	מות	את	נכל	אלה	קרב	טרם
וַיֹּאמְרוּ	לַהֲמִיתוֹ׃	אֹתוֹ	וַיִּתְנַכְּלוּ	אֲלֵיהֶם	יִקְרַב	וּבְטֶרֶם
Vayomrú	*. lahamitó*	*otó*	*vayitnakelu*	*aleyhem*	*yikrav*	*uvetérem*
ויאמרו	להמיתו	אתו	ויתנכלו	אליהם	יקרב	ובטרם
𐤅𐤉𐤀𐤌𐤓𐤅	𐤋𐤄𐤌𐤉𐤕𐤅	𐤀𐤕𐤅	𐤅𐤉𐤕𐤍𐤊𐤋𐤅	𐤀𐤋𐤉𐤄𐤌	𐤉𐤒𐤓𐤁	𐤅𐤁𐤈𐤓𐤌
Y-dijeron	. para-darle-muerte	contra-él	y-tramaron conspirar	a-ellos	se-acercara	y-antes-que

47	489	102	60	25	31	311
זה	חלם	בעל	הן	אח	אלה	איש
הַלָּזֶה	הַחֲלֹמוֹת	בַּעַל	הִנֵּה	אָחִיו	אֶל־	אִישׁ
halazeh	*hajalomot*	*ba'al*	*hineh*	*ajiv*	*el*	*ish*
הלזה	החלמות	בעל	הנה	אחיו	אל	איש
𐤄𐤋𐤆𐤄	𐤄𐤇𐤋𐤌𐤅𐤕	𐤁𐤏𐤋	𐤄𐤍𐤄	𐤀𐤇𐤉𐤅	𐤀𐤋	𐤀𐤉𐤔
el-éste	los-sueños	señor-de aliado; marido	¡Mira! he-aquí	su-hermano	a hacia	varón [cada uno]

37:20

613	15	417	275	56	481	3
בור	אחד	שלך	הרג	הלך	עת	בוא
הַבֹּרוֹת	בְּאַחַד	וְנַשְׁלִכֵהוּ	וְנַהַרְגֵהוּ	לְכוּ	וְעַתָּה	בָּא׃
haborot	*be'ajad*	*venashlijehu*	*venahargehu*	*lejú*	*Ve'atah*	*. ba*
הברות	באחד	ונשלכהו	ונהרגהו	לכו	ועתה	בא
𐤄𐤁𐤓𐤅𐤕	𐤁𐤀𐤇𐤃	𐤅𐤍𐤔𐤋𐤊𐤄𐤅	𐤅𐤍𐤄𐤓𐤂𐤄𐤅	𐤋𐤊𐤅	𐤅𐤏𐤕𐤄	𐤁𐤀
las-cisternas	en-una-de único; unido	y-enviémosle [con fuerza o urgencia]	y-matémosle	andemos	Y-ahora en-este-tiempo	. está-viniendo

31	45	262	462	275	23	303
היה	מה	ראה	אכל	רעע	חיה	אמר
יִהְיוּ	מַה־	וְנִרְאֶה	אֲכָלָתְהוּ	רָעָה	חַיָּה	וְאָמַרְנוּ
yihyú	*mah*	*venireh*	*ajalathu*	*ra'ah*	*jayah*	*ve'amarnu*
יהיו	מה	ונראה	אכלתהו	רעה	חיה	ואמרנו
𐤉𐤄𐤉𐤅	𐤌𐤄	𐤅𐤍𐤓𐤀𐤄	𐤀𐤊𐤋𐤕𐤄𐤅	𐤓𐤏𐤄	𐤇𐤉𐤄	𐤅𐤀𐤌𐤓𐤍𐤅
serán	¿Qué	y-veremos	lo-comió	mala	vida viviente	y-diremos

37:21

31	257	94 | 654	147	259 | 909	426	494
לא	אמר	יד	נצל	ראה + בנה	שמע	חלם
לֹא	וַיֹּאמֶר	מִיָּדָם	וַיַּצִּלֵהוּ	רְאוּבֵן	וַיִּשְׁמַע	חֲלֹמֹתָיו׃
lo	*vayómer*	*miyadam*	*vayatsilehu*	*Re'uvén*	*Vayishmá*	*. jalomotav*
לא	ויאמר	מידם	ויצלהו	ראובן	וישמע	חלמתיו
𐤋𐤀	𐤅𐤉𐤀𐤌𐤓	𐤌𐤉𐤃𐤌	𐤅𐤉𐤑𐤋𐤄𐤅	𐤓𐤀𐤅𐤁𐤍	𐤅𐤉𐤔𐤌𐤏	𐤇𐤋𐤌𐤕𐤉𐤅
no	y-dijo	de-sus-manos	y-lo-rescató librar; recuperar	Re'uvén	Y-oyó	. sus-sueños

37:22

806	31	259 | 909	76 | 636	257	430	126
שפך	אל	ראה + בנה	אלה	אמר	נפש	נכה
תִּשְׁפְּכוּ־	אַל־	רְאוּבֵן	אֲלֵהֶם	וַיֹּאמֶר	נָפֶשׁ׃	נַכֶּנּוּ
tishpejú	*al*	*Re'uvén*	*aléhem*	*Vayómer*	*. náfesh*	*nakenu*
תשפכו	אל	ראובן	אלהם	ויאמר	נפש	נכנו
𐤕𐤔𐤐𐤊𐤅	𐤀𐤋	𐤓𐤀𐤅𐤁𐤍	𐤀𐤋𐤄𐤌	𐤅𐤉𐤀𐤌𐤓	𐤍𐤐𐤔	𐤍𐤊𐤍𐤅
derramaréis	no	Re'uvén	a-ellos	Y-dijo	. alma	hiramos

501	17	213	31	407	371	44 | 604
אשר	זה	בור	אלה	את	שלך	דמם
אֲשֶׁר	הַזֶּה	הַבּוֹר	אֶל־	אֹתוֹ	הַשְׁלִיכוּ	דָּם
asher	*hazeh*	*habor*	*el*	*otó*	*hashliju*	*dam*
אשר	הזה	הבור	אל	אתו	השליכו	דם
𐤀𐤔𐤓	𐤄𐤆𐤄	𐤄𐤁𐤅𐤓	𐤀𐤋	𐤀𐤕𐤅	𐤄𐤔𐤋𐤉𐤊𐤅	𐤃𐤌
que	la-ésta	la-cisterna	a hacia	a-él	enviad [con fuerza o urgencia]	sangre

135	190 | 840	8	744	31	20	248
נצל	ענה	הוא	שלח	אל	יד	דבר
הַצִּיל	לְמַעַן	בוֹ	תִּשְׁלְחוּ־	אַל־	וְיָד	בַּמִּדְבָּר
hatsil	*lema'án*	*vo*	*tishlejú*	*al*	*veyad*	*bamidbar*
הציל	למען	בו	תשלחו	אל	ויד	במדבר
𐤄𐤑𐤉𐤋	𐤋𐤌𐤏𐤍	𐤁𐤅	𐤕𐤔𐤋𐤇𐤅	𐤀𐤋	𐤅𐤉𐤃	𐤁𐤌𐤃𐤁𐤓
rescatar librar; recuperar	para [propósito]	en-él	enviéis	no	y-mano	en-el-desierto

37:23

521	31	19	31	353	94 | 654	407
אשר	היה	אב	אלה	שוב	יד	את
כַּאֲשֶׁר־	וַיְהִי	אָבִיו׃	אֶל־	לַהֲשִׁיבוֹ	מִיָּדָם	אֹתוֹ
ka'asher	*Vayehí*	*. aviv*	*el*	*lahashivo*	*miyadam*	*otó*
כאשר	ויהי	אביו	אל	להשיבו	מידם	אתו
𐤊𐤀𐤔𐤓	𐤅𐤉𐤄𐤉	𐤀𐤁𐤉𐤅	𐤀𐤋	𐤋𐤄𐤔𐤉𐤁𐤅	𐤌𐤉𐤃𐤌	𐤀𐤕𐤅
como según	Y-fue	. su-padre	a hacia	para-hacerle-volver	de-mano-de-ellos	a-él

156 | 876	401	421	25	31	156 | 876	3
יסף	את	פשט	אח	אלה	יסף	בוא
יוֹסֵף	אֶת־	וַיַּפְשִׁיטוּ	אֶחָיו	אֶל־	יוֹסֵף	בָּא
Yosef	*et*	*vayafshitu*	*ejav*	*el*	*Yosef*	*ba*
יוסף	את	ויפשיטו	אחיו	אל	יוסף	בא
𐤉𐤅𐤎𐤐	𐤀𐤕	𐤅𐤉𐤐𐤔𐤉𐤈𐤅	𐤀𐤇𐤉𐤅	𐤀𐤋	𐤉𐤅𐤎𐤐	𐤁𐤀
Yosef	..	y-despojaron desnudar	sus-hermanos	a hacia	Yosef	vino

116	501	195 | 755	870	401	876	401
עלה	אשר	פסס	כתן	את	כתן	את
עָלָיו׃	אֲשֶׁר	הַפַּסִּים	כְּתֹנֶת	אֶת־	כֻּתָּנְתּוֹ	אֶת־
. alav	*asher*	*hapasim*	*ketonet*	*et*	*kutontó*	*et*
עליו	אשר	הפסים	כתנת	את	כתנתו	את
𐤏𐤋𐤉𐤅	𐤀𐤔𐤓	𐤄𐤐𐤎𐤉𐤌	𐤊𐤕𐤍𐤕	𐤀𐤕	𐤊𐤕𐤍𐤕𐤅	𐤀𐤕
. sobre-él	que	la-talar [con mangas]	túnica	..	su-túnica	..

37:24

61 | 711	300	219	212	407	372	135
אין	ריק	בור	בור	את	שלך	לקח
אֵין	רֵק	וְהַבּוֹר	הַבֹּרָה	אֹתוֹ	וַיַּשְׁלִכוּ	וַיִּקָּחֻהוּ
eyn	*rek*	*vehabor*	*habórah*	*otó*	*vayashliju*	*Vayikajuhu*
אין	רק	והבור	הברה	אתו	וישלכו	ויקחהו
𐤀𐤉𐤍	𐤓𐤒	𐤅𐤄𐤁𐤅𐤓	𐤄𐤁𐤓𐤄	𐤀𐤕𐤅	𐤅𐤉𐤔𐤋𐤊𐤅	𐤅𐤉𐤒𐤇𐤄𐤅
no-había ¿con qué?; ¿de dónde?	vacía	y-la-cisterna	a-la-cisterna	a-él	y-enviaron [con fuerza o urgencia]	Y-le-tomaron

37:25

185 | 745	323	78 | 638	81	324	90 | 650	8
עין	נשא	לחם	אכל	ישב	מי	הוא
עֵינֵיהֶם	וַיִּשְׂאוּ	לֶחֶם	לֶאֱכָל־	וַיֵּשְׁבוּ	מָיִם׃	בּוֹ
eyneyhem	*vayisú*	*léjem*	*le'ejol*	*Vayeshvú*	*. máyim*	*bo*
עיניהם	וישאו	לחם	לאכל	וישבו	מים	בו
𐤏𐤉𐤍𐤉𐤄𐤌	𐤅𐤉𐤔𐤀𐤅	𐤋𐤇𐤌	𐤋𐤀𐤊𐤋	𐤅𐤉𐤔𐤁𐤅	𐤌𐤉𐤌	𐤁𐤅
sus-ojos	y-alzaron	pan [alimento básico]	para-comer	Y-se-asentaron	. aguas	en-ella

134 | 694	147	8	497 | 1057	609	66	223
גמל	גלל + עוד	בוא	שמע + אל	ארח	הן	ראה
וּגְמַלֵּיהֶם	מִגִּלְעָד	בָּאָה	יִשְׁמְעֵאלִים	אֹרְחַת	וְהִנֵּה	וַיִּרְאוּ
ugemaleyhem	*miGilad*	*ba'ah*	*yishme'elim*	*orjat*	*vehineh*	*vayirú*
וגמליהם	מגלעד	באה	ישמעאלים	ארחת	והנה	ויראו
𐤅𐤂𐤌𐤋𐤉𐤄𐤌	𐤌𐤂𐤋𐤏𐤃	𐤁𐤀𐤄	𐤉𐤔𐤌𐤏𐤀𐤋𐤉𐤌	𐤀𐤓𐤇𐤕	𐤅𐤄𐤍𐤄	𐤅𐤉𐤓𐤀𐤅
y-sus-camellos	de-Gilad	estaba-viniendo	yishme'elim	caravana-de	y-¡Mira! he-aquí	y-vieron

385	255	111 | 671	45	306	471	401 | 961
צור	ירד	הלך	לוט	צרה	נכא	נשא
מִצְרָיְמָה׃	לְהוֹרִיד	הוֹלְכִים	וָלֹט	וּצְרִי	נְכֹאת	נֹשְׂאִים
. Mitsráymah	*lehorid*	*holjim*	*valot*	*utsrí*	*nejot*	*nosim*
מצרימה	להוריד	הולכים	ולט	וצרי	נכאת	נשאים
𐤌𐤑𐤓𐤉𐤌𐤄	𐤋𐤄𐤅𐤓𐤉𐤃	𐤄𐤅𐤋𐤊𐤉𐤌	𐤅𐤋𐤈	𐤅𐤑𐤓𐤉	𐤍𐤊𐤀𐤕	𐤍𐤔𐤀𐤉𐤌
. a-Mitsráyim	para-descender	estaban-andando	y-mirra	y-bálsamo	perfumes [resina aromática]	estaban-alzando

37:26

30	162	45	25	31	30	257
כי	בצע	מה	אח	אלה	היה + ידה	אמר
כִּ֣י	בֶּ֕צַע	מַה־	אֶחָ֑יו	אֶל־	יְהוּדָ֖ה	וַיֹּ֥אמֶר
ki	*betsá*	*mah*	*ejav*	*el*	*Yehudah*	*Vayómer*
כי	בצע	מה	אחיו	אל	יהודה	ויאמר
𐤊𐤉	𐤁𐤑𐤏	𐤌𐤄	𐤀𐤇𐤉𐤅	𐤀𐤋	𐤉𐤄𐤅𐤃𐤄	𐤅𐤉𐤀𐤌𐤓
que porque	provecho ganancia; ventaja	¿Qué	sus-hermanos	a hacia	Yehudah	Y-dijo

37:27

56	50	401	152	75	401	258
הלך	דמם	את	כסה	אח	את	הרג
לְכ֞וּ	דָּמֽוֹ׃	אֶת־	וְכִסִּ֖ינוּ	אָחִ֔ינוּ	אֶת־	נַהֲרֹג֙
Lejú	*. damó*	*et*	*vejisinu*	*ajinu*	*et*	*taharog*
לכו	דמו	את	וכסינו	אחינו	את	נהרג
𐤋𐤊𐤅	𐤃𐤌𐤅	𐤀𐤕	𐤅𐤊𐤎𐤉𐤍𐤅	𐤀𐤇𐤉𐤍𐤅	𐤀𐤕	𐤍𐤄𐤓𐤂
Andad	. su-sangre	··	y-encubramos	nuestro-hermano	··	matemos

30	8	415	31	76	527 | 1087	372
כי	הוא	היה	אל	יד	שמע + אל	מכר
כִּֽי־	בּ֔וֹ	תְּהִי־	אַל־	וְיָדֵ֙נוּ֙	לַיִּשְׁמְעֵאלִ֗ים	וְנִמְכְּרֶ֣נּוּ
ki	*vo*	*tehí*	*al*	*veyadenu*	*layishme'elim*	*venimkerenu*
כי	בו	תהי	אל	וידנו	לישמעאלים	ונמכרנו
𐤊𐤉	𐤁𐤅	𐤕𐤄𐤉	𐤀𐤋	𐤅𐤉𐤃𐤍𐤅	𐤋𐤉𐤔𐤌𐤏𐤀𐤋𐤉𐤌	𐤅𐤍𐤌𐤊𐤓𐤍𐤅
que porque	en-él	sea	no	y-nuestra-mano	a-los-yishme'elim	y-vendámosle

37:28

401 | 961	294	25	432	12	558	75
אנש	עבר	אח	שמע	הוא	בשר	אח
אֲנָשִׁ֨ים	וַיַּֽעַבְר֡וּ	אֶחָֽיו׃	וַֽיִּשְׁמְע֖וּ	ה֑וּא	בְשָׂרֵ֖נוּ	אָחִ֥ינוּ
anashim	*Vaya'avrú*	*. ejav*	*vayishme'ú*	*hu*	*vesarenu*	*ajinu*
אנשים	ויעברו	אחיו	וישמעו	הוא	בשרנו	אחינו
𐤀𐤍𐤔𐤉𐤌	𐤅𐤉𐤏𐤁𐤓𐤅	𐤀𐤇𐤉𐤅	𐤅𐤉𐤔𐤌𐤏𐤅	𐤄𐤅𐤀	𐤁𐤔𐤓𐤍𐤅	𐤀𐤇𐤉𐤍𐤅
hombres mortal	Y-cruzaron	. sus-hermanos	y-oyeron	él	nuestra-carne	nuestro-hermano

90 | 740	156 | 876	401	122	382	318 | 878	154 | 714
מן	יסף	את	עלה	משך	סחר	דין
מִן־	יוֹסֵף֙	אֶת־	וַיַּעֲל֤וּ	וַיִּמְשְׁכוּ֙	סֹחֲרִ֔ים	מִדְיָנִ֣ים
min	*Yosef*	*et*	*vaya'alú*	*vayimsheju*	*sojarim*	*midyanim*
מן	יוסף	את	ויעלו	וימשכו	סחרים	מדינים
𐤌𐤍	𐤉𐤅𐤎𐤐	𐤀𐤕	𐤅𐤉𐤏𐤋𐤅	𐤅𐤉𐤌𐤔𐤊𐤅	𐤎𐤇𐤓𐤉𐤌	𐤌𐤃𐤉𐤍𐤉𐤌
de desde	Yosef	··	y-ascendieron	y-sacaron	mercaderes	midyanim

160 | 880	622 | 1182	527 | 1087	156 | 876	401	282	213
כסף	עשר	שמע + אל	יסף	את	מכר	בור
כָּסֶף	בְּעֶשְׂרִים	לַיִּשְׁמְעֵאלִים	יוֹסֵף	אֶת־	וַיִּמְכְּרוּ	הַבּוֹר
kásef	*be'esrim*	*layishme'elim*	*Yosef*	*et*	*vayimkeru*	*habor*
כסף	בעשרים	לישמעאלים	יוסף	את	וימכרו	הבור
𐤊𐤎𐤐	𐤁𐤏𐤔𐤓𐤉𐤌	𐤋𐤉𐤔𐤌𐤏𐤀𐤋𐤉𐤌	𐤉𐤅𐤎𐤐	𐤀𐤕	𐤅𐤉𐤌𐤊𐤓𐤅	𐤄𐤁𐤅𐤓
plata	por-veinte	a-los-yishme'elim	Yosef	··	y-vendieron	la-cisterna

37:29

31	259 | 909	318	385	156 | 876	401	35
אלה	ראה + בנה	שוב	צור	יסף	את	בוא
אֶל־	רְאוּבֵן	וַיָּשָׁב	מִצְרָיְמָה׃	יוֹסֵף	אֶת־	וַיָּבִיאוּ
el	*Re'uvén*	*Vayáshov*	*. Mitsráymah*	*Yosef*	*et*	*vayavi'ú*
אל	ראובן	וישב	מצרימה	יוסף	את	ויביאו
𐤀𐤋	𐤓𐤀𐤅𐤁𐤍	𐤅𐤉𐤔𐤁	𐤌𐤑𐤓𐤉𐤌𐤄	𐤉𐤅𐤎𐤐	𐤀𐤕	𐤅𐤉𐤁𐤉𐤀𐤅
a hacia	Re'uvén	Y-volvió	. a-Mitsráyim	Yosef	··	e-hicieron-entrar

401	386	210	156 | 876	61 | 711	66	213
את	קרע	בור	יסף	אין	הן	בור
אֶת־	וַיִּקְרַע	בַּבּוֹר	יוֹסֵף	אֵין־	וְהִנֵּה	הַבּוֹר
et	*vayikrá*	*babor*	*Yosef*	*eyn*	*vehineh*	*habor*
את	ויקרע	בבור	יוסף	אין	והנה	הבור
𐤀𐤕	𐤅𐤉𐤒𐤓𐤏	𐤁𐤁𐤅𐤓	𐤉𐤅𐤎𐤐	𐤀𐤉𐤍	𐤅𐤄𐤍𐤄	𐤄𐤁𐤅𐤓
··	y-rasgó	en-la-cisterna	Yosef	no-estaba ¿con qué?; ¿de dónde?	y-¡Mira! he-aquí	la-cisterna

37:30

117	49	257	25	31	318	25
אין	ילד	אמר	אח	אלה	שוב	בגד
אֵינֶנּוּ	הַיֶּלֶד	וַיֹּאמַר	אֶחָיו	אֶל־	וַיָּשָׁב	בְּגָדָיו׃
eynenu	*hayéled*	*vayomar*	*ejav*	*el*	*Vayáshov*	*. begadav*
איננו	הילד	ויאמר	אחיו	אל	וישב	בגדיו
𐤀𐤉𐤍𐤍𐤅	𐤄𐤉𐤋𐤃	𐤅𐤉𐤀𐤌𐤓	𐤀𐤇𐤉𐤅	𐤀𐤋	𐤅𐤉𐤔𐤁	𐤁𐤂𐤃𐤉𐤅
no-está	el-niño	y-dijo	sus-hermanos	a hacia	Y-volvió	. sus-ropas

37:31

870	401	130	3	61	56	67
כתן	את	לקח	בוא	אנך	אין	אנך
כְּתֹנֶת	אֶת־	וַיִּקְחוּ	בָא׃	אֲנִי־	אָנָה	וַאֲנִי
ketonet	*et*	*Vayikjú*	*. va*	*aní*	*anah*	*va'aní*
כתנת	את	ויקחו	בא	אני	אנה	ואני
𐤊𐤕𐤍𐤕	𐤀𐤕	𐤅𐤉𐤒𐤇𐤅	𐤁𐤀	𐤀𐤍𐤉	𐤀𐤍𐤄	𐤅𐤀𐤍𐤉
túnica-de	··	Y-tomaron	. iré	yo	adónde	y-yo

875	401	63	127 | 687	580	339	156 | 876
כתן	את	טבל	עזז	שער	שחט	יסף
הַכֻּתֹּנֶת	אֶת־	וַיִּטְבְּלוּ	עִזִּים	שְׂעִיר	וַיִּשְׁחֲטוּ	יוֹסֵף
hakutonet	*et*	*vayitbelu*	*izim*	*se'ir*	*vayishjatu*	*Yosef*
הכתנת	את	ויטבלו	עזים	שעיר	וישחטו	יוסף
𐤄𐤊𐤕𐤍𐤕	𐤀𐤕	𐤅𐤉𐤈𐤁𐤋𐤅	𐤏𐤆𐤉𐤌	𐤔𐤏𐤉𐤓	𐤅𐤉𐤔𐤇𐤈𐤅	𐤉𐤅𐤎𐤐
la-túnica	··	y-sumergieron	cabras	peludo-de macho-cabrío; sátiro	y-degollaron	Yosef

37:32

31	35	195 | 755	870	401	360	46 | 606
אלה	בוא	פסס	כתן	את	שלח	דמם
אֶל־	וַיָּבִיאוּ	הַפַּסִּים	כְּתֹנֶת	אֶת־	וַיְשַׁלְּחוּ	בַּדָּם׃
el	*vayavi'ú*	*hapasim*	*ketonet*	*et*	*Vayeshaleju*	*. badam*
אל	ויביאו	הפסים	כתנת	את	וישלחו	בדם
𐤀𐤋	𐤅𐤉𐤁𐤉𐤀𐤅	𐤄𐤐𐤎𐤉𐤌	𐤊𐤕𐤍𐤕	𐤀𐤕	𐤅𐤉𐤔𐤋𐤇𐤅	𐤁𐤃𐤌
a hacia	e-hicieron-venir	la-talar [con mangas]	túnica	··	Y-enviaron [con fuerza o urgencia]	. en-la-sangre

875	51	225	187	408	263	58 | 618
כתן	נא	נכר	מצא	זה	אמר	אב
הַכְּתֹנֶת	נָא	הַכֶּר־	מָצָאנוּ	זֹאת	וַיֹּאמְרוּ	אֲבִיהֶם
haketonet	*na*	*haker*	*matsanu*	*zot*	*vayomrú*	*avihem*
הכתנת	נא	הכר	מצאנו	זאת	ויאמרו	אביהם
𐤄𐤊𐤕𐤍𐤕	𐤍𐤀	𐤄𐤊𐤓	𐤌𐤑𐤀𐤍𐤅	𐤆𐤀𐤕	𐤅𐤉𐤀𐤌𐤓𐤅	𐤀𐤁𐤉𐤄𐤌
la-túnica-de	ahora por-favor	reconoce	encontramos	ésta	y-dijeron	su-padre

37:33

870	257	251	31	41 | 601	12	72 | 552
כתן	אמר	נכר	לא	אם	הוא	בנה
כְּתֹנֶת	וַיֹּאמֶר	וַיַּכִּירָהּ	לֹא׃	אִם־	הִוא	בִּנְךָ
ketonet	*vayómer*	*Vayakirah*	*. lo*	*im*	*hi*	*binja*
כתנת	ויאמר	ויכירה	לא	אם	הוא	בנך
𐤊𐤕𐤍𐤕	𐤅𐤉𐤀𐤌𐤓	𐤅𐤉𐤊𐤉𐤓𐤄	𐤋𐤀	𐤀𐤌	𐤄𐤅𐤀	𐤁𐤍𐤊
túnica-de	y-dijo	Y-la-reconoció	. no	o-si	ella	tu-hijo edificador

156 | 876	289 | 1009	289 | 1009	462	275	23	62
יסף	טרף	טרף	אכל	רעע	חיה	בנה
יוֹסֵף׃	טֹרַף	טָרֹף	אֲכָלָתְהוּ	רָעָה	חַיָּה	בְּנִי
. Yosef	*toraf*	*tarof*	*ajalathu*	*ra'ah*	*jayah*	*bení*
יוסף	טרף	טרף	אכלתהו	רעה	חיה	בני
𐤉𐤅𐤎𐤐	𐤈𐤓𐤐	𐤈𐤓𐤐	𐤀𐤊𐤋𐤕𐤄𐤅	𐤓𐤏𐤄	𐤇𐤉𐤄	𐤁𐤍𐤉
. Yosef	despedazó	despedazar ciertamente	le-devoró	mala	vida viviente	mi-hijo edificador

37:34

449	508	400	356 | 916	786	182	386
אבל	מתן	שקק	שים	שמל	עקב	קרע
וַיִּתְאַבֵּל	בְּמָתְנָיו	שַׂק	וַיָּשֶׂם	שִׂמְלֹתָיו	יַעֲקֹב	וַיִּקְרַע
vayitabel	*bemotnav*	*sak*	*vayásem*	*simlotav*	*Ya'akov*	*Vayikrá*
ויתאבל	במתניו	שק	וישם	שמלתיו	יעקב	ויקרע
𐤅𐤉𐤕𐤀𐤁𐤋	𐤁𐤌𐤕𐤍𐤉𐤅	𐤔𐤒	𐤅𐤉𐤔𐤌	𐤔𐤌𐤋𐤕𐤉𐤅	𐤉𐤏𐤒𐤁	𐤅𐤉𐤒𐤓𐤏
y-se-enlutó	en-sus-lomos [región lumbar]	saco	y-puso [ubicación]	sus-mantos	Ya'akov	Y-rasgó

37:35

68	50	162	252 | 812	100 | 660	58	100
בנה	כלל	קום	רבה	יום	בנה	עלה
בָּנָיו	כָל־	וַיָּקֻמוּ	רַבִּים׃	יָמִים	בְּנוֹ	עַל־
banav	*jol*	*Vayakumú*	*. rabim*	*yamim*	*benó*	*al*
בניו	כל	ויקמו	רבים	ימים	בנו	על
𐤁𐤍𐤉𐤅	𐤊𐤋	𐤅𐤉𐤒𐤌𐤅	𐤓𐤁𐤉𐤌	𐤉𐤌𐤉𐤌	𐤁𐤍𐤅	𐤏𐤋
sus-hijos edificador	todos	Y-se-levantaron	. aumentados crecer; multiplicar	días tiempo [la luz]	su-hijo edificador	por

30	257	533 | 1093	107 | 757	134	468	56
כי	אמר	נחם	מאן	נחם	בנה	כלל
כִּי־	וַיֹּאמֶר	לְהִתְנַחֵם	וַיְמָאֵן	לְנַחֲמוֹ	בְּנֹתָיו	וְכָל־
ki	*vayómer*	*lehitnajem*	*vayema'én*	*lenajamó*	*benotav*	*vejol*
כי	ויאמר	להתנחם	וימאן	לנחמו	בנתיו	וכל
𐤊𐤉	𐤅𐤉𐤀𐤌𐤓	𐤋𐤄𐤕𐤍𐤇𐤌	𐤅𐤉𐤌𐤀𐤍	𐤋𐤍𐤇𐤌𐤅	𐤁𐤍𐤕𐤉𐤅	𐤅𐤊𐤋
que porque	y-dijo	para-ser-consolado suspirar	y-rehusó	para-consolarle suspirar	sus-hijas	y-todas

407	38 | 518	336	33	62	31	205
את	בכה	שאל	אבל	בנה	אלה	ירד
אֹתוֹ	וַיֵּבְךְּ	שְׁאֹלָה	אָבֵל	בְּנִי	אֶל־	אֵרֵד
otó	*vayevk*	*Shólah*	*avel*	*bení*	*el*	*éred*
אתו	ויבך	שאלה	אבל	בני	אל	ארד
𐤀𐤕𐤅	𐤅𐤉𐤁𐤊	𐤔𐤀𐤋𐤄	𐤀𐤁𐤋	𐤁𐤍𐤉	𐤀𐤋	𐤀𐤓𐤃
por-él	y-lloró	al-She'ol [escritura defectiva]	enlutado	mi-hijo edificador	a hacia	descenderé

37:36

415	380 | 940	31	407	266	155 | 715	19
·	צור	אלה	את	מכר	דין	אב
לְפוֹטִיפַר	מִצְרָיִם	אֶל־	אֹתוֹ	מָכְרוּ	וְהַמְּדָנִים	אָבִיו׃
leFotifar	*Mitsráyim*	*el*	*otó*	*majrú*	*Vehamedanim*	*. aviv*
לפוטיפר	מצרים	אל	אתו	מכרו	והמדנים	אביו
𐤋𐤐𐤅𐤈𐤉𐤐𐤓	𐤌𐤑𐤓𐤉𐤌	𐤀𐤋	𐤀𐤕𐤅	𐤌𐤊𐤓𐤅	𐤅𐤄𐤌𐤃𐤍𐤉𐤌	𐤀𐤁𐤉𐤅
a-Potifar	Mitsráyim	a hacia	a-él	vendieron	Y-los-medanim	. su-padre

74 | 634	500	355	330
טבח	שרר	·	סרס
הַטַּבָּחִֽים׃	שַׂר	פַּרְעֹה	סְרִיס
. hatabajim	*sar*	*paroh*	*sris*
הטבחים	שר	פרעה	סריס
𐤄𐤈𐤁𐤇𐤉𐤌	𐤔𐤓	𐤐𐤓𐤏𐤄	𐤎𐤓𐤉𐤎
. los-degolladores [cocinero o verdugo]	mayoral-de	faraón	eunuco-de

Total de palabras hebreas: 494.
Total de consonantes hebreas: 1964.
Consonantes ausentes: -

38:1

25	441	30	220	17	472	31
אח	את	היה + ידה	ירד	הוא	עת	היה
אֶחָיו	מֵאֵת	יְהוּדָה	וַיֵּרֶד	הַהִוא	בָּעֵת	וַיְהִי
ejav	*me'et*	*Yehudah*	*vayéred*	*hahí*	*ba'et*	*Vayehí*
אחיו	מאת	יהודה	וירד	ההוא	בעת	ויהי
𐤀𐤇𐤉𐤅	𐤌𐤀𐤕	𐤉𐤄𐤅𐤃𐤄	𐤅𐤉𐤓𐤃	𐤄𐤄𐤅𐤀	𐤁𐤏𐤕	𐤅𐤉𐤄𐤉
sus-hermanos	de-··	Yehudah	y-descendió	el-aquel	en-el-tiempo	Y-fue

38:2

217	223	352	154	311	74	25
ראה	חור	שם	·	איש	עדה	נטה
וַיַּרְא־	חִירָה:	וּשְׁמוֹ	עֲדֻלָּמִי	אִישׁ	עַד־	וַיֵּט
Vayar	*. Jirah*	*ushmó*	*adulamí*	*ish*	*ad*	*vayet*
וירא	חירה	ושמו	עדלמי	איש	עד	ויט
𐤅𐤉𐤓𐤀	𐤇𐤉𐤓𐤄	𐤅𐤔𐤌𐤅	𐤏𐤃𐤋𐤌𐤉	𐤀𐤉𐤔	𐤏𐤃	𐤅𐤉𐤈
Y-vio	. Jirah	y-su-nombre [ubicación]	adulamí	varón	hasta	y-extendió

376	352	200	311	402	30	340 | 900
שוע	שם	כנע	איש	בנה	היה + ידה	שם
שׁוּעַ	וּשְׁמוֹ	כְּנַעֲנִי	אִישׁ	בַּת־	יְהוּדָה	שָׁם
Shú'a	*ushmó*	*kena'aní*	*ish*	*bat*	*Yehudah*	*sham*
שוע	ושמו	כנעני	איש	בת	יהודה	שם
𐤔𐤅𐤏	𐤅𐤔𐤌𐤅	𐤊𐤍𐤏𐤍𐤉	𐤀𐤉𐤔	𐤁𐤕	𐤉𐤄𐤅𐤃𐤄	𐤔𐤌
Shú'a	y-su-nombre [ubicación]	kena'aní	varón	hija-de	Yehudah	allí [ubicación]

38:3

317	52 | 702	440	611	46	19	129
קרא	בנה	ילד	הרה	אלה	בוא	לקח
וַיִּקְרָא	בֵּן	וַתֵּלֶד	וַתַּהַר	אֵלֶיהָ:	וַיָּבֹא	וַיִּקָּחֶהָ
vayikrá	*ben*	*vatéled*	*Vatáhar*	*. eleyha*	*vayavó*	*vayikajeha*
ויקרא	בן	ותלד	ותהר	אליה	ויבא	ויקחה
𐤅𐤉𐤒𐤓𐤀	𐤁𐤍	𐤅𐤕𐤋𐤃	𐤅𐤕𐤄𐤓	𐤀𐤋𐤉𐤄	𐤅𐤉𐤁𐤀	𐤅𐤉𐤒𐤇𐤄
y-llamó	hijo edificador	y-engendró	Y-concibió	. a-ella	y-vino entrar	y-la-tomó

38:4

52 | 702	440	80	611	270	346	401
בנה	ילד	עד	הרה	עור	שם	את
בֵּן	וַתֵּלֶד	עוֹד	וַתַּהַר	עֵר:	שְׁמוֹ	אֶת־
ben	*vatéled*	*od*	*Vatáhar*	*. Er*	*shmó*	*et*
בן	ותלד	עוד	ותהר	ער	שמו	את
𐤁𐤍	𐤅𐤕𐤋𐤃	𐤏𐤅𐤃	𐤅𐤕𐤄𐤓	𐤏𐤓	𐤔𐤌𐤅	𐤀𐤕
hijo edificador	y-engendró	aún otra-vez	Y-concibió	. Er	su-nombre [ubicación]	··

38:5

440	80	546 | 1266	107 | 757	346	401	707
ילד	עד	יסף	און	שם	את	קרא
וַתֵּלֶד	עוֹד	וַתֹּסֶף	אוֹנָן׃	שְׁמוֹ	אֶת־	וַתִּקְרָא
vatéled	*od*	*Vatosef*	*. Onán*	*shmó*	*et*	*vatikrá*
ותלד	עוד	ותסף	אונן	שמו	את	ותקרא
𐤅𐤕𐤋𐤃	𐤏𐤅𐤃	𐤅𐤕𐤎𐤐	𐤀𐤅𐤍𐤍	𐤔𐤌𐤅	𐤀𐤕	𐤅𐤕𐤒𐤓𐤀
y-engendró	aún otra-vez	Y-continuó añadir	. Onán	su-nombre [ubicación]	..	y-llamó

41	26	335	346	401	707	52 | 702
כזב	היה	שאל	שם	את	קרא	בנה
בִּכְזִיב	וְהָיָה	שֵׁלָה	שְׁמוֹ	אֶת־	וַתִּקְרָא	בֵּן
viJziv	*vehayah*	*Shelah*	*shmó*	*et*	*vatikrá*	*ben*
בכזיב	והיה	שלה	שמו	את	ותקרא	בן
𐤁𐤊𐤆𐤉𐤁	𐤅𐤄𐤉𐤄	𐤔𐤋𐤄	𐤔𐤌𐤅	𐤀𐤕	𐤅𐤕𐤒𐤓𐤀	𐤁𐤍
en-Jziv	y-fue	Shelah	su-nombre [ubicación]	..	y-llamó	hijo edificador

38:6

234	300	306	30	124	407	441
בכר	עור	איש	היה + ידה	לקח	את	ילד
בְּכוֹרוֹ	לְעֵר	אִשָּׁה	יְהוּדָה	וַיִּקַּח	אֹתוֹ׃	בְּלִדְתָּהּ
bejoró	*le'Er*	*ishah*	*Yehudah*	*Vayikaj*	*. otó*	*belidtah*
בכורו	לער	אשה	יהודה	ויקח	אתו	בלדתה
𐤁𐤊𐤅𐤓𐤅	𐤋𐤏𐤓	𐤀𐤔𐤄	𐤉𐤄𐤅𐤃𐤄	𐤅𐤉𐤒𐤇	𐤀𐤕𐤅	𐤁𐤋𐤃𐤕𐤄
su-primogénito primicia	para-Er	varona	Yehudah	Y-tomó	. a-él	en-su-engendrar

38:7

270	30	228	270	31	640	351
רעע	היה + ידה	בכר	עור	היה	תמר	שם
רַע	יְהוּדָה	בְּכוֹר	עֵר	וַיְהִי	תָּמָר׃	וּשְׁמָהּ
ra	*Yehudah*	*bejor*	*Er*	*Vayehí*	*. Tamar*	*ushmah*
רע	יהודה	בכור	ער	ויהי	תמר	ושמה
𐤓𐤏	𐤉𐤄𐤅𐤃𐤄	𐤁𐤊𐤅𐤓	𐤏𐤓	𐤅𐤉𐤄𐤉	𐤕𐤌𐤓	𐤅𐤔𐤌𐤄
malo mal	Yehudah	primogénito-de primicia	Er	Y-fue	. Tamar	y-su-nombre [ubicación]

38:8

137 | 787	30	257	26	467	26	142
און	היה + ידה	אמר	היה	מות	היה	עין
לְאוֹנָן	יְהוּדָה	וַיֹּאמֶר	יְהוָה׃	וַיְמִתֵהוּ	יְהוָה	בְּעֵינֵי
le'Onán	*Yehudah*	*Vayómer*	*. YHVH*	*vayemitehu*	*YHVH*	*be'eyney*
לאונן	יהודה	ויאמר	יהוה	וימתהו	יהוה	בעיני
𐤋𐤀𐤅𐤍𐤍	𐤉𐤄𐤅𐤃𐤄	𐤅𐤉𐤀𐤌𐤓	𐤉𐤄𐤅𐤄	𐤅𐤉𐤌𐤕𐤄𐤅	𐤉𐤄𐤅𐤄	𐤁𐤏𐤉𐤍𐤉
a-Onán	Yehudah	Y-dijo	. YHVH	y-le-hizo-morir	YHVH	en-ojos-de

151 | 711	406	58 | 618	39 | 519	701	31	8
קום	את	יבם	אח	איש	אלה	בוא
וְהָקֵם	אֹתָהּ	וְיַבֵּם	אָחִיךָ	אֵשֶׁת	אֶל־	בֹּא
vehakem	*otah*	*veyabem*	*ajija*	*éshet*	*el*	*bo*
והקם	אתה	ויבם	אחיך	אשת	אל	בא
𐤅𐤄𐤒𐤌	𐤀𐤕𐤄	𐤅𐤉𐤁𐤌	𐤀𐤇𐤉𐤊	𐤀𐤔𐤕	𐤀𐤋	𐤁𐤀
y-levanta	con-ella	y-cumple [ley del levirato]	tu-hermano	varona-de	a hacia	ven entrar

38:9

36	31	30	107 | 757	90	69 | 549	277
הוא	לא	כי	און	ידע	אח	זרע
לֹו	לֹּא	כִּי	אוֹנָן	וַיֵּדַע	לְאָחִיךָ׃	זֶרַע
lo	*lo*	*ki*	*Onán*	*Vayedá*	*. le'ajija*	*zera*
לו	לא	כי	אונן	וידע	לאחיך	זרע
𐤋𐤅	𐤋𐤀	𐤊𐤉	𐤀𐤅𐤍𐤍	𐤅𐤉𐤃𐤏	𐤋𐤀𐤇𐤉𐤊	𐤆𐤓𐤏
para-él	no	que porque	Onán	Y-conoció	. a-tu-hermano	simiente semilla

701	31	3	41 | 601	26	2	32
איש	אלה	בוא	אם	היה	זרע	היה
אֵשֶׁת	אֶל־	בָּא	אִם־	וְהָיָה	הַזָּרַע	יִהְיֶה
éshet	*el*	*ba*	*im*	*vehayah*	*hazara*	*yihyeh*
אשת	אל	בא	אם	והיה	הזרע	יהיה
𐤀𐤔𐤕	𐤀𐤋	𐤁𐤀	𐤀𐤌	𐤅𐤄𐤉𐤄	𐤄𐤆𐤓𐤏	𐤉𐤄𐤉𐤄
varona-de	a hacia	venía entrar	si	y-era	la-simiente semilla	sería

55	277	500 | 1150	472	296	714	25
אח	זרע	נתן	בלת	ארץ	שחת	אח
לְאָחִיו׃	זֶרַע	נְתָן־	לְבִלְתִּי	אַרְצָה	וְשִׁחֵת	אָחִיו
. le'ajiv	*zera*	*netán*	*leviltí*	*artsah*	*veshijet*	*ajiv*
לאחיו	זרע	נתן	לבלתי	ארצה	ושחת	אחיו
𐤋𐤀𐤇𐤉𐤅	𐤆𐤓𐤏	𐤍𐤕𐤍	𐤋𐤁𐤋𐤕𐤉	𐤀𐤓𐤑𐤄	𐤅𐤔𐤇𐤕	𐤀𐤇𐤉𐤅
. a-su-hermano	simiente semilla	dar	para-no	a-tierra [la seca]	y-arruinaba	su-hermano

38:10

43 | 603	456	375	501	26	142	286
גם	מות	עשה	אשר	היה	עין	רעע
גַּם־	וַיָּמֶת	עָשָׂה	אֲשֶׁר	יְהוָה	בְּעֵינֵי	וַיֵּרַע
gam	*vayámet*	*asah*	*asher*	*YHVH*	*be'eyney*	*Vayerá*
גם	וימת	עשה	אשר	יהוה	בעיני	וירע
𐤂𐤌	𐤅𐤉𐤌𐤕	𐤏𐤔𐤄	𐤀𐤔𐤓	𐤉𐤄𐤅𐤄	𐤁𐤏𐤉𐤍𐤉	𐤅𐤉𐤓𐤏
también	e-hizo-morir	hizo	que	YHVH	en-ojos-de	Y-fue-mal

38:11

126	312	456	670	30	257	407
אלם	ישב	כלל	תמר	היה + ידה	אמר	את
אַלְמָנָה	שְׁבִי	כַּלָּתוֹ	לְתָמָר	יְהוּדָה	וַיֹּאמֶר	אֹתוֹ:
almanah	*shví*	*kalató*	*leTamar*	*Yehudah*	*Vayómer*	*. otó*
אלמנה	שבי	כלתו	לתמר	יהודה	ויאמר	אתו
𐤀𐤋𐤌𐤍𐤄	𐤔𐤁𐤉	𐤊𐤋𐤕𐤅	𐤋𐤕𐤌𐤓	𐤉𐤄𐤅𐤃𐤄	𐤅𐤉𐤀𐤌𐤓	𐤀𐤕𐤅
viuda	asienta	su-nuera	a-Tamar	Yehudah	Y-dijo	. a-él

30	62	335	47	74	33 | 513	412
כי	בנה	שאל	גדל	עדה	אב	בנה
כִּי	בְנִי	שֵׁלָה	יִגְדַּל	עַד־	אָבִיךְ	בֵית־
ki	*vení*	*Shelah*	*yigdal*	*ad*	*avij*	*beyt*
כי	בני	שלה	יגדל	עד	אביך	בית
𐤊𐤉	𐤁𐤍𐤉	𐤔𐤋𐤄	𐤉𐤂𐤃𐤋	𐤏𐤃	𐤀𐤁𐤉𐤊	𐤁𐤉𐤕
que porque	mi-hijo edificador	Shelah	crezca	hasta	tu-padre	casa-de

456 | 936	45	12	43 | 603	456	130 | 780	241
הלך	אח	הוא	גם	מות	פן	אמר
וַתֵּלֶךְ	כְּאֶחָיו	הוּא	גַּם־	יָמוּת	פֶּן־	אָמַר
vatélej	*ke'ejav*	*hu*	*gam*	*yamut*	*pen*	*amar*
ותלך	כאחיו	הוא	גם	ימות	פן	אמר
𐤅𐤕𐤋𐤊	𐤊𐤀𐤇𐤉𐤅	𐤄𐤅𐤀	𐤂𐤌	𐤉𐤌𐤅𐤕	𐤐𐤍	𐤀𐤌𐤓
y-anduvo	como-sus-hermanos	él	también	morirá	no-sea-que quizá	dijo

38:12

846	105 | 665	224	18	412	708	640
מות	יום	רבה	אב	בנה	ישב	תמר
וַתָּמָת	הַיָּמִים	וַיִּרְבּוּ	אָבִיהָ:	בֵּית	וַתֵּשֶׁב	תָּמָר
vatámot	*hayamim*	*Vayirbú*	*. aviha*	*beyt*	*vatéshev*	*Tamar*
ותמת	הימים	וירבו	אביה	בית	ותשב	תמר
𐤅𐤕𐤌𐤕	𐤄𐤉𐤌𐤉𐤌	𐤅𐤉𐤓𐤁𐤅	𐤀𐤁𐤉𐤄	𐤁𐤉𐤕	𐤅𐤕𐤔𐤁	𐤕𐤌𐤓
y-murió	los-días tiempo [la luz]	Y-aumentaron crecer; multiplicar	. su-padre	casa-de	y-se-asentó	Tamar

116	30	114 | 674	30	701	376	402
עלה	היה + ידה	נחם	היה + ידה	איש	שוע	בנה
וַיַּעַל	יְהוּדָה	וַיִּנָּחֶם	יְהוּדָה	אֵשֶׁת־	שׁוּעַ	בַּת־
vaya'al	*Yehudah*	*vayinajem*	*Yehudah*	*éshet*	*Shú'a*	*bat*
ויעל	יהודה	וינחם	יהודה	אשת	שוע	בת
𐤅𐤉𐤏𐤋	𐤉𐤄𐤅𐤃𐤄	𐤅𐤉𐤍𐤇𐤌	𐤉𐤄𐤅𐤃𐤄	𐤀𐤔𐤕	𐤔𐤅𐤏	𐤁𐤕
y-ascendió	Yehudah	y-lo-lamentó suspirar	Yehudah	varona-de	Shú'a	hija-de

159	281	229	12	147	27	100
·	רעה	חור	הוא	צאן	גזז	עלה
הָעֲדֻלָּמִי	רֵעֵהוּ	וְחִירָה	הוּא	צֹאנוֹ	גֹּזְזֵי	עַל־
ha'adulamí	*re'ehu*	*veJirah*	*hu*	*tsonó*	*gozazey*	*al*
העדלמי	רעהו	וחירה	הוא	צאנו	גזזי	על
𐤄𐤏𐤃𐤋𐤌𐤉	𐤓𐤏𐤄𐤅	𐤅𐤇𐤉𐤓𐤄	𐤄𐤅𐤀	𐤑𐤀𐤍𐤅	𐤂𐤆𐤆𐤉	𐤏𐤋
el-adulamí	su-compañero pastor	y-Jirah	él	su-rebaño [ganado menor]	esquiladores-de	sobre

38:13

105	78 | 558	60	271	670	23	895
עלה	חמה	הן	אמר	תמר	נגד	מנה
עֹלָה	חָמִיךְ	הִנֵּה	לֵאמֹר	לְתָמָר	וַיֻּגַּד	תִּמְנָתָה׃
oleh	*jamij*	*hineh*	*lemor*	*leTamar*	*Vayugad*	*. Timnátah*
עלה	חמיך	הנה	לאמר	לתמר	ויגד	תמנתה
𐤏𐤋𐤄	𐤇𐤌𐤉𐤊	𐤄𐤍𐤄	𐤋𐤀𐤌𐤓	𐤋𐤕𐤌𐤓	𐤅𐤉𐤂𐤃	𐤕𐤌𐤍𐤕𐤄
está-ascendiendo	tu-suegro	¡Mira! he-aquí	al-decir	a-Tamar	Y-fue-manifestado contar; declarar	. a-Timnat

38:14

155	532	19	666	147	40	895
עלה	אלם	בגד	סור	צאן	גזז	מנה
מֵעָלֶיהָ	אַלְמְנוּתָהּ	בִּגְדֵי	וַתָּסַר	צֹאנוֹ׃	לָגֹז	תִּמְנָתָה
me'aleyha	*almenutah*	*bigdey*	*Vatasar*	*. tsonó*	*lagoz*	*Timnátah*
מעליה	אלמנותה	בגדי	ותסר	צאנו	לגז	תמנתה
𐤌𐤏𐤋𐤉𐤄	𐤀𐤋𐤌𐤍𐤅𐤕𐤄	𐤁𐤂𐤃𐤉	𐤅𐤕𐤎𐤓	𐤑𐤀𐤍𐤅	𐤋𐤂𐤆	𐤕𐤌𐤍𐤕𐤄
de-sobre-ella	su-viudez	ropas-de	Y-apartó	. su-rebaño [ganado menor]	para-esquilar	a-Timnat

501	180 | 740	490	708	986 | 1706	252 | 972	486
אשר	עין	פתח	ישב	עלף	צעף	כסה
אֲשֶׁר	עֵינַיִם	בְּפֶתַח	וַתֵּשֶׁב	וַתִּתְעַלָּף	בַּצָּעִיף	וַתְּכַס
asher	*Eynáyim*	*befétaj*	*vatéshev*	*vatitalaf*	*batsa'if*	*vatejas*
אשר	עינים	בפתח	ותשב	ותתעלף	בצעיף	ותכס
𐤀𐤔𐤓	𐤏𐤉𐤍𐤉𐤌	𐤁𐤐𐤕𐤇	𐤅𐤕𐤔𐤁	𐤅𐤕𐤕𐤏𐤋𐤐	𐤁𐤑𐤏𐤉𐤐	𐤅𐤕𐤊𐤎
que	Eynáyim	en-entrada-de	y-se-asentó	y-se-envolvió	con-el-velo	y-se-cubrió

37	30	606	30	895	224 | 704	100
גדל	כי	ראה	כי	מנה	דרך	עלה
גָדַל	כִּי־	רָאֲתָה	כִּי	תִּמְנָתָה	דֶּרֶךְ	עַל־
gadal	*ki*	*ra'atah*	*ki*	*Timnátah*	*dérej*	*al*
גדל	כי	ראתה	כי	תמנתה	דרך	על
𐤂𐤃𐤋	𐤊𐤉	𐤓𐤀𐤕𐤄	𐤊𐤉	𐤕𐤌𐤍𐤕𐤄	𐤃𐤓𐤊	𐤏𐤋
creció	que porque	vio	que porque	a-Timnat	camino	sobre

38:15

222	336	36	505	31	18	335
ראה	איש	הוא	נתן	לא	הוא	שאל
וַיִּרְאֶהָ	לְאִשָּׁה׃	לֽוֹ	נִתְּנָה	לֹא־	וְהִוא	שֵׁלָה
Vayireha	*. le'ishah*	*lo*	*nitenah*	*lo*	*vehí*	*Shelah*
ויראה	לאשה	לו	נתנה	לא	והוא	שלה
𐤅𐤉𐤓𐤀𐤄	𐤋𐤀𐤔𐤄	𐤋𐤅	𐤍𐤕𐤍𐤄	𐤋𐤀	𐤅𐤄𐤅𐤀	𐤔𐤋𐤄
Y-la-vio	. para-varona	a-él	era-dada	no	y-ella	Shelah

38:16

25	145	485	30	98	331	30
נטה	פנה	כסה	כי	זנה	חשב	היה + ידה
וַיֵּט	פָּנֶיהָ׃	כִסְּתָה	כִּי	לְזוֹנָה	וַיַּחְשְׁבֶהָ	יְהוּדָה
Vayet	*. paneyha*	*jisetah*	*ki*	*lezonah*	*vayajsheveha*	*Yehudah*
ויט	פניה	כסתה	כי	לזונה	ויחשבה	יהודה
𐤅𐤉𐤈	𐤐𐤍𐤉𐤄	𐤊𐤎𐤕𐤄	𐤊𐤉	𐤋𐤆𐤅𐤍𐤄	𐤅𐤉𐤇𐤔𐤁𐤄	𐤉𐤄𐤅𐤃𐤄
Y-extendió	. sus-faces presencia; superficie	cubría	que porque	para-prostituta	y-la-consideró	Yehudah

10	51	12	257	229 | 709	31	46
בוא	נא	יהב	אמר	דרך	אלה	אלה
אָבוֹא	נָּא	הָבָה־	וַיֹּאמֶר	הַדֶּרֶךְ	אֶל־	אֵלֶיהָ
avó	*na*	*havah*	*vayómer*	*hadérej*	*el*	*eleyha*
אבוא	נא	הבה	ויאמר	הדרך	אל	אליה
𐤀𐤁𐤅𐤀	𐤍𐤀	𐤄𐤁𐤄	𐤅𐤉𐤀𐤌𐤓	𐤄𐤃𐤓𐤊	𐤀𐤋	𐤀𐤋𐤉𐤄
vendré entrar	por-favor ahora	da paga; venga-acá	y-dijo	el-camino	a hacia	a-ella

12	456	30	84	31	30	61 | 541
הוא	כלל	כי	ידע	לא	כי	אלה
הִוא	כַלָּתוֹ	כִּי	יָדַע	לֹא	כִּי	אֵלַיִךְ
hi	*jalató*	*ki*	*yadá*	*lo*	*ki*	*eláyij*
הוא	כלתו	כי	ידע	לא	כי	אליך
𐤄𐤅𐤀	𐤊𐤋𐤕𐤅	𐤊𐤉	𐤉𐤃𐤏	𐤋𐤀	𐤊𐤉	𐤀𐤋𐤉𐤊
ella	su-nuera	que porque	conoció	no	que porque	a-ti

41	409	30	40	850 | 1500	45	647
אלה	בוא	כי	·	נתן	מה	אמר
אֵלָי׃	תָבוֹא	כִּי	לִּי	תִּתֶּן־	מַה־	וַתֹּאמֶר
. elay	*tavó*	*ki*	*li*	*titén*	*mah*	*vatómer*
אלי	תבוא	כי	לי	תתן	מה	ותאמר
𐤀𐤋𐤉	𐤕𐤁𐤅𐤀	𐤊𐤉	𐤋𐤉	𐤕𐤕𐤍	𐤌𐤄	𐤅𐤕𐤀𐤌𐤓
. a-mí	vendrás entrar	que porque	a-mí	darás	¿Qué	y-dijo

38:17

146 | 796	90 | 740	127 | 687	17	339	81	257
צאן	מן	עזז	גדה	שלח	אנך	אמר
הַצֹּאן	מִן־	עִזִּים	גְּדִי־	אֲשַׁלַּח	אָנֹכִי	וַיֹּאמֶר
hatsón	*min*	*izim*	*gedí*	*ashalaj*	*anojí*	*Vayómer*
הצאן	מן	עזים	גדי	אשלח	אנכי	ויאמר
𐤄𐤑𐤀𐤍	𐤌𐤍	𐤏𐤆𐤉𐤌	𐤂𐤃𐤉	𐤀𐤔𐤋𐤇	𐤀𐤍𐤊𐤉	𐤅𐤉𐤀𐤌𐤓
el-rebaño [ganado menor]	de desde	cabras	cabrito-de	enviaré [con fuerza o urgencia]	yo	Y-dijo

38:18

257	358 | 838	74	328 | 978	850 | 1500	41 | 601	647
אמר	שלח	עד	ערב	נתן	אם	אמר
וַיֹּאמֶר	שָׁלְחֶךָ׃	עַד	עֵרָבוֹן	תִּתֵּן	אִם־	וַתֹּאמֶר
Vayómer	*. sholjeja*	*ad*	*eravón*	*titén*	*im*	*vatómer*
ויאמר	שלחך	עד	ערבון	תתן	אם	ותאמר
𐤅𐤉𐤀𐤌𐤓	𐤔𐤋𐤇𐤊	𐤏𐤃	𐤏𐤓𐤁𐤅𐤍	𐤕𐤕𐤍	𐤀𐤌	𐤅𐤕𐤀𐤌𐤓
Y-dijo	. tu-enviar	hasta	prenda fianza	darás	si	y-dijo

468 | 948	647	50 | 530	451 | 1101	501	333 | 983	45
חתם	אמר	·	נתן	אשר	ערב	מה
חֹתָמְךָ	וַתֹּאמֶר	לָּךְ	אֶתֶּן־	אֲשֶׁר	הָעֵרָבוֹן	מָה
jotamja	*vatómer*	*laj*	*etén*	*asher*	*ha'eravón*	*mah*
חתמך	ותאמר	לך	אתן	אשר	הערבון	מה
𐤇𐤕𐤌𐤊	𐤅𐤕𐤀𐤌𐤓	𐤋𐤊	𐤀𐤕𐤍	𐤀𐤔𐤓	𐤄𐤏𐤓𐤁𐤅𐤍	𐤌𐤄
tu-sello [anillo de sellar]	y-dijo	para-ti	daré	que	la-prenda fianza	¿Qué

19	35	466 | 1116	36 | 516	501	75 | 555	546 | 1026
בוא	הוא	נתן	יד	אשר	נטה	פתיל
וַיָּבֹא	לָהּ	וַיִּתֶּן־	בְּיָדֶךָ	אֲשֶׁר	וּמַטְּךָ	וּפְתִילְךָ
vayavó	*lah*	*vayitén*	*beyadeja*	*asher*	*umateja*	*uftileja*
ויבא	לה	ויתן	בידך	אשר	ומטך	ופתילך
𐤅𐤉𐤁𐤀	𐤋𐤄	𐤅𐤉𐤕𐤍	𐤁𐤉𐤃𐤊	𐤀𐤔𐤓	𐤅𐤌𐤈𐤊	𐤅𐤐𐤕𐤉𐤋𐤊
y-vino entrar	a-ella	y-dio	en-tu-mano	que	y-tu-vara tribu	y-tu-cordón

38:19

255	666	456 | 936	546 | 1106	36	611	46
צעף	סור	הלך	קום	הוא	הרה	אלה
צְעִיפָהּ	וַתָּסַר	וַתֵּלֶךְ	וַתָּקָם	לוֹ׃	וַתַּהַר	אֵלֶיהָ
tsifah	*vatasar*	*vatélej*	*Vatákom*	*. lo*	*vatáhar*	*eleyha*
צעיפה	ותסר	ותלך	ותקם	לו	ותהר	אליה
𐤑𐤏𐤉𐤐𐤄	𐤅𐤕𐤎𐤓	𐤅𐤕𐤋𐤊	𐤅𐤕𐤒𐤌	𐤋𐤅	𐤅𐤕𐤄𐤓	𐤀𐤋𐤉𐤄
su-velo	y-apartó	y-anduvo	Y-se-levantó	. para-él	y-concibió	a-ella

38:20

401	30	354	532	19	738	155
את	היה + ידה	שלח	אלם	בגד	לבש	עלה
אֶת־	יְהוּדָ֜ה	וַיִּשְׁלַ֨ח	אַלְמְנוּתָֽהּ׃	בִּגְדֵ֥י	וַתִּלְבַּ֖שׁ	מֵעָלֶ֑יהָ
et	*Yehudah*	*Vayishlaj*	*. almenutah*	*bigdey*	*vatilbash*	*me'aleyha*
את	יהודה	וישלח	אלמנותה	בגדי	ותלבש	מעליה
𐤀𐤕	𐤉𐤄𐤅𐤃𐤄	𐤅𐤉𐤔𐤋𐤇	𐤀𐤋𐤌𐤍𐤅𐤕𐤄	𐤁𐤂𐤃𐤉	𐤅𐤕𐤋𐤁𐤔	𐤌𐤏𐤋𐤉𐤄
..	Yehudah	Y-envió	. su-viudez	ropas-de	y-se-vistió	de-sobre-ella

333 | 983	538	159	281	16	132 | 692	17
ערב	לקח	·	רעה	יד	עזז	גדה
הָעֵרָבוֹן	לָקַ֣חַת	הָעֲדֻלָּמִ֔י	רֵעֵ֣הוּ	בְּיַד֙	הָעִזִּ֜ים	גְּדִ֣י
ha'eravón	*lakájat*	*ha'adulamí*	*re'ehu*	*beyad*	*ha'izim*	*gedí*
הערבון	לקחת	העדלמי	רעהו	ביד	העזים	גדי
𐤄𐤏𐤓𐤁𐤅𐤍	𐤋𐤒𐤇𐤕	𐤄𐤏𐤃𐤋𐤌𐤉	𐤓𐤏𐤄𐤅	𐤁𐤉𐤃	𐤄𐤏𐤆𐤉𐤌	𐤂𐤃𐤉
la-prenda fianza	para-tomar	el-adulamí	su-compañero pastor	en-mano-de	las-cabras	cabrito-de

38:21

361	401	347	136	37	311	54
אנש	את	שאל	מצא	לא	איש	יד
אַנְשֵׁ֤י	אֶת־	וַיִּשְׁאַ֞ל	מְצָאָֽהּ׃	וְלֹ֖א	הָאִשָּׁ֑ה	מִיַּ֣ד
anshey	*et*	*Vayishal*	*. metsa'ah*	*veló*	*ha'ishah*	*miyad*
אנשי	את	וישאל	מצאה	ולא	האשה	מיד
𐤀𐤍𐤔𐤉	𐤀𐤕	𐤅𐤉𐤔𐤀𐤋	𐤌𐤑𐤀𐤄	𐤅𐤋𐤀	𐤄𐤀𐤔𐤄	𐤌𐤉𐤃
hombres-de mortal	..	Y-preguntó	. la-encontró	y-no	la-varona	de-mano-de

100	182 | 742	12	414	16	271	185
עלה	עין	הוא	קדש	אי	אמר	קום
עַל־	בָעֵינַ֖יִם	הִ֥וא	הַקְּדֵשָׁ֛ה	אַיֵּ֧ה	לֵאמֹ֗ר	מְקֹמָהּ֙
al	*va'Eynáyim*	*hi*	*hakedeshah*	*ayeh*	*lemor*	*mekomah*
על	בעינים	הוא	הקדשה	איה	לאמר	מקמה
𐤏𐤋	𐤁𐤏𐤉𐤍𐤉𐤌	𐤄𐤅𐤀	𐤄𐤒𐤃𐤔𐤄	𐤀𐤉𐤄	𐤋𐤀𐤌𐤓	𐤌𐤒𐤌𐤄
sobre	en-Eynáyim	ella	la-devota [prostituta sagrada]	¿Dónde	al-decir	su-lugar

38:22

318	409	14	420	31	263	229 | 709
שוב	קדש	זה	היה	לא	אמר	דרך
וַיָּ֙שָׁב֙	קְדֵשָֽׁה׃	בָזֶ֖ה	הָיְתָ֥ה	לֹא־	וַיֹּ֣אמְר֔וּ	הַדָּ֑רֶךְ
Vayáshov	*. kedeshah*	*vazeh*	*haytah*	*lo*	*vayomrú*	*haderej*
וישב	קדשה	בזה	היתה	לא	ויאמרו	הדרך
𐤅𐤉𐤔𐤁	𐤒𐤃𐤔𐤄	𐤁𐤆𐤄	𐤄𐤉𐤕𐤄	𐤋𐤀	𐤅𐤉𐤀𐤌𐤓𐤅	𐤄𐤃𐤓𐤊
Y-volvió	. devota [prostituta sagrada]	aquí	hubo	no	y-dijeron	el-camino

<table>
<tr><td>361</td><td>49 | 609</td><td>546</td><td>31</td><td>257</td><td>30</td><td>31</td></tr>
<tr><td>אנש</td><td>גם</td><td>מצא</td><td>לא</td><td>אמר</td><td>היה + ידה</td><td>אלה</td></tr>
<tr><td>אַנְשֵׁי</td><td>וְגַם</td><td>מְצָאתִיהָ</td><td>לֹא</td><td>וַיֹּאמֶר</td><td>יְהוּדָה</td><td>אֶל־</td></tr>
<tr><td>anshey</td><td>vegam</td><td>metsatiha</td><td>lo</td><td>vayómer</td><td>Yehudah</td><td>el</td></tr>
<tr><td>אנשי</td><td>וגם</td><td>מצאתיה</td><td>לא</td><td>ויאמר</td><td>יהודה</td><td>אל</td></tr>
<tr><td>𐤀𐤍𐤔𐤉</td><td>𐤅𐤂𐤌</td><td>𐤌𐤑𐤀𐤕𐤉𐤄</td><td>𐤋𐤀</td><td>𐤅𐤉𐤀𐤌𐤓</td><td>𐤉𐤄𐤅𐤃𐤄</td><td>𐤀𐤋</td></tr>
<tr><td>hombres-de
mortal</td><td>y-también</td><td>la-encontré</td><td>no</td><td>y-dijo</td><td>Yehudah</td><td>a
hacia</td></tr>
</table>

38:23

<table>
<tr><td>257</td><td>409</td><td>14</td><td>420</td><td>31</td><td>247</td><td>191 | 751</td></tr>
<tr><td>אמר</td><td>קדש</td><td>זה</td><td>היה</td><td>לא</td><td>אמר</td><td>קום</td></tr>
<tr><td>וַיֹּאמֶר</td><td>קְדֵשָׁה׃</td><td>בָזֶה</td><td>הָיְתָה</td><td>לֹא־</td><td>אָמְרוּ</td><td>הַמָּקוֹם</td></tr>
<tr><td>Vayómer</td><td>. kedeshah</td><td>vazeh</td><td>haytah</td><td>lo</td><td>amrú</td><td>hamakom</td></tr>
<tr><td>ויאמר</td><td>קדשה</td><td>בזה</td><td>היתה</td><td>לא</td><td>אמרו</td><td>המקום</td></tr>
<tr><td>𐤅𐤉𐤀𐤌𐤓</td><td>𐤒𐤃𐤔𐤄</td><td>𐤁𐤆𐤄</td><td>𐤄𐤉𐤕𐤄</td><td>𐤋𐤀</td><td>𐤀𐤌𐤓𐤅</td><td>𐤄𐤌𐤒𐤅𐤌</td></tr>
<tr><td>Y-dijo</td><td>. devota
[prostituta sagrada]</td><td>aquí</td><td>hubo</td><td>no</td><td>dijeron</td><td>el-lugar</td></tr>
</table>

<table>
<tr><td>60</td><td>45</td><td>70</td><td>130 | 780</td><td>35</td><td>514</td><td>30</td></tr>
<tr><td>הן</td><td>בוז</td><td>היה</td><td>פן</td><td>הוא</td><td>לקח</td><td>היה + ידה</td></tr>
<tr><td>הִנֵּה</td><td>לָבוּז</td><td>נִהְיֶה</td><td>פֶּן</td><td>לָהּ</td><td>תִּקַּח־</td><td>יְהוּדָה</td></tr>
<tr><td>hineh</td><td>lavuz</td><td>nihyeh</td><td>pen</td><td>lah</td><td>tikaj</td><td>Yehudah</td></tr>
<tr><td>הנה</td><td>לבוז</td><td>נהיה</td><td>פן</td><td>לה</td><td>תקח</td><td>יהודה</td></tr>
<tr><td>𐤄𐤍𐤄</td><td>𐤋𐤁𐤅𐤆</td><td>𐤍𐤄𐤉𐤄</td><td>𐤐𐤍</td><td>𐤋𐤄</td><td>𐤕𐤒𐤇</td><td>𐤉𐤄𐤅𐤃𐤄</td></tr>
<tr><td>¡Mira!
he-aquí</td><td>para-desprecio</td><td>seamos</td><td>no-sea-que
quizá</td><td>para-ella</td><td>tomará</td><td>Yehudah</td></tr>
</table>

38:24

<table>
<tr><td>31</td><td>536</td><td>31</td><td>412</td><td>17</td><td>22</td><td>748</td></tr>
<tr><td>היה</td><td>מצא</td><td>לא</td><td>את</td><td>זה</td><td>גדה</td><td>שלח</td></tr>
<tr><td>וַיְהִי</td><td>מְצָאתָהּ׃</td><td>לֹא</td><td>וְאַתָּה</td><td>הַזֶּה</td><td>הַגְּדִי</td><td>שָׁלַחְתִּי</td></tr>
<tr><td>Vayehí</td><td>. metsatah</td><td>lo</td><td>ve'atah</td><td>hazeh</td><td>hagedí</td><td>shalajti</td></tr>
<tr><td>ויהי</td><td>מצאתה</td><td>לא</td><td>ואתה</td><td>הזה</td><td>הגדי</td><td>שלחתי</td></tr>
<tr><td>𐤅𐤉𐤄𐤉</td><td>𐤌𐤑𐤀𐤕𐤄</td><td>𐤋𐤀</td><td>𐤅𐤀𐤕𐤄</td><td>𐤄𐤆𐤄</td><td>𐤄𐤂𐤃𐤉</td><td>𐤔𐤋𐤇𐤕𐤉</td></tr>
<tr><td>Y-fue</td><td>. la-encontraste</td><td>no</td><td>y-tú</td><td>el-éste</td><td>el-cabrito</td><td>envié</td></tr>
</table>

<table>
<tr><td>640</td><td>462</td><td>271</td><td>60</td><td>23</td><td>362 | 922</td><td>690</td></tr>
<tr><td>תמר</td><td>זנה</td><td>אמר</td><td>היה + ידה</td><td>נגד</td><td>חדש</td><td>שלש</td></tr>
<tr><td>תָּמָר</td><td>זָנְתָה</td><td>לֵאמֹר</td><td>לִיהוּדָה</td><td>וַיֻּגַּד</td><td>חֳדָשִׁים</td><td>כְּמִשְׁלֹשׁ</td></tr>
<tr><td>Tamar</td><td>zantah</td><td>lemor</td><td>liYehudah</td><td>vayugad</td><td>jodashim</td><td>kemishlosh</td></tr>
<tr><td>תמר</td><td>זנתה</td><td>לאמר</td><td>ליהודה</td><td>ויגד</td><td>חדשים</td><td>כמשלש</td></tr>
<tr><td>𐤕𐤌𐤓</td><td>𐤆𐤍𐤕𐤄</td><td>𐤋𐤀𐤌𐤓</td><td>𐤋𐤉𐤄𐤅𐤃𐤄</td><td>𐤅𐤉𐤂𐤃</td><td>𐤇𐤃𐤔𐤉𐤌</td><td>𐤊𐤌𐤔𐤋𐤔</td></tr>
<tr><td>Tamar</td><td>se-prostituyó</td><td>al-decir</td><td>a-Yehudah</td><td>y-fue-manifestado
contar; declarar</td><td>meses
luna-nueva</td><td>como-de-tres</td></tr>
</table>

30	257	193 | 753	210	60	49 | 609	470 | 950
היה + ידה	אמר	זנה	הרה	הן	גם	כלל
יְהוּדָה	וַיֹּאמֶר	לִזְנוּנִים	הָרָה	הִנֵּה	וְגַם	כַּלָּתֶךָ
Yehudah	*vayómer*	*liznunim*	*harah*	*hineh*	*vegam*	*kalateja*
יהודה	ויאמר	לזנונים	הרה	הנה	וגם	כלתך
𐤉𐤄𐤅𐤃𐤄	𐤅𐤉𐤀𐤌𐤓	𐤋𐤆𐤍𐤅𐤍𐤉𐤌	𐤄𐤓𐤄	𐤄𐤍𐤄	𐤅𐤂𐤌	𐤊𐤋𐤕𐤊
Yehudah	y-dijo	por-prostituciones	ha-concebido	¡Mira! he-aquí	y-también	tu-nuera

38:25

31	343	22	537	12	986 | 1706	123
אלה	שלח	הוא	יצא	הוא	שרף	יצא
אֶל־	שָׁלְחָה	וְהִיא	מוּצֵאת	הִוא	וְתִשָּׂרֵף׃	הוֹצִיאוּהָ
el	*shaljah*	*vehí*	*mutset*	*Hi*	*. vetisaref*	*hotsi'uha*
אל	שלחה	והיא	מוצאת	הוא	ותשרף	הוציאוה
𐤀𐤋	𐤔𐤋𐤇𐤄	𐤅𐤄𐤉𐤀	𐤌𐤅𐤑𐤀𐤕	𐤄𐤅𐤀	𐤅𐤕𐤔𐤓𐤐	𐤄𐤅𐤑𐤉𐤀𐤅𐤄
a hacia	envió	y-ella	fue-sacada	Ella	. y-sea-quemada	sacadla

81	36	36	501	341	271	63
אנך	הוא	אלה	אשר	איש	אמר	חמה
אָנֹכִי	לּוֹ	אֵלֶּה	אֲשֶׁר־	לְאִישׁ	לֵאמֹר	חָמִיהָ
anojí	*lo*	*éleh*	*asher*	*le'ish*	*lemor*	*jamiha*
אנכי	לו	אלה	אשר	לאיש	לאמר	חמיה
𐤀𐤍𐤊𐤉	𐤋𐤅	𐤀𐤋𐤄	𐤀𐤔𐤓	𐤋𐤀𐤉𐤔	𐤋𐤀𐤌𐤓	𐤇𐤌𐤉𐤄
yo	para-él	esto	que	para-varón	a-decir	su-suegro

581 | 1141	853	80	51	225	647	210
פתל	חתם	מי	נא	נכר	אמר	הרה
וְהַפְּתִילִים	הַחֹתֶמֶת	לְמִי	נָא	הַכֶּר־	וַתֹּאמֶר	הָרָה
vehapetilim	*hajotémet*	*lemí*	*na*	*haker*	*vatómer*	*harah*
והפתילים	החתמת	למי	נא	הכר	ותאמר	הרה
𐤅𐤄𐤐𐤕𐤉𐤋𐤉𐤌	𐤄𐤇𐤕𐤌𐤕	𐤋𐤌𐤉	𐤍𐤀	𐤄𐤊𐤓	𐤅𐤕𐤀𐤌𐤓	𐤄𐤓𐤄
y-los-cordones	el-sello [anillo de sellar]	para-quién	ahora por-favor	reconoce	y-dijo	he-concebido

38:26

140	199	257	30	236	41	65
מן	צדק	אמר	היה + ידה	נכר	אלה	נטה
מִמֶּנִּי	צָדְקָה	וַיֹּאמֶר	יְהוּדָה	וַיַּכֵּר	הָאֵלֶּה׃	וְהַמַּטֶּה
mimeni	*tsadkah*	*vayómer*	*Yehudah*	*Vayáker*	*. ha'éleh*	*vehamateh*
ממני	צדקה	ויאמר	יהודה	ויכר	האלה	והמטה
𐤌𐤌𐤍𐤉	𐤑𐤃𐤒𐤄	𐤅𐤉𐤀𐤌𐤓	𐤉𐤄𐤅𐤃𐤄	𐤅𐤉𐤊𐤓	𐤄𐤀𐤋𐤄	𐤅𐤄𐤌𐤈𐤄
de-mí	justa	y-dijo	Yehudah	Y-reconoció	. los-estos	y-la-vara tribu

62	365	865	31	70 | 720	100	30
בנה	שאל	נתן	לא	כן	עלה	כי
בְּנִי	לְשֵׁלָה	נְתַתִּיהָ	לֹא־	כֵּן	עַל־	כִּי־
vení	leShelah	netatiha	lo	ken	al	ki
בני	לשלה	נתתיה	לא	כן	על	כי
𐤁𐤍𐤉	𐤋𐤔𐤋𐤄	𐤍𐤕𐤕𐤉𐤄	𐤋𐤀	𐤊𐤍	𐤏𐤋	𐤊𐤉
mi-hijo edificador	a-Shelah	le-di	no	eso enderezar; rectamente	por	que porque

38:27

439	472	31	509	80	150 | 870	37
ילד	עת	היה	ידע	עד	יסף	לא
לִדְתָּהּ	בְּעֵת	וַיְהִי	לְדַעְתָּהּ׃	עוֹד	יָסַף	וְלֹא־
lidtah	be'et	Vayehí	. ledatah	od	yasaf	veló
לדתה	בעת	ויהי	לדעתה	עוד	יסף	ולא
𐤋𐤃𐤕𐤄	𐤁𐤏𐤕	𐤅𐤉𐤄𐤉	𐤋𐤃𐤏𐤕𐤄	𐤏𐤅𐤃	𐤉𐤎𐤐	𐤅𐤋𐤀
su-engendrar	en-tiempo-de	Y-fue	. para-conocerla	aún otra-vez	añadió continuar	y-no

38:28

14	466 | 1116	441	31	68	497 | 1057	66
יד	נתן	ילד	היה	בטן	תאם	הן
יָד	וַיִּתֶּן־	בְלִדְתָּהּ	וַיְהִי	בְּבִטְנָהּ׃	תְאוֹמִים	וְהִנֵּה
yad	vayitén	velidtah	Vayehí	. bevitnah	te'omim	vehineh
יד	ויתן	בלדתה	ויהי	בבטנה	תאומים	והנה
𐤉𐤃	𐤅𐤉𐤕𐤍	𐤁𐤋𐤃𐤕𐤄	𐤅𐤉𐤄𐤉	𐤁𐤁𐤈𐤍𐤄	𐤕𐤀𐤅𐤌𐤉𐤌	𐤅𐤄𐤍𐤄
mano	y-dio	en-su-engendrar	Y-fue	. en-su-vientre útero	mellizos	y-¡Mira! he-aquí

271	360	20	100	1006	489	514
אמר	שן	יד	עלה	קשר	ילד	לקח
לֵאמֹר	שָׁנִי	יָדוֹ	עַל־	וַתִּקְשֹׁר	הַמְיַלֶּדֶת	וַתִּקַּח
lemor	shaní	yadó	al	vatikshor	hameyalédet	vatikaj
לאמר	שני	ידו	על	ותקשר	המילדת	ותקח
𐤋𐤀𐤌𐤓	𐤔𐤍𐤉	𐤉𐤃𐤅	𐤏𐤋	𐤅𐤕𐤒𐤔𐤓	𐤄𐤌𐤉𐤋𐤃𐤕	𐤅𐤕𐤒𐤇
al-decir	carmesí grana [tinte rojo]	su-mano	sobre	y-ató	la-partera	y-tomó

38:29

66	20	372	31	556	101	12
הן	יד	שוב	היה	ראש	יצא	זה
וְהִנֵּה	יָדוֹ	כְּמֵשִׁיב	וַיְהִי	רִאשֹׁנָה׃	יָצָא	זֶה
vehineh	yadó	kemeshiv	Vayehí	. rishonah	yatsá	zeh
והנה	ידו	כמשיב	ויהי	ראשנה	יצא	זה
𐤅𐤄𐤍𐤄	𐤉𐤃𐤅	𐤊𐤌𐤔𐤉𐤁	𐤅𐤉𐤄𐤉	𐤓𐤀𐤔𐤍𐤄	𐤉𐤑𐤀	𐤆𐤄
y-¡Mira! he-aquí	su-mano	como-haciendo-volver	Y-fue	. antes	salió	éste

370 | 1180	130 | 610	770	45	647	25	101
פרץ	עלה	פרץ	מה	אמר	אח	יצא
פָּרֶץ	עָלֶיךָ	פָּרַצְתָּ	מַה־	וַתֹּאמֶר	אָחִיו	יָצָא
párets	*aleyja*	*paratsta*	*mah*	*vatómer*	*ajiv*	*yatsá*
פרץ	עליך	פרצת	מה	ותאמר	אחיו	יצא
𐤐𐤓𐤑	𐤏𐤋𐤉𐤊	𐤐𐤓𐤑𐤕	𐤌𐤄	𐤅𐤕𐤀𐤌𐤓	𐤀𐤇𐤉𐤅	𐤉𐤑𐤀
portillo	sobre-ti	aportillaste	¿Qué	y-dijo	su-hermano	salió

38:30

501	25	101	215	370 | 1180	346	317
אשר	אח	יצא	אחר	פרץ	שם	קרא
אֲשֶׁר	אָחִיו	יָצָא	וְאַחַר	פָּרֶץ׃	שְׁמוֹ	וַיִּקְרָא
asher	*ajiv*	*yatsá*	*Ve'ajar*	*. Párets*	*shmó*	*vayikrá*
אשר	אחיו	יצא	ואחר	פרץ	שמו	ויקרא
𐤀𐤔𐤓	𐤀𐤇𐤉𐤅	𐤉𐤑𐤀	𐤅𐤀𐤇𐤓	𐤐𐤓𐤑	𐤔𐤌𐤅	𐤅𐤉𐤒𐤓𐤀
que	su-hermano	salió	Y-después	. Párets	su-nombre [ubicación]	y-llamó

215	346	317	365	20	100
זרח	שם	קרא	שן	יד	עלה
זָרַח׃	שְׁמוֹ	וַיִּקְרָא	הַשָּׁנִי	יָדוֹ	עַל־
. Zaraj	*shmó*	*vayikrá*	*hashaní*	*yadó*	*al*
זרח	שמו	ויקרא	השני	ידו	על
𐤆𐤓𐤇	𐤔𐤌𐤅	𐤅𐤉𐤒𐤓𐤀	𐤄𐤔𐤍𐤉	𐤉𐤃𐤅	𐤏𐤋
. Zaraj	su-nombre [ubicación]	y-llamó	el-carmesí grana [tinte rojo]	su-mano	sobre

Total de palabras hebreas: 405.
Total de consonantes hebreas: 1513.
Consonantes ausentes: -

39:1

355	330	385	177	385	215	162 | 882
·	סרס	·	קנה	צור	ירד	יסף
פַּרְעֹה	סְרִיס	פּוֹטִיפַר	וַיִּקְנֵהוּ	מִצְרַיְמָה	הוּרַד	וְיוֹסֵף
paroh	*sris*	*Potifar*	*vayiknehu*	*Mitsráymah*	*hurad*	*VeYosef*
פרעה	סריס	פוטיפר	ויקנהו	מצרימה	הורד	ויוסף
𐤐𐤓𐤏𐤄	𐤎𐤓𐤉𐤎	𐤐𐤅𐤈𐤉𐤐𐤓	𐤅𐤉𐤒𐤍𐤄𐤅	𐤌𐤑𐤓𐤉𐤌𐤄	𐤄𐤅𐤓𐤃	𐤅𐤉𐤅𐤎𐤐
faraón	eunuco-de	Potifar	y-lo-adquirió comprar	a-Mitsráyim	fue-descendido	Y-Yosef

501	502 | 1062	54	340	311	74 | 634	500
אשר	שמע + אל	יד	צור	איש	טבח	שרר
אֲשֶׁר	הַיִּשְׁמְעֵאלִים	מִיַּד	מִצְרִי	אִישׁ	הַטַּבָּחִים	שַׂר
asher	*hayishme'elim*	*miyad*	*mitsrí*	*ish*	*hatabajim*	*sar*
אשר	הישמעאלים	מיד	מצרי	איש	הטבחים	שר
𐤀𐤔𐤓	𐤄𐤉𐤔𐤌𐤏𐤀𐤋𐤉𐤌	𐤌𐤉𐤃	𐤌𐤑𐤓𐤉	𐤀𐤉𐤔	𐤄𐤈𐤁𐤇𐤉𐤌	𐤔𐤓
que	los-yishme'elim	de-mano-de	mitsrí	varón	los-degolladores [cocinero o verdugo]	mayoral-de

39:2

31	156 | 876	401	26	31	345	226
היה	יסף	את	היה	היה	שם	ירד
וַיְהִי	יוֹסֵף	אֶת־	יְהוָה	וַיְהִי	שָׁמָּה׃	הוֹרִדֻהוּ
vayehí	*Yosef*	*et*	*YHVH*	*Vayehí*	*. shamah*	*horiduhu*
ויהי	יוסף	את	יהוה	ויהי	שמה	הורדהו
𐤅𐤉𐤄𐤉	𐤉𐤅𐤎𐤐	𐤀𐤕	𐤉𐤄𐤅𐤄	𐤅𐤉𐤄𐤉	𐤔𐤌𐤄	𐤄𐤅𐤓𐤃𐤄𐤅
y-fue	Yosef	..	YHVH	Y-fue	. allí [ubicación]	lo-hicieron-descender

39:3

217	345	71	414	31	178	311
ראה	צור	אדן	בנה	היה	צלח	איש
וַיַּרְא	הַמִּצְרִי׃	אֲדֹנָיו	בְּבֵית	וַיְהִי	מַצְלִיחַ	אִישׁ
Vayar	*. hamitsrí*	*adonav*	*beveyt*	*vayehí*	*matslí'aj*	*ish*
וירא	המצרי	אדניו	בבית	ויהי	מצליח	איש
𐤅𐤉𐤓𐤀	𐤄𐤌𐤑𐤓𐤉	𐤀𐤃𐤍𐤉𐤅	𐤁𐤁𐤉𐤕	𐤅𐤉𐤄𐤉	𐤌𐤑𐤋𐤉𐤇	𐤀𐤉𐤔
Y-vio	. el-mitsrí	su-señor sus-señores [plural]	en-casa-de	y-fue	próspero	varón

12	501	56	407	26	30	71
הוא	אשר	כלל	את	היה	כי	אדן
הוּא	אֲשֶׁר־	וְכֹל	אִתּוֹ	יְהוָה	כִּי	אֲדֹנָיו
hu	*asher*	*vejol*	*itó*	*YHVH*	*ki*	*adonav*
הוא	אשר	וכל	אתו	יהוה	כי	אדניו
𐤄𐤅𐤀	𐤀𐤔𐤓	𐤅𐤊𐤋	𐤀𐤕𐤅	𐤉𐤄𐤅𐤄	𐤊𐤉	𐤀𐤃𐤍𐤉𐤅
él	que	y-todo	con-él	YHVH	que porque	su-señor sus-señores [plural]

39:4

58 | 708	156 | 876	147	22	178	26	375
חנן	יסף	מצא	יד	צלח	היה	עשה
חֵן	יוֹסֵף	וַיִּמְצָא	בְּיָדוֹ׃	מַצְלִיחַ	יְהוָה	עֹשֶׂה
jen	*Yosef*	*Vayimtsá*	*. beyadó*	*matslí'aj*	*YHVH*	*oseh*
חן	יוסף	וימצא	בידו	מצליח	יהוה	עשה
𐤇𐤍	𐤉𐤅𐤎𐤐	𐤅𐤉𐤌𐤑𐤀	𐤁𐤉𐤃𐤅	𐤌𐤑𐤋𐤉𐤇	𐤉𐤄𐤅𐤄	𐤏𐤔𐤄
gracia favor	Yosef	Y-encontró	. en-su-mano	estaba-haciendo-prosperar	YHVH	estaba-haciendo

56	418	100	211	407	916	148
כלל	בנה	עלה	פקד	את	שרת	עין
וְכָל־	בֵּיתוֹ	עַל־	וַיַּפְקִדֵהוּ	אֹתוֹ	וַיְשָׁרֶת	בְּעֵינָיו
vejol	*beytó*	*al*	*vayafkidehu*	*otó*	*vayesharet*	*be'eynav*
וכל	ביתו	על	ויפקדהו	אתו	וישרת	בעיניו
𐤅𐤊𐤋	𐤁𐤉𐤕𐤅	𐤏𐤋	𐤅𐤉𐤐𐤒𐤃𐤄𐤅	𐤀𐤕𐤅	𐤅𐤉𐤔𐤓𐤕	𐤁𐤏𐤉𐤍𐤉𐤅
y-todo	su-casa	sobre	y-le-encargó	a-él	y-atendía ministrar	en-sus-ojos

39:5

199	48	31	22	500 | 1150	36	310
פקד	אז	היה	יד	נתן	הוא	יש
הִפְקִיד	מֵאָז	וַיְהִי	בְּיָדוֹ׃	נָתַן	לוֹ	יֶשׁ־
hifkid	*me'az*	*Vayehí*	*. beyadó*	*natán*	*lo*	*yesh*
הפקיד	מאז	ויהי	בידו	נתן	לו	יש
𐤄𐤐𐤒𐤉𐤃	𐤌𐤀𐤆	𐤅𐤉𐤄𐤉	𐤁𐤉𐤃𐤅	𐤍𐤕𐤍	𐤋𐤅	𐤉𐤔
encargó	desde-entonces	Y-fue	. en-su-mano	dio	para-él	hay

36	310	501	50	106	420	407
הוא	יש	אשר	כלל	עלה	בנה	את
לוֹ	יֶשׁ־	אֲשֶׁר	כָּל־	וְעַל	בְּבֵיתוֹ	אֹתוֹ
lo	*yesh*	*asher*	*kol*	*ve'al*	*beveytó*	*otó*
לו	יש	אשר	כל	ועל	בביתו	אתו
𐤋𐤅	𐤉𐤔	𐤀𐤔𐤓	𐤊𐤋	𐤅𐤏𐤋	𐤁𐤁𐤉𐤕𐤅	𐤀𐤕𐤅
para-él	hay	que	todo	y-sobre	en-su-casa	a-él

156 | 876	65	345	412	401	26	238 | 718
יסף	גלל	צור	בנה	את	היה	ברך
יוֹסֵף	בִּגְלַל	הַמִּצְרִי	בֵּית	אֶת־	יְהוָה	וַיְבָרֶךְ
Yosef	*biglal*	*hamitsrí*	*beyt*	*et*	*YHVH*	*vayevárej*
יוסף	בגלל	המצרי	בית	את	יהוה	ויברך
𐤉𐤅𐤎𐤐	𐤁𐤂𐤋𐤋	𐤄𐤌𐤑𐤓𐤉	𐤁𐤉𐤕	𐤀𐤕	𐤉𐤄𐤅𐤄	𐤅𐤉𐤁𐤓𐤊
Yosef	con-motivo-de [movimiento]	el-mitsrí	casa-de	..	YHVH	y-bendijo

36	310	501	52	26	622	31
הוא	יש	אשר	כלל	היה	ברך	היה
לוֹ	יֶשׁ־	אֲשֶׁר	בְּכָל־	יְהוָה	בִּרְכַּת	וַיְהִי
lo	*yesh*	*asher*	*bejol*	*YHVH*	*birkat*	*vayehí*
לו	יש	אשר	בכל	יהוה	ברכת	ויהי
𐤋𐤅	𐤉𐤔	𐤀𐤔𐤓	𐤁𐤊𐤋	𐤉𐤄𐤅𐤄	𐤁𐤓𐤊𐤕	𐤅𐤉𐤄𐤉
para-él	hay	que	en-todo	YHVH	bendición-de	y-fue

39:6

16	36	501	50	95	317	414
יד	הוא	אשר	כלל	עזב	שדה	בנה
בְּיַד־	לוֹ	אֲשֶׁר־	כָּל־	וַיַּעֲזֹב	וּבַשָּׂדֶה׃	בַּבַּיִת
beyad	*lo*	*asher*	*kol*	*Vaya'azov*	*. uvasadeh*	*babáyit*
ביד	לו	אשר	כל	ויעזב	ובשדה	בבית
𐤁𐤉𐤃	𐤋𐤅	𐤀𐤔𐤓	𐤊𐤋	𐤅𐤉𐤏𐤆𐤁	𐤅𐤁𐤔𐤃𐤄	𐤁𐤁𐤉𐤕
en-mano-de	para-él	que	todo	Y-dejó abandonar; soltar	. y-en-el-campo	en-la-casa

41 | 601	30	92	407	84	37	156 | 876
אם	כי	מאום	את	ידע	לא	יסף
אִם־	כִּי	מְאוּמָה	אִתּוֹ	יָדַע	וְלֹא־	יוֹסֵף
im	*ki*	*me'umah*	*itó*	*yadá*	*veló*	*Yosef*
אם	כי	מאומה	אתו	ידע	ולא	יוסף
𐤀𐤌	𐤊𐤉	𐤌𐤀𐤅𐤌𐤄	𐤀𐤕𐤅	𐤉𐤃𐤏	𐤅𐤋𐤀	𐤉𐤅𐤎𐤐
si	que porque	nada	con-él	conoció	y-no	Yosef

490	156 | 876	31	57	12	501	83 | 643
יפה	יסף	היה	אכל	הוא	אשר	לחם
יְפֵה־	יוֹסֵף	וַיְהִי	אוֹכֵל	הוּא	אֲשֶׁר־	הַלֶּחֶם
yefeh	*Yosef*	*vayehí*	*ojel*	*hu*	*asher*	*haléjem*
יפה	יוסף	ויהי	אוכל	הוא	אשר	הלחם
𐤉𐤐𐤄	𐤉𐤅𐤎𐤐	𐤅𐤉𐤄𐤉	𐤀𐤅𐤊𐤋	𐤄𐤅𐤀	𐤀𐤔𐤓	𐤄𐤋𐤇𐤌
hermoso-de agradable; bello	Yosef	y-fue	estaba-comiendo	él	que	el-pan [alimento básico]

39:7

41	261 | 821	209	31	246	496	601
אלה	דבר	אחר	היה	ראה	יפה	תאר
הָאֵלֶּה	הַדְּבָרִים	אַחַר	וַיְהִי	מַרְאֶה׃	וִיפֵה	תֹאַר
ha'éleh	*hadevarim*	*ajar*	*Vayehí*	*. mareh*	*vifeh*	*to'ar*
האלה	הדברים	אחר	ויהי	מראה	ויפה	תאר
𐤄𐤀𐤋𐤄	𐤄𐤃𐤁𐤓𐤉𐤌	𐤀𐤇𐤓	𐤅𐤉𐤄𐤉	𐤌𐤓𐤀𐤄	𐤅𐤉𐤐𐤄	𐤕𐤀𐤓
las-éstas	las-palabras asunto; cosa	tras	Y-fue	. aspecto	y-hermoso-de agradable; bello	figura forma

156 | 876	31	145	401	71	701	707
יסף	אלה	עין	את	אדן	איש	נשא
יוֹסֵֽף	אֶל־	עֵינֶ֖יהָ	אֶת־	אֲדֹנָ֛יו	אֵֽשֶׁת־	וַתִּשָּׂ֧א
Yosef	*el*	*eyneyha*	*et*	*adonav*	*éshet*	*vatisá*
יוסף	אל	עיניה	את	אדניו	אשת	ותשא
𐤉𐤅𐤎𐤐	𐤀𐤋	𐤏𐤉𐤍𐤉𐤄	𐤀𐤕	𐤀𐤃𐤍𐤉𐤅	𐤀𐤔𐤕	𐤅𐤕𐤔𐤀
Yosef	a hacia	sus-ojos	..	su-señor sus-señores [plural]	varona-de	y-alzó

39:8

701	31	257	107 | 757	120	327	647
איש	אלה	אמר	מאן	עם	שכב	אמר
אֵ֥שֶׁת	אֶל־	וַיֹּ֙אמֶר֙	וַיְמָאֵ֓ן	עִמִּֽי׃	שִׁכְבָ֥ה	וַתֹּ֖אמֶר
éshet	*el*	*vayómer*	*Vayema'én*	*. imí*	*shijvah*	*vatómer*
אשת	אל	ויאמר	וימאן	עמי	שכבה	ותאמר
𐤀𐤔𐤕	𐤀𐤋	𐤅𐤉𐤀𐤌𐤓	𐤅𐤉𐤌𐤀𐤍	𐤏𐤌𐤉	𐤔𐤊𐤁𐤄	𐤅𐤕𐤀𐤌𐤓
varona-de	a hacia	y-dijo	Y-rehusó	. conmigo	acuéstate	y-dijo

45	411	84	31	65	55 | 705	71
מה	את	ידע	לא	אדן	הן	אדן
מַה־	אִתִּ֖י	יָדַ֥ע	לֹא־	אֲדֹנִ֔י	הֵ֣ן	אֲדֹנָ֑יו
mah	*ití*	*yadá*	*lo*	*adoní*	*hen*	*adonav*
מה	אתי	ידע	לא	אדני	הן	אדניו
𐤌𐤄	𐤀𐤕𐤉	𐤉𐤃𐤏	𐤋𐤀	𐤀𐤃𐤍𐤉	𐤄𐤍	𐤀𐤃𐤍𐤉𐤅
¿Qué	conmigo	conoció	no	mi-señor	¡Mira! he-aquí	su-señor sus-señores [plural]

26	500 | 1150	36	310	501	56	414
יד	נתן	הוא	יש	אשר	כלל	בנה
בְּיָדִֽי׃	נָתַ֥ן	ל֖וֹ	יֶשׁ־	אֲשֶׁר־	וְכֹ֥ל	בַּבַּ֔יִת
. beyadí	*natán*	*lo*	*yesh*	*asher*	*vejol*	*babáyit*
בידי	נתן	לו	יש	אשר	וכל	בבית
𐤁𐤉𐤃𐤉	𐤍𐤕𐤍	𐤋𐤅	𐤉𐤔	𐤀𐤔𐤓	𐤅𐤊𐤋	𐤁𐤁𐤉𐤕
. en-mi-mano	dio	para-él	hay	que	y-todo	en-la-casa

39:9

328 | 808	37	140	17	414	43	117
חשך	לא	מן	זה	בנה	גדל	אין
חָשַׂ֤ךְ	וְלֹֽא־	מִמֶּ֗נִּי	הַזֶּה֙	בַּבַּ֣יִת	גָּד֜וֹל	אֵינֶ֨נּוּ
jasaj	*veló*	*mimeni*	*hazeh*	*babáyit*	*gadol*	*Eynenu*
חשך	ולא	ממני	הזה	בבית	גדול	איננו
𐤇𐤔𐤊	𐤅𐤋𐤀	𐤌𐤌𐤍𐤉	𐤄𐤆𐤄	𐤁𐤁𐤉𐤕	𐤂𐤃𐤅𐤋	𐤀𐤉𐤍𐤍𐤅
retuvo	y-no	de-mí	la-ésta	en-la-casa	grande [escritura plena]	No-hay

401	503	427 | 907	41 | 601	30	92	140
את	אשר	את	אם	כי	מאום	מן
אַתְּ־	בַּאֲשֶׁר	אוֹתָךְ	אִם־	כִּי	מְאוּמָה	מִמֶּנִּי
at	*ba'asher*	*otaj*	*im*	*ki*	*me'umah*	*mimeni*
את	באשר	אותך	אם	כי	מאומה	ממני
𐤀𐤕	𐤁𐤀𐤔𐤓	𐤀𐤅𐤕𐤊	𐤀𐤌	𐤊𐤉	𐤌𐤀𐤅𐤌𐤄	𐤌𐤌𐤍𐤉
tú	por-que	a-ti	si	que porque	nada	de-mí

434	413	47	280	376	37 | 517	707
חטא	זה	גדל	רעע	עשה	אין	איש
וְחָטָאתִי	הַזֹּאת	הַגְּדֹלָה	הָרָעָה	אֶעֱשֶׂה	וְאֵיךְ	אִשְׁתּוֹ
vejatatí	*hazot*	*hagedolah*	*hara'ah*	*e'eseh*	*ve'eyj*	*ishtó*
וחטאתי	הזאת	הגדלה	הרעה	אעשה	ואיך	אשתו
𐤅𐤇𐤈𐤀𐤕𐤉	𐤄𐤆𐤀𐤕	𐤄𐤂𐤃𐤋𐤄	𐤄𐤓𐤏𐤄	𐤀𐤏𐤔𐤄	𐤅𐤀𐤉𐤊	𐤀𐤔𐤕𐤅
y-pecaré	la-ésta	la-grande	la-maldad	haré	¿Y-cómo	su-varona

39:10

56 | 616	56 | 616	156 | 876	31	231	31	116 | 676
יום	יום	יסף	אלה	דבר	היה	אלהה
יוֹם	יוֹם	יוֹסֵף	אֶל־	כְּדַבְּרָהּ	וַיְהִי	לֵאלֹהִים׃
yom	*yom*	*Yosef*	*el*	*kedaberah*	*Vayehí*	*. lelohim*
יום	יום	יוסף	אל	כדברה	ויהי	לאלהים
𐤉𐤅𐤌	𐤉𐤅𐤌	𐤉𐤅𐤎𐤐	𐤀𐤋	𐤊𐤃𐤁𐤓𐤄	𐤅𐤉𐤄𐤉	𐤋𐤀𐤋𐤄𐤉𐤌
día tiempo [la luz]	día tiempo [la luz]	Yosef	a hacia	como-su-hablar	Y-fue	. para-*elohim* Dios; dioses; magistrados

115	451	126	352	46	410	37
עם	היה	אצל	שכב	אלה	שמע	לא
עִמָּהּ׃	לִהְיוֹת	אֶצְלָהּ	לִשְׁכַּב	אֵלֶיהָ	שָׁמַע	וְלֹא־
. imah	*lihyot*	*etslah*	*lishkav*	*eleyha*	*shamá*	*veló*
עמה	להיות	אצלה	לשכב	אליה	שמע	ולא
𐤏𐤌𐤄	𐤋𐤄𐤉𐤅𐤕	𐤀𐤑𐤋𐤄	𐤋𐤔𐤊𐤁	𐤀𐤋𐤉𐤄	𐤔𐤌𐤏	𐤅𐤋𐤀
. con-ella	para-estar	junto-a-ella	para-acostar	a-ella	oyó	y-no

39:11

497	806	422	19	17	81 | 641	31
לאך	עשה	בנה	בוא	זה	יום	היה
מְלַאכְתּוֹ	לַעֲשׂוֹת	הַבַּיְתָה	וַיָּבֹא	הַזֶּה	כְּהַיּוֹם	וַיְהִי
melajtó	*la'asot*	*habáytah*	*vayavó*	*hazeh*	*kehayom*	*Vayehí*
מלאכתו	לעשות	הביתה	ויבא	הזה	כהיום	ויהי
𐤌𐤋𐤀𐤊𐤕𐤅	𐤋𐤏𐤔𐤅𐤕	𐤄𐤁𐤉𐤕𐤄	𐤅𐤉𐤁𐤀	𐤄𐤆𐤄	𐤊𐤄𐤉𐤅𐤌	𐤅𐤉𐤄𐤉
su-obra	para-hacer	a-la-casa	y-vino entrar	el-éste	como-el-día tiempo [la luz]	Y-fue

39:12

1197	414	340 | 900	417	401	311	67 | 717
תפש	בנה	שם	בנה	אנש	איש	אין
וַתִּתְפְּשֵׂהוּ	בַּבָּֽיִת׃	שָׁם	הַבַּיִת	מֵאַנְשֵׁי	אִישׁ	וְאֵין
Vatitpesehu	*. babáyit*	*sham*	*habáyit*	*me'anshey*	*ish*	*ve'eyn*
ותתפשהו	בבית	שם	הבית	מאנשי	איש	ואין
𐤅𐤕𐤕𐤐𐤔𐤄𐤅	𐤁𐤁𐤉𐤕	𐤔𐤌	𐤄𐤁𐤉𐤕	𐤌𐤀𐤍𐤔𐤉	𐤀𐤉𐤔	𐤅𐤀𐤉𐤍
Y-le-asió	. en-la-casa	allí [ubicación]	la-casa	de-los-hombres-de mortal	varón	y-no-había ¿con qué?; ¿de dónde?

21	15	95	120	327	271	17
יד	בגד	עזב	עם	שכב	אמר	בגד
בְּיָדָהּ	בִּגְדוֹ	וַיַּעֲזֹב	עִמִּי	שִׁכְבָה	לֵאמֹר	בְּבִגְדוֹ
beyadah	*bigdó*	*vaya'azov*	*imí*	*shijvah*	*lemor*	*bevigdó*
בידה	בגדו	ויעזב	עמי	שכבה	לאמר	בבגדו
𐤁𐤉𐤃𐤄	𐤁𐤂𐤃𐤅	𐤅𐤉𐤏𐤆𐤁	𐤏𐤌𐤉	𐤔𐤊𐤁𐤄	𐤋𐤀𐤌𐤓	𐤁𐤁𐤂𐤃𐤅
en-mano-de-ella	su-ropa	y-dejó abandonar; soltar	conmigo	acuéstate	al-decir	por-su-ropa

39:13

79	30	632	31	114	107	126
עזב	כי	ראה	היה	חוץ	יצא	נוס
עָזַב	כִּֽי־	כִּרְאוֹתָהּ	וַיְהִי	הַחוּצָה׃	וַיֵּצֵא	וַיָּנָס
azav	*ki*	*kirotah*	*Vayehí*	*. hajutsah*	*vayetse*	*vayanás*
עזב	כי	כראותה	ויהי	החוצה	ויצא	וינס
𐤏𐤆𐤁	𐤊𐤉	𐤊𐤓𐤀𐤅𐤕𐤄	𐤅𐤉𐤄𐤉	𐤄𐤇𐤅𐤑𐤄	𐤅𐤉𐤑𐤀	𐤅𐤉𐤍𐤎
dejó abandonar; soltar	que porque	como-su-ver	Y-fue	. afuera calle	y-salió	y-huyó

39:14

417	391	707	114	126	21	15
בנה	אנש	קרא	חוץ	נוס	יד	בגד
בֵּיתָהּ	לְאַנְשֵׁי	וַתִּקְרָא	הַחוּצָה׃	וַיָּנָס	בְּיָדָהּ	בִּגְדוֹ
veytah	*le'anshey*	*Vatikrá*	*. hajutsah*	*vayanás*	*beyadah*	*bigdó*
ביתה	לאנשי	ותקרא	החוצה	וינס	בידה	בגדו
𐤁𐤉𐤕𐤄	𐤋𐤀𐤍𐤔𐤉	𐤅𐤕𐤒𐤓𐤀	𐤄𐤇𐤅𐤑𐤄	𐤅𐤉𐤍𐤎	𐤁𐤉𐤃𐤄	𐤁𐤂𐤃𐤅
su-casa	a-hombres-de mortal	Y-llamó	. afuera calle	y-huyó	en-su-mano	su-ropa

311	86	18	207	271	90 | 650	647
איש	·	בוא	ראה	אמר	הוא	אמר
אִישׁ	לָנוּ	הֵבִיא	רְאוּ	לֵאמֹר	לָהֶם	וַתֹּאמֶר
ish	*lanu*	*heví*	*re'ú*	*lemor*	*lahem*	*vatómer*
איש	לנו	הביא	ראו	לאמר	להם	ותאמר
𐤀𐤉𐤔	𐤋𐤍𐤅	𐤄𐤁𐤉𐤀	𐤓𐤀𐤅	𐤋𐤀𐤌𐤓	𐤋𐤄𐤌	𐤅𐤕𐤀𐤌𐤓
varón	a-nosotros	trajo	mirad	al-decir	a-ellos	y-dijo

120	352	41	3	58	228	282
עם	שכב	אלה	בוא	·	צחק	עבר
עִמִּי	לִשְׁכַּב	אֵלַי	בָּא	בָּנוּ	לְצַחֶק	עִבְרִי
imí	*lishkav*	*elay*	*ba*	*banu*	*letsajek*	*ivrí*
עמי	לשכב	אלי	בא	בנו	לצחק	עברי
𐤏𐤌𐤉	𐤋𐤔𐤊𐤁	𐤀𐤋𐤉	𐤁𐤀	𐤁𐤍𐤅	𐤋𐤑𐤇𐤒	𐤏𐤁𐤓𐤉
conmigo	para-acostar	a-mí	vino entrar	de-nosotros	para-reír [con intensidad]	ivrí [hebreo]

39:15

665	30	436	31	43	138	308
רום	כי	שמע	היה	גדל	קול	קרא
הֲרִימֹתִי	כִּי־	כְשָׁמְעוֹ	וַיְהִי	גָּדוֹל׃	בְּקוֹל	וָאֶקְרָא
harimotí	*ki*	*jeshomó*	*Vayehí*	*. gadol*	*bekol*	*va'ekrá*
הרימתי	כי	כשמעו	ויהי	גדול	בקול	ואקרא
𐤄𐤓𐤉𐤌𐤕𐤉	𐤊𐤉	𐤊𐤔𐤌𐤏𐤅	𐤅𐤉𐤄𐤉	𐤂𐤃𐤅𐤋	𐤁𐤒𐤅𐤋	𐤅𐤀𐤒𐤓𐤀
elevé	que porque	como-su-oír	Y-fue	. grande [escritura plena]	con-voz	y-llamé

107	126	131	15	95	308	146
יצא	נוס	אצל	בגד	עזב	קרא	קול
וַיֵּצֵא	וַיָּנָס	אֶצְלִי	בִּגְדוֹ	וַיַּעֲזֹב	וָאֶקְרָא	קוֹלִי
vayetse	*vayanás*	*etslí*	*bigdó*	*vaya'azov*	*va'ekrá*	*kolí*
ויצא	וינס	אצלי	בגדו	ויעזב	ואקרא	קולי
𐤅𐤉𐤑𐤀	𐤅𐤉𐤍𐤎	𐤀𐤑𐤋𐤉	𐤁𐤂𐤃𐤅	𐤅𐤉𐤏𐤆𐤁	𐤅𐤀𐤒𐤓𐤀	𐤒𐤅𐤋𐤉
y-salió	y-huyó	junto-a-mí	su-ropa	y-dejó abandonar; soltar	y-llamé	mi-voz

39:16

71	9	74	126	15	464	114
אדן	בוא	עדה	אצל	בגד	נוח	חוץ
אֲדֹנָיו	בּוֹא	עַד־	אֶצְלָהּ	בִּגְדוֹ	וַתַּנַּח	הַחוּצָה׃
adonav	*bo*	*ad*	*etslah*	*bigdó*	*Vatánaj*	*. hajutsah*
אדניו	בוא	עד	אצלה	בגדו	ותנח	החוצה
𐤀𐤃𐤍𐤉𐤅	𐤁𐤅𐤀	𐤏𐤃	𐤀𐤑𐤋𐤄	𐤁𐤂𐤃𐤅	𐤅𐤕𐤍𐤇	𐤄𐤇𐤅𐤑𐤄
su-señor sus-señores [plural]	venir	hasta	junto-a-ella	su-ropa	Y-descansó	. afuera calle

39:17

271	41	276 | 836	47	612	418	31
אמר	אלה	דבר	אלה	דבר	בנה	אלה
לֵאמֹר	הָאֵלֶּה	כַּדְּבָרִים	אֵלָיו	וַתְּדַבֵּר	בֵּיתוֹ׃	אֶל־
lemor	*ha'éleh*	*kadevarim*	*elav*	*Vatedaber*	*. beytó*	*el*
לאמר	האלה	כדברים	אליו	ותדבר	ביתו	אל
𐤋𐤀𐤌𐤓	𐤄𐤀𐤋𐤄	𐤊𐤃𐤁𐤓𐤉𐤌	𐤀𐤋𐤉𐤅	𐤅𐤕𐤃𐤁𐤓	𐤁𐤉𐤕𐤅	𐤀𐤋
al-decir	las-éstas	como-las-palabras asunto; cosa	a-él	Y-habló	. su-casa	a hacia

86	408	501	287	81	41	3
·	בוא	אשר	עבר	עבד	אלה	בוא
לָנוּ	הֵבֵאתָ	אֲשֶׁר־	הָעִבְרִי	הָעֶבֶד	אֵלַי	בָּא־
lanu	*heveta*	*asher*	*ha'ivrí*	*ha'éved*	*elay*	*ba*
לנו	הבאת	אשר	העברי	העבד	אלי	בא
𐤋𐤍𐤅	𐤄𐤁𐤀𐤕	𐤀𐤔𐤓	𐤄𐤏𐤁𐤓𐤉	𐤄𐤏𐤁𐤃	𐤀𐤋𐤉	𐤁𐤀
a-nosotros	trajiste	que	el-ivrí [hebreo]	el-siervo	a-mí	vino entrar

39:18

95	308	146	285	31	12	228
עזב	קרא	קול	רום	היה	·	צחק
וַיַּעֲזֹב	וָאֶקְרָא	קוֹלִי	כַּהֲרִימִי	וַיְהִי	בִּי׃	לְצַחֶק
vaya'azov	*va'ekrá*	*kolí*	*kaharimi*	*Vayehí*	*. bi*	*letsajek*
ויעזב	ואקרא	קולי	כהרימי	ויהי	בי	לצחק
𐤅𐤉𐤏𐤆𐤁	𐤅𐤀𐤒𐤓𐤀	𐤒𐤅𐤋𐤉	𐤊𐤄𐤓𐤉𐤌𐤉	𐤅𐤉𐤄𐤉	𐤁𐤉	𐤋𐤑𐤇𐤒
y-dejó abandonar; soltar	y-llamé	mi-voz	como-mi-elevar	Y-fue	. de-mí	para-reír [con intensidad]

39:19

71	430	31	114	126	131	15
אדן	שמע	היה	חוץ	נוס	אצל	בגד
אֲדֹנָיו	כִּשְׁמֹעַ	וַיְהִי	הַחוּצָה׃	וַיָּנָס	אֶצְלִי	בִּגְדוֹ
adonav	*jishmo'a*	*Vayehí*	*. hajutsah*	*vayanás*	*etslí*	*bigdó*
אדניו	כשמע	ויהי	החוצה	וינס	אצלי	בגדו
𐤀𐤃𐤍𐤉𐤅	𐤊𐤔𐤌𐤏	𐤅𐤉𐤄𐤉	𐤄𐤇𐤅𐤑𐤄	𐤅𐤉𐤍𐤎	𐤀𐤑𐤋𐤉	𐤁𐤂𐤃𐤅
su-señor sus-señores [plural]	como-oír	Y-fue	. afuera calle	y-huyó	junto-a-mí	su-ropa

271	47	211	501	707	216	401
אמר	אלה	דבר	אשר	איש	דבר	את
לֵאמֹר	אֵלָיו	דִּבְּרָה	אֲשֶׁר	אִשְׁתּוֹ	דִּבְרֵי	אֶת־
lemor	*elav*	*dibrah*	*asher*	*ishtó*	*divrey*	*et*
לאמר	אליו	דברה	אשר	אשתו	דברי	את
𐤋𐤀𐤌𐤓	𐤀𐤋𐤉𐤅	𐤃𐤁𐤓𐤄	𐤀𐤔𐤓	𐤀𐤔𐤕𐤅	𐤃𐤁𐤓𐤉	𐤀𐤕
al-decir	a-él	habló	que	su-varona	palabras-de asunto; cosa	..

87	224	96 | 576	40	375	41	276 | 836
אנף	חרה	עבד	·	עשה	אלה	דבר
אַפּוֹ׃	וַיִּחַר	עַבְדֶּךָ	לִי	עָשָׂה	הָאֵלֶּה	כַּדְּבָרִים
. apó	*vayíjar*	*avdeja*	*li*	*asah*	*ha'éleh*	*kadevarim*
אפו	ויחר	עבדך	לי	עשה	האלה	כדברים
𐤀𐤐𐤅	𐤅𐤉𐤇𐤓	𐤏𐤁𐤃𐤊	𐤋𐤉	𐤏𐤔𐤄	𐤄𐤀𐤋𐤄	𐤊𐤃𐤁𐤓𐤉𐤌
. su-nariz ira	y-airó [efect. y síntoma de ira]	tu-siervo	a-mí	hizo	las-éstas	como-las-palabras asunto; cosa

39:20

412	31	477	407	156 | 876	65	124
בנה	אלה	נתן	את	יסף	אדן	לקח
בֵּית	אֶל־	וַיִּתְּנֵהוּ	אֹתוֹ	יוֹסֵף	אֲדֹנֵי	וַיִּקַּח
beyt	*el*	*vayitenehu*	*otó*	*Yosef*	*adoney*	*Vayikaj*
בית	אל	ויתנהו	אתו	יוסף	אדני	ויקח
𐤁𐤉𐤕	𐤀𐤋	𐤅𐤉𐤕𐤍𐤄𐤅	𐤀𐤕𐤅	𐤉𐤅𐤎𐤐	𐤀𐤃𐤍𐤉	𐤅𐤉𐤒𐤇
casa-de	a hacia	y-le-puso dar	a-él	Yosef	señor-de señores [plural]	Y-tomó

31	317 | 877	96 | 576	277	501	186 | 746	270
היה	אסר	מלך	אסר	אשר	קום	סהר
וַיְהִי־	אֲסוּרִים	הַמֶּלֶךְ	אֲסוּרֵי	אֲשֶׁר־	מְקוֹם	הַסֹּהַר
vayehí	*asurim*	*hamélej*	*asurey*	*asher*	*mekom*	*hasóhar*
ויהי	אסורים	המלך	אסורי	אשר	מקום	הסהר
𐤅𐤉𐤄𐤉	𐤀𐤎𐤅𐤓𐤉𐤌	𐤄𐤌𐤋𐤊	𐤀𐤎𐤅𐤓𐤉	𐤀𐤔𐤓	𐤌𐤒𐤅𐤌	𐤄𐤎𐤄𐤓
y-fue	estaban-presos	el-rey	prisioneros-de	que	lugar	la-cárcel

39:21

156 | 876	401	26	31	270	414	340 | 900
יסף	את	היה	היה	סהר	בנה	שם
יוֹסֵף	אֶת־	יְהוָה	וַיְהִי	הַסֹּהַר׃	בְּבֵית	שָׁם
Yosef	*et*	*YHVH*	*Vayehí*	*. hasóhar*	*beveyt*	*sham*
יוסף	את	יהוה	ויהי	הסהר	בבית	שם
𐤉𐤅𐤎𐤐	𐤀𐤕	𐤉𐤄𐤅𐤄	𐤅𐤉𐤄𐤉	𐤄𐤎𐤄𐤓	𐤁𐤁𐤉𐤕	𐤔𐤌
Yosef	..	YHVH	Y-fue	. la-cárcel	en-casa-de	allí [ubicación]

500	273	64	466 | 1116	72	47	25
שרר	עין	חנן	נתן	חסד	אלה	נטה
שַׂר	בְּעֵינֵי	חִנּוֹ	וַיִּתֵּן	חָסֶד	אֵלָיו	וַיֵּט
sar	*be'eyney*	*jinó*	*vayitén*	*jásed*	*elav*	*vayet*
שר	בעיני	חנו	ויתן	חסד	אליו	ויט
𐤔𐤓	𐤁𐤏𐤉𐤍𐤉	𐤇𐤍𐤅	𐤅𐤉𐤕𐤍	𐤇𐤎𐤃	𐤀𐤋𐤉𐤅	𐤅𐤉𐤈
mayoral-de	en-ojos-de	su-gracia favor	y-dio	bondad	a-él	y-extendió

39:22

16	270	412	500	466 | 1116	270	412
יד	סהר	בנה	שרר	נתן	סהר	בנה
בְּיַד־	הַסֹּהַר	בֵּית־	שַׂר	וַיִּתֵּן	הַסֹּהַר׃	בֵּית־
beyad	*hasóhar*	*beyt*	*sar*	*Vayitén*	*. hasóhar*	*beyt*
ביד	הסהר	בית	שר	ויתן	הסהר	בית
𐤁𐤉𐤃	𐤄𐤎𐤄𐤓	𐤁𐤉𐤕	𐤔𐤓	𐤅𐤉𐤕𐤍	𐤄𐤎𐤄𐤓	𐤁𐤉𐤕
en-mano-de	la-cárcel	casa-de	mayoral-de	Y-dio	. la-cárcel	casa-de

270	414	501	316 | 876	50	401	156 | 876
סהר	בנה	אשר	אסר	כלל	את	יסף
הַסֹּהַר	בְּבֵית	אֲשֶׁר	הָאֲסִירִים	כָּל־	אֵת	יוֹסֵף
hasóhar	*beveyt*	*asher*	*ha'asirim*	*kol*	*et*	*Yosef*
הסהר	בבית	אשר	האסירם	כל	את	יוסף
𐤄𐤎𐤄𐤓	𐤁𐤁𐤉𐤕	𐤀𐤔𐤓	𐤄𐤀𐤎𐤉𐤓𐤌	𐤊𐤋	𐤀𐤕	𐤉𐤅𐤎𐤐
la-cárcel	en-casa-de	que	los-prisioneros	todos	··	Yosef

20	12	340 | 900	420 | 980	501	50	407
היה	הוא	שם	עשה	אשר	כלל	את
הָיָה	הוּא	שָׁם	עֹשִׂים	אֲשֶׁר	כָּל־	וְאֵת
hayah	*hu*	*sham*	*osim*	*asher*	*kol*	*ve'et*
היה	הוא	שם	עשים	אשר	כל	ואת
𐤄𐤉𐤄	𐤄𐤅𐤀	𐤔𐤌	𐤏𐤔𐤉𐤌	𐤀𐤔𐤓	𐤊𐤋	𐤅𐤀𐤕
fue	él	allí [ubicación]	estaban-haciendo	que	todo	y-··

39:23

401	206	270	412	500	61 | 711	375
את	ראה	סהר	בנה	שרר	אין	עשה
אֶת־	רֹאֶה	הַסֹּהַר	בֵּית־	שַׂר	אֵין	עֹשֶׂה׃
et	*ro'eh*	*hasóhar*	*beyt*	*sar*	*Eyn*	*. oseh*
את	ראה	הסהר	בית	שר	אין	עשה
𐤀𐤕	𐤓𐤀𐤄	𐤄𐤎𐤄𐤓	𐤁𐤉𐤕	𐤔𐤓	𐤀𐤉𐤍	𐤏𐤔𐤄
··	viendo	la-cárcel	casa-de	mayoral-de	No-estaba ¿con qué?; ¿de dónde?	. haciendo

507	407	26	503	22	92	50
אשר	את	היה	אשר	יד	מאום	כלל
וַאֲשֶׁר־	אִתּוֹ	יְהוָה	בַּאֲשֶׁר	בְּיָדוֹ	מְאוּמָה	כָּל־
va'asher	*itó*	*YHVH*	*ba'asher*	*beyadó*	*me'umah*	*kol*
ואשר	אתו	יהוה	באשר	בידו	מאומה	כל
𐤅𐤀𐤔𐤓	𐤀𐤕𐤅	𐤉𐤄𐤅𐤄	𐤁𐤀𐤔𐤓	𐤁𐤉𐤃𐤅	𐤌𐤀𐤅𐤌𐤄	𐤊𐤋
y-que	con-él	YHVH	por-que	en-su-mano	nada	todo

178	26	375	12
צלח	היה	עשה	הוא
מַצְלִיחַ׃	יְהוָה	עֹשֶׂה	הוּא
. matslí'aj	*YHVH*	*oseh*	*hu*
מצליח	יהוה	עשה	הוא
𐤌𐤑𐤋𐤉𐤇	𐤉𐤄𐤅𐤄	𐤏𐤔𐤄	𐤄𐤅𐤀
. estaba-haciendo-prosperar	YHVH	estaba-haciendo	él

Total de palabras hebreas: 347.
Total de consonantes hebreas: 1301.
Consonantes ausentes: 𐤑 (*Tsadi sofit*).

40:1

90 | 570	445	24	41	261 | 821	209	31
מלך	שקה	חטא	אלה	דבר	אחר	היה
מֶלֶךְ־	מַשְׁקֵה	חָטְאוּ	הָאֵלֶּה	הַדְּבָרִים	אַחַר	וַיְהִי
mélej	*mashkeh*	*jatu*	*ha'éleh*	*hadevarim*	*ajar*	*Vayehí*
מלך	משקה	חטאו	האלה	הדברים	אחר	ויהי
𐤌𐤋𐤊	𐤌𐤔𐤒𐤄	𐤇𐤈𐤀𐤅	𐤄𐤀𐤋𐤄	𐤄𐤃𐤁𐤓𐤉𐤌	𐤀𐤇𐤓	𐤅𐤉𐤄𐤉
rey-de	copero-de	pecaron	las-éstas	las-palabras asunto; cosa	tras	Y-fue

40:2

355	286 | 1006	380 | 940	120 | 600	140 | 700	97	380 | 940
·	קצף	צור	מלך	אדן	אפה	צור
פַּרְעֹה	וַיִּקְצֹף	מִצְרָיִם׃	לְמֶלֶךְ	לַאֲדֹנֵיהֶם	וְהָאֹפֶה	מִצְרַיִם
paroh	*Vayiktsof*	*. Mitsráyim*	*lemélej*	*la'adoneyhem*	*veha'ofeh*	*Mitsráyim*
פרעה	ויקצף	מצרים	למלך	לאדניהם	והאפה	מצרים
𐤐𐤓𐤏𐤄	𐤅𐤉𐤒𐤑𐤐	𐤌𐤑𐤓𐤉𐤌	𐤋𐤌𐤋𐤊	𐤋𐤀𐤃𐤍𐤉𐤄𐤌	𐤅𐤄𐤀𐤐𐤄	𐤌𐤑𐤓𐤉𐤌
faraón	Y-se-enojó	. Mitsráyim	para-rey-de	para-su-señor sus-señores [plural]	y-el-panadero	Mitsráyim

106	495 | 1055	500	100	346	360	100
עלה	שקה	שרר	עלה	סרס	שנה	עלה
וְעַל	הַמַּשְׁקִים	שַׂר	עַל	סָרִיסָיו	שְׁנֵי	עַל
ve'al	*hamashkim*	*sar*	*al*	*sarisav*	*shney*	*al*
ועל	המשקים	שר	על	סריסיו	שני	על
𐤅𐤏𐤋	𐤄𐤌𐤔𐤒𐤉𐤌	𐤔𐤓	𐤏𐤋	𐤎𐤓𐤉𐤎𐤉𐤅	𐤔𐤍𐤉	𐤏𐤋
y-sobre	los-coperos	mayoral-de	sobre	sus-eunucos	dos-de otra-vez [años]	sobre

40:3

500	412	582	441 | 1001	466 | 1116	136 | 696	500
שרר	בנה	שמר	את	נתן	אפה	שרר
שַׂר	בֵּית	בְּמִשְׁמַר	אֹתָם	וַיִּתֵּן	הָאוֹפִים׃	שַׂר
sar	*beyt*	*bemishmar*	*otam*	*Vayitén*	*. ha'ofim*	*sar*
שר	בית	במשמר	אתם	ויתן	האופים	שר
𐤔𐤓	𐤁𐤉𐤕	𐤁𐤌𐤔𐤌𐤓	𐤀𐤕𐤌	𐤅𐤉𐤕𐤍	𐤄𐤀𐤅𐤐𐤉𐤌	𐤔𐤓
mayoral-de	casa-de	en-guarda-de	a-ellos	Y-dio	. los-panaderos	mayoral-de

156 | 876	501	186 | 746	270	412	31	74 | 634
יסף	אשר	קום	סהר	בנה	אלה	טבח
יוֹסֵף	אֲשֶׁר	מְקוֹם	הַסֹּהַר	בֵּית	אֶל־	הַטַּבָּחִים
Yosef	*asher*	*mekom*	*hasóhar*	*beyt*	*el*	*hatabajim*
יוסף	אשר	מקום	הסהר	בית	אל	הטבחים
𐤉𐤅𐤎𐤐	𐤀𐤔𐤓	𐤌𐤒𐤅𐤌	𐤄𐤎𐤄𐤓	𐤁𐤉𐤕	𐤀𐤋	𐤄𐤈𐤁𐤇𐤉𐤌
Yosef	que	lugar	la-cárcel	casa-de	a hacia	los-degolladores [cocinero o verdugo]

40:4

156 | 876	401	74 | 634	500	200	340 | 900	267
יסף	את	טבח	שרר	פקד	שם	אסר
יוֹסֵף	אֶת־	הַטַּבָּחִים	שַׂר	וַיִּפְקֹד	שָׁם׃	אָסוּר
Yosef	*et*	*hatabajim*	*sar*	*Vayifkod*	*. sham*	*asur*
יוסף	את	הטבחים	שר	ויפקד	שם	אסור
𐤉𐤅𐤎𐤐	𐤀𐤕	𐤄𐤈𐤁𐤇𐤉𐤌	𐤔𐤓	𐤅𐤉𐤐𐤒𐤃	𐤔𐤌	𐤀𐤎𐤅𐤓
Yosef	..	los-degolladores [cocinero o verdugo]	mayoral-de	Y-encargó	. allí [ubicación]	estaba-preso

40:5

100	582	100 | 660	37	441 | 1001	916	441 | 1001
חלם	שמר	יום	היה	את	שרת	את
וַיַּחַלְמוּ	בְּמִשְׁמָר׃	יָמִים	וַיִּהְיוּ	אֹתָם	וַיְשָׁרֶת	אִתָּם
Vayajalmu	*. bemishmar*	*yamim*	*vayihyú*	*otam*	*vayesharet*	*itam*
ויחלמו	במשמר	ימים	ויהיו	אתם	וישרת	אתם
𐤅𐤉𐤇𐤋𐤌𐤅	𐤁𐤌𐤔𐤌𐤓	𐤉𐤌𐤉𐤌	𐤅𐤉𐤄𐤉𐤅	𐤀𐤕𐤌	𐤅𐤉𐤔𐤓𐤕	𐤀𐤕𐤌
Y-soñaron	. en-guarda	días tiempo [la luz]	y-fueron	a-ellos	y-atendía ministrar	con-ellos

311	13	77	84	311	405 | 965	84 | 644
איש	אחד	ליל	חלם	איש	שנה	חלם
אִישׁ	אֶחָד	בְּלַיְלָה	חֲלֹמוֹ	אִישׁ	שְׁנֵיהֶם	חֲלוֹם
ish	*ejad*	*beláylah*	*jalomó*	*ish*	*shneyhem*	*jalom*
איש	אחד	בלילה	חלמו	איש	שניהם	חלום
𐤀𐤉𐤔	𐤀𐤇𐤃	𐤁𐤋𐤉𐤋𐤄	𐤇𐤋𐤌𐤅	𐤀𐤉𐤔	𐤔𐤍𐤉𐤄𐤌	𐤇𐤋𐤅𐤌
varón [cada uno]	uno único; unido	en-noche [la oscuridad]	su-sueño	varón [cada uno]	ambos ellos-dos	sueño

380 | 940	120 | 600	501	97	450	84	756 | 1406
צור	מלך	אשר	אפה	שקה	חלם	פתר
מִצְרַיִם	לְמֶלֶךְ	אֲשֶׁר	וְהָאֹפֶה	הַמַּשְׁקֶה	חֲלֹמוֹ	כְּפִתְרוֹן
Mitsráyim	*lemélej*	*asher*	*veha'ofeh*	*hamashkeh*	*jalomó*	*kefitrón*
מצרים	למלך	אשר	והאפה	המשקה	חלמו	כפתרון
𐤌𐤑𐤓𐤉𐤌	𐤋𐤌𐤋𐤊	𐤀𐤔𐤓	𐤅𐤄𐤀𐤐𐤄	𐤄𐤌𐤔𐤒𐤄	𐤇𐤋𐤌𐤅	𐤊𐤐𐤕𐤓𐤅𐤍
Mitsráyim	para-rey-de	que	y-el-panadero	el-copero	su-sueño	como-interpretación

40:6

156 | 876	86 | 646	19	270	414	317 | 877	501
יסף	אלה	בוא	סהר	בנה	אסר	אשר
יוֹסֵף	אֲלֵיהֶם	וַיָּבֹא	הַסֹּהַר׃	בְּבֵית	אֲסוּרִים	אֲשֶׁר
Yosef	*aleyhem*	*Vayavó*	*. hasóhar*	*beveyt*	*asurim*	*asher*
יוסף	אליהם	ויבא	הסהר	בבית	אסורים	אשר
𐤉𐤅𐤎𐤐	𐤀𐤋𐤉𐤄𐤌	𐤅𐤉𐤁𐤀	𐤄𐤎𐤄𐤓	𐤁𐤁𐤉𐤕	𐤀𐤎𐤅𐤓𐤉𐤌	𐤀𐤔𐤓
Yosef	a-ellos	Y-vino	. la-cárcel	en-casa-de	estaban-presos	que

40:7

401	347	207 | 767	101 | 661	441 | 1001	217	304
את	שאל	זעף	הן	את	ראה	בקר
אֶת־	וַיִּשְׁאַל	זֹעֲפִים׃	וְהִנָּם	אֹתָם	וַיַּרְא	בַּבֹּקֶר
et	*Vayishal*	*. zo'afim*	*vehinam*	*otam*	*vayar*	*babóker*
את	וישאל	זעפים	והנם	אתם	וירא	בבקר
𐤀𐤕	𐤅𐤉𐤔𐤀𐤋	𐤆𐤏𐤐𐤉𐤌	𐤅𐤄𐤍𐤌	𐤀𐤕𐤌	𐤅𐤉𐤓𐤀	𐤁𐤁𐤒𐤓
..	Y-preguntó	. estaban-tristes	y-¡Míralos! he-aquí	a-ellos	y-vio	por-la-mañana

71	412	582	407	501	355	340
אדן	בנה	שמר	את	אשר	·	סרס
אֲדֹנָיו	בֵּית	בְמִשְׁמַר	אִתּוֹ	אֲשֶׁר	פַּרְעֹה	סְרִיסֵי
adonav	*beyt*	*vemishmar*	*itó*	*asher*	*paroh*	*srisey*
אדניו	בית	במשמר	אתו	אשר	פרעה	סריסי
𐤀𐤃𐤍𐤉𐤅	𐤁𐤉𐤕	𐤁𐤌𐤔𐤌𐤓	𐤀𐤕𐤅	𐤀𐤔𐤓	𐤐𐤓𐤏𐤄	𐤎𐤓𐤉𐤎𐤉
su-señor sus-señores [plural]	casa-de	en-guarda-de	con-él	que	faraón	eunucos-de

40:8

47	263	61 | 621	320 | 880	200 | 800	120	271
אלה	אמר	יום	רעע	פנה	מה	אמר
אֵלָיו	וַיֹּאמְרוּ	הַיּוֹם׃	רָעִים	פְּנֵיכֶם	מַדּוּעַ	לֵאמֹר
elav	*Vayomrú*	*. hayom*	*rá'im*	*peneyjem*	*madú'a*	*lemor*
אליו	ויאמרו	היום	רעים	פניכם	מדוע	לאמר
𐤀𐤋𐤉𐤅	𐤅𐤉𐤀𐤌𐤓𐤅	𐤄𐤉𐤅𐤌	𐤓𐤏𐤉𐤌	𐤐𐤍𐤉𐤊𐤌	𐤌𐤃𐤅𐤏	𐤋𐤀𐤌𐤓
a-él	Y-dijeron	. hoy día; tiempo [la luz]	malos	vuestras-faces presencia; superficie	¿Por-qué	al-decir

76 | 636	257	407	61 | 711	686	134	84 | 644
אלה	אמר	את	אין	פתר	חלם	חלם
אֲלֵהֶם	וַיֹּאמֶר	אֹתוֹ	אֵין	וּפֹתֵר	חָלַמְנוּ	חֲלוֹם
aléhem	*vayómer*	*otó*	*eyn*	*ufoter*	*jalamnu*	*jalom*
אלהם	ויאמר	אתו	אין	ופתר	חלמנו	חלום
𐤀𐤋𐤄𐤌	𐤅𐤉𐤀𐤌𐤓	𐤀𐤕𐤅	𐤀𐤉𐤍	𐤅𐤐𐤕𐤓	𐤇𐤋𐤌𐤍𐤅	𐤇𐤋𐤅𐤌
a-ellos	y-dijo	para-él	no-hay ¿con qué?; ¿de dónde?	e-intérprete	soñamos	sueño

40	51	346	780 | 1340	116 | 676	36	156 | 876
·	נא	ספר	פתר	אלהה	לא	יסף
לִי׃	נָא	סַפְּרוּ־	פִּתְרֹנִים	לֵאלֹהִים	הֲלוֹא	יוֹסֵף
. li	*na*	*saperú*	*pitronim*	*lelohim*	*haló*	*Yosef*
לי	נא	ספרו	פתרנים	לאלהים	הלוא	יוסף
𐤋𐤉	𐤍𐤀	𐤎𐤐𐤓𐤅	𐤐𐤕𐤓𐤍𐤉𐤌	𐤋𐤀𐤋𐤄𐤉𐤌	𐤄𐤋𐤅𐤀	𐤉𐤅𐤎𐤐
. a-mí	por-favor ahora	contad censar; enumerar	interpretaciones	para-*elohim* Dios; dioses; magistrados	¿Acaso-no	Yosef

40:9

257	186 | 906	84	401	495 | 1055	500	356
אמר	יסף	חלם	את	שקה	שרר	ספר
וַיֹּ֣אמֶר	לְיוֹסֵ֑ף	חֲלֹמ֖וֹ	אֶת־	הַמַּשְׁקִ֛ים	שַׂר־	וַיְסַפֵּ֧ר
vayómer	*leYosef*	*jalomó*	*et*	*hamashkim*	*sar*	*Vayesaper*
ויאמר	ליוסף	חלמו	את	המשקים	שר	ויספר
𐤅𐤉𐤀𐤌𐤓	𐤋𐤉𐤅𐤎𐤐	𐤇𐤋𐤌𐤅	𐤀𐤕	𐤄𐤌𐤔𐤒𐤉𐤌	𐤔𐤓	𐤅𐤉𐤎𐤐𐤓
y-dijo	a-Yosef	su-sueño	..	los-coperos	mayoral-de	Y-contó censar; enumerar

40:10

635	141 | 791	170	133 | 783	66	96	36
שלש	גפן	פנה	גפן	הן	חלם	הוא
שְׁלֹשָׁ֣ה	וּבַגֶּ֖פֶן	לְפָנָֽי׃	גֶ֖פֶן	וְהִנֵּה־	בַּחֲלוֹמִ֕י	ל֔וֹ
shloshah	*Uvagéfen*	*. lefanay*	*géfen*	*vehineh*	*bajalomí*	*lo*
שלשה	ובגפן	לפני	גפן	והנה	בחלומי	לו
𐤔𐤋𐤔𐤄	𐤅𐤁𐤂𐤐𐤍	𐤋𐤐𐤍𐤉	𐤂𐤐𐤍	𐤅𐤄𐤍𐤄	𐤁𐤇𐤋𐤅𐤌𐤉	𐤋𐤅
tres	Y-en-la-vid	. ante-mí presencia; superficie	vid	y-¡Mira! he-aquí	en-mi-sueño	a-él

766	353	145	505	708	22	553 | 1113
·	בשל	נצץ	עלה	פרח	הוא	שרג
אַשְׁכְּלֹתֶ֖יהָ	הִבְשִׁ֥ילוּ	נִצָּ֔הּ	עָלְתָ֣ה	כְפֹרַ֙חַת֙	וְהִ֤יא	שָׂרִיגִ֑ם
ashkeloteyha	*hivshilu*	*nitsah*	*altah*	*jeforájat*	*vehí*	*sarigim*
אשכלתיה	הבשילו	נצה	עלתה	כפרחת	והיא	שריגם
𐤀𐤔𐤊𐤋𐤕𐤉𐤄	𐤄𐤁𐤔𐤉𐤋𐤅	𐤍𐤑𐤄	𐤏𐤋𐤕𐤄	𐤊𐤐𐤓𐤇𐤕	𐤅𐤄𐤉𐤀	𐤔𐤓𐤉𐤂𐤌
sus-racimos-de	maduraron	su-flor	ascendió	como-brotando	y-ella	sarmientos

40:11

177 | 737	401	115	26	355	92	172 | 732
ענב	את	לקח	יד	·	כוס	ענב
הָֽעֲנָבִ֔ים	אֶת־	וָאֶקַּ֣ח	בְּיָדִ֑י	פַּרְעֹ֖ה	וְכ֥וֹס	עֲנָבִֽים׃
ha'anavim	*et*	*va'ekaj*	*beyadí*	*paroh*	*Vejós*	*. anavim*
הענבים	את	ואקח	בידי	פרעה	וכוס	ענבים
𐤄𐤏𐤍𐤁𐤉𐤌	𐤀𐤕	𐤅𐤀𐤒𐤇	𐤁𐤉𐤃𐤉	𐤐𐤓𐤏𐤄	𐤅𐤊𐤅𐤎	𐤏𐤍𐤁𐤉𐤌
las-uvas	..	y-tomé	en-mi-mano	faraón	Y-copa-de	. uvas

401	457 | 1107	355	86	31	441 | 1001	324
את	נתן	·	כוס	אלה	את	שחט
אֶת־	וָאֶתֵּ֥ן	פַּרְעֹ֔ה	כּ֣וֹס	אֶל־	אֹתָם֙	וָֽאֶשְׂחַ֣ט
et	*va'etén*	*paroh*	*kos*	*el*	*otam*	*va'esjat*
את	ואתן	פרעה	כוס	אל	אתם	ואשחט
𐤀𐤕	𐤅𐤀𐤕𐤍	𐤐𐤓𐤏𐤄	𐤊𐤅𐤎	𐤀𐤋	𐤀𐤕𐤌	𐤅𐤀𐤔𐤇𐤈
..	y-di	faraón	copa-de	a hacia	a-ellas	y-exprimí [hapax legomenon]

40:12

156 | 876	36	257	355	100 | 820	100	91
יסף	הוא	אמר	·	כפף	עלה	כוס
יוֹסֵף	ל֔וֹ	וַיֹּ֤אמֶר	פַּרְעֹֽה׃	כַּ֥ף	עַל־	הַכּ֖וֹס
Yosef	*lo*	*Vayómer*	*. paroh*	*kaf*	*al*	*hakós*
יוסף	לו	ויאמר	פרעה	כף	על	הכוס
𐤉𐤅𐤎𐤐	𐤋𐤅	𐤅𐤉𐤀𐤌𐤓	𐤐𐤓𐤏𐤄	𐤊𐤐	𐤏𐤋	𐤄𐤊𐤅𐤎
Yosef	a-él	Y-dijo	. faraón	palma-de	sobre	la-copa

45 | 605	100 | 660	1030	558 | 1118	1030	736	12
הוא	יום	שלש	שרג	שלש	פתר	זה
הֵֽם׃	יָמִ֖ים	שְׁלֹ֥שֶׁת	הַשָּׂרִגִ֔ים	שְׁלֹ֙שֶׁת֙	פִּתְרֹנ֑וֹ	זֶ֣ה
. hem	*yamim*	*shlóshet*	*hasarigim*	*shlóshet*	*pitronó*	*zeh*
הם	ימים	שלשת	השרגים	שלשת	פתרנו	זה
𐤄𐤌	𐤉𐤌𐤉𐤌	𐤔𐤋𐤔𐤕	𐤄𐤔𐤓𐤂𐤉𐤌	𐤔𐤋𐤔𐤕	𐤐𐤕𐤓𐤍𐤅	𐤆𐤄
. ellos	días tiempo [la luz]	tres	los-sarmientos	tres	su-interpretación	ésta

40:13

521 | 1001	401	355	311	100 | 660	1030	82
ראש	את	·	נשא	יום	שלש	עד
רֹאשֶׁ֔ךָ	אֶת־	פַרְעֹה֙	יִשָּׂ֤א	יָמִ֗ים	שְׁלֹ֣שֶׁת	בְּע֣וֹד
rosheja	*et*	*faroh*	*yisá*	*yamim*	*shlóshet*	*Be'od*
ראשך	את	פרעה	ישא	ימים	שלשת	בעוד
𐤓𐤀𐤔𐤊	𐤀𐤕	𐤐𐤓𐤏𐤄	𐤉𐤔𐤀	𐤉𐤌𐤉𐤌	𐤔𐤋𐤔𐤕	𐤁𐤏𐤅𐤃
tu-cabeza	..	faraón	alzará	días tiempo [la luz]	tres	En-aún otra-vez

22	355	86	856	90 | 570	100	343 | 823
יד	·	כוס	נתן	כון	עלה	שוב
בְּיָד֔וֹ	פַּרְעֹה֙	כוֹס־	וְנָתַתָּ֤	כַּנֶּ֑ךָ	עַל־	וַהֲשִֽׁיבְךָ֖
beyadó	*paroh*	*jos*	*venatatá*	*kaneja*	*al*	*vahashivja*
בידו	פרעה	כוס	ונתת	כנך	על	והשיבך
𐤁𐤉𐤃𐤅	𐤐𐤓𐤏𐤄	𐤊𐤅𐤎	𐤅𐤍𐤕𐤕	𐤊𐤍𐤊	𐤏𐤋	𐤅𐤄𐤔𐤉𐤁𐤊
en-su-mano	faraón	copa-de	y-darás	tu-puesto	sobre	y-te-hará-volver

40:14

41 | 601	30	451	425	501	562 | 1212	449
אם	כי	שקה	היה	אשר	ראש	שפט
אִם־	כִּ֣י	מַשְׁקֵֽהוּ׃	הָיִ֖יתָ	אֲשֶׁ֥ר	הָרִאשׁ֔וֹן	כַּמִּשְׁפָּט֙
im	*Ki*	*. mashkehu*	*hayitá*	*asher*	*harishón*	*kamishpat*
אם	כי	משקהו	היית	אשר	הראשון	כמשפט
𐤀𐤌	𐤊𐤉	𐤌𐤔𐤒𐤄𐤅	𐤄𐤉𐤉𐤕	𐤀𐤔𐤓	𐤄𐤓𐤀𐤔𐤅𐤍	𐤊𐤌𐤔𐤐𐤈
si	Que porque	. su-copero	eras	que	el-primero	como-juicio

51	786	50 | 530	31	521	421 | 901	687
נא	עשה	·	יטב	אשר	את	זכר
נָּא	וְעָשִׂיתָ־	לָּךְ	יִיטַב	כַּאֲשֶׁר	אִתְּךָ	זְכַרְתַּנִי
na	*ve'asita*	*laj*	*yitav*	*ka'asher*	*iteja*	*zejartani*
נא	ועשית	לך	ייטב	כאשר	אתך	זכרתני
𐤍𐤀	𐤅𐤏𐤔𐤉𐤕	𐤋𐤊	𐤉𐤉𐤈𐤁	𐤊𐤀𐤔𐤓	𐤀𐤕𐤊	𐤆𐤊𐤓𐤕𐤍𐤉
por-favor ahora	y-harás	a-ti	irá-bien	como según	contigo	me-recordarás

90 | 740	568	355	31	698	72	124
מן	יצא	·	אלה	זכר	חסד	עמד
מִן־	וְהוֹצֵאתַנִי	פַּרְעֹה	אֶל־	וְהִזְכַּרְתַּנִי	חָסֶד	עִמָּדִי
min	*vehotsetani*	*paroh*	*el*	*vehizkartani*	*jásed*	*imadí*
מן	והוצאתני	פרעה	אל	והזכרתני	חסד	עמדי
𐤌𐤍	𐤅𐤄𐤅𐤑𐤀𐤕𐤍𐤉	𐤐𐤓𐤏𐤄	𐤀𐤋	𐤅𐤄𐤆𐤊𐤓𐤕𐤍𐤉	𐤇𐤎𐤃	𐤏𐤌𐤃𐤉
de desde	y-me-harás-salir	faraón	a hacia	y-me-harás-recordar	bondad	conmigo a-mi-lado

40:15

327 | 887	331 | 1141	465	55	30	17	417
עבר	ארץ	גנב	גנב	כי	זה	בנה
הָעִבְרִים	מֵאֶרֶץ	גֻּנַּבְתִּי	גֻּנֹּב	כִּי־	הַזֶּה׃	הַבַּיִת
ha'ivrim	*me'érets*	*gunavti*	*gunov*	*Ki*	*. hazeh*	*habáyit*
העברים	מארץ	גנבתי	גנב	כי	הזה	הבית
𐤄𐤏𐤁𐤓𐤉𐤌	𐤌𐤀𐤓𐤑	𐤂𐤍𐤁𐤕𐤉	𐤂𐤍𐤁	𐤊𐤉	𐤄𐤆𐤄	𐤄𐤁𐤉𐤕
los-ivrim [hebreos]	de-tierra-de [la seca]	fui-robado	ser-robado ciertamente	Que porque	. la-ésta	la-casa

346	30	92	790	31	85	49 | 609
שים	כי	מאום	עשה	לא	פה	גם
שָׂמוּ	כִּי־	מְאוּמָה	עָשִׂיתִי	לֹא־	פֹּה	וְגַם־
samu	*ki*	*me'umah*	*asiti*	*lo*	*poh*	*vegam*
שמו	כי	מאומה	עשיתי	לא	פה	וגם
𐤔𐤌𐤅	𐤊𐤉	𐤌𐤀𐤅𐤌𐤄	𐤏𐤔𐤉𐤕𐤉	𐤋𐤀	𐤐𐤄	𐤅𐤂𐤌
pusieron [ubicación]	que porque	nada	hice	no	aquí	y-también

40:16

17	30	136 | 696	500	217	210	411
טוב	כי	אפה	שרר	ראה	בור	את
טוֹב	כִּי	הָאֹפִים	שַׂר־	וַיַּרְא	בַּבּוֹר׃	אֹתִי
tov	*ki*	*ha'ofim*	*sar*	*Vayar*	*. babor*	*otí*
טוב	כי	האפים	שר	וירא	בבור	אתי
𐤈𐤅𐤁	𐤊𐤉	𐤄𐤀𐤐𐤉𐤌	𐤔𐤓	𐤅𐤉𐤓𐤀	𐤁𐤁𐤅𐤓	𐤀𐤕𐤉
bien bueno; hermoso	que porque	los-panaderos	mayoral-de	Y-vio	. en-la-cisterna	a-mí

96	61	81 | 801	156 | 876	31	257	680
חלם	אנך	אף	יסף	אלה	אמר	פתר
בַּחֲלוֹמִ֔י	אֲנִי֙	אַף־	יוֹסֵ֛ף	אֶל־	וַיֹּ֧אמֶר	פָּתָ֑ר
bajalomí	*aní*	*af*	*Yosef*	*el*	*vayómer*	*patar*
בחלומי	אני	אף	יוסף	אל	ויאמר	פתר
𐤁𐤇𐤋𐤅𐤌𐤉	𐤀𐤍𐤉	𐤀𐤐	𐤉𐤅𐤎𐤐	𐤀𐤋	𐤅𐤉𐤀𐤌𐤓	𐤐𐤕𐤓
en-mi-sueño	yo	también	Yosef	a hacia	y-dijo	interpretó

40:17

98	511	100	218	100	635	66
סלל	ראש	עלה	חור	סלל	שלש	הן
וּבַסַּ֣ל	רֹאשִֽׁי׃	עַל־	חֹרִ֖י	סַלֵּ֥י	שְׁלֹשָׁ֛ה	וְהִנֵּ֗ה
Uvasal	*. roshí*	*al*	*jorí*	*saley*	*shloshah*	*vehineh*
ובסל	ראשי	על	חרי	סלי	שלשה	והנה
𐤅𐤁𐤎𐤋	𐤓𐤀𐤔𐤉	𐤏𐤋	𐤇𐤓𐤉	𐤎𐤋𐤉	𐤔𐤋𐤔𐤄	𐤅𐤄𐤍𐤄
Y-en-la-cesta [de mimbre]	. mi-cabeza	sobre	pan-blanco	cestas-de [de mimbre]	tres	y-¡Mira! he-aquí

167 | 887	86	415	355	91	90	171 | 821
עוף	אפה	עשה	·	אכל	כלל	עלה
וְהָע֗וֹף	אֹפֶ֑ה	מַעֲשֵׂ֣ה	פַרְעֹ֔ה	מַאֲכַ֣ל	מִכֹּל֙	הָעֶלְי֗וֹן
veha'of	*ofeh*	*ma'aseh*	*paroh*	*ma'ajal*	*mikol*	*ha'elyón*
והעוף	אפה	מעשה	פרעה	מאכל	מכל	העליון
𐤅𐤄𐤏𐤅𐤐	𐤀𐤐𐤄	𐤌𐤏𐤔𐤄	𐤐𐤓𐤏𐤄	𐤌𐤀𐤊𐤋	𐤌𐤊𐤋	𐤄𐤏𐤋𐤉𐤅𐤍
y-el-volátil [vuela o cubre con alas]	panadero	hecho-de acción, labor	faraón	comida-de	más-que-todas	la-alta elevado; supremo

40:18

136 | 786	511	140	96	90 | 740	441 | 1001	51
ענה	ראש	עלה	סלל	מן	את	אכל
וַיַּ֤עַן	רֹאשִֽׁי׃	מֵעַ֥ל	הַסַּ֖ל	מִן־	אֹתָ֛ם	אֹכֵ֥ל
Vaya'an	*. roshí*	*me'al*	*hasal*	*min*	*otam*	*ojel*
ויען	ראשי	מעל	הסל	מן	אתם	אכל
𐤅𐤉𐤏𐤍	𐤓𐤀𐤔𐤉	𐤌𐤏𐤋	𐤄𐤎𐤋	𐤌𐤍	𐤀𐤕𐤌	𐤀𐤊𐤋
Y-respondió	. mi-cabeza	de-sobre	la-cesta [de mimbre]	de desde	a-ellos	estaba-comiendo

1030	145 | 705	1030	736	12	257	156 | 876
שלש	סלל	שלש	פתר	זה	אמר	יסף
שְׁלֹ֣שֶׁת	הַסַּלִּ֔ים	שְׁלֹ֙שֶׁת֙	פִּתְרֹנ֑וֹ	זֶ֣ה	וַיֹּ֧אמֶר	יוֹסֵף֙
shlóshet	*hasalim*	*shlóshet*	*pitronó*	*zeh*	*vayómer*	*Yosef*
שלשת	הסלים	שלשת	פתרנו	זה	ויאמר	יוסף
𐤔𐤋𐤔𐤕	𐤄𐤎𐤋𐤉𐤌	𐤔𐤋𐤔𐤕	𐤐𐤕𐤓𐤍𐤅	𐤆𐤄	𐤅𐤉𐤀𐤌𐤓	𐤉𐤅𐤎𐤐
tres	las-cestas [de mimbre]	tres	su-interpretación	ésta	y-dijo	Yosef

40:19

355	311	100 | 660	1030	82	45 | 605	100 | 660
·	נשא	יום	שלש	עד	הוא	יום
פַּרְעֹה	יִשָּׂא	יָמִים	שְׁלֹשֶׁת	בְּעוֹד	הֵם׃	יָמִים
faroh	*yisá*	*yamim*	*shlóshet*	*Be'od*	*. hem*	*yamim*
פרעה	ישא	ימים	שלשת	בעוד	הם	ימים
𐤐𐤓𐤏𐤄	𐤉𐤔𐤀	𐤉𐤌𐤉𐤌	𐤔𐤋𐤔𐤕	𐤁𐤏𐤅𐤃	𐤄𐤌	𐤉𐤌𐤉𐤌
faraón	alzará	días tiempo [la luz]	tres	En-aún otra-vez	. ellos	días tiempo [la luz]

160 | 970	100	427 | 907	441	170 | 650	521 | 1001	401
עץ	עלה	את	תלה	עלה	ראש	את
עֵץ	עַל־	אוֹתְךָ	וְתָלָה	מֵעָלֶיךָ	רֹאשְׁךָ	אֶת־
ets	*al*	*otja*	*vetalah*	*me'aleyja*	*roshja*	*et*
עץ	על	אותך	ותלה	מעליך	ראשך	את
𐤏𐤑	𐤏𐤋	𐤀𐤅𐤕𐤊	𐤅𐤕𐤋𐤄	𐤌𐤏𐤋𐤉𐤊	𐤓𐤀𐤔𐤊	𐤀𐤕
árbol [madera]	sobre	a-ti [escritura plena]	y-colgará	de-sobre-ti	tu-cabeza	··

40:20

58 | 618	31	170 | 650	522 | 1002	401	161 | 881	57
יום	היה	עלה	בשר	את	עוף	אכל
בְּיוֹם	וַיְהִי	מֵעָלֶיךָ׃	בְּשָׂרְךָ	אֶת־	הָעוֹף	וְאָכַל
bayom	*Vayehí*	*. me'aleyja*	*besarja*	*et*	*ha'of*	*ve'ajal*
ביום	ויהי	מעליך	בשרך	את	העוף	ואכל
𐤁𐤉𐤅𐤌	𐤅𐤉𐤄𐤉	𐤌𐤏𐤋𐤉𐤊	𐤁𐤔𐤓𐤊	𐤀𐤕	𐤄𐤏𐤅𐤐	𐤅𐤀𐤊𐤋
en-el-día tiempo [la luz]	Y-fue	. de-sobre-ti	tu-carne	··	el-volátil [vuela o cubre con alas]	y-comerá

745	386	355	401	439	56 | 616	655
שתה	עשה	·	את	ילד	יום	שלש
מִשְׁתֶּה	וַיַּעַשׂ	פַּרְעֹה	אֶת־	הֻלֶּדֶת	יוֹם	הַשְּׁלִישִׁי
mishteh	*vaya'as*	*paroh*	*et*	*hulédet*	*yom*	*hashelishí*
משתה	ויעש	פרעה	את	הלדת	יום	השלישי
𐤌𐤔𐤕𐤄	𐤅𐤉𐤏𐤔	𐤐𐤓𐤏𐤄	𐤀𐤕	𐤄𐤋𐤃𐤕	𐤉𐤅𐤌	𐤄𐤔𐤋𐤉𐤔𐤉
banquete	e-hizo	faraón	··	nacimiento	día-del tiempo [la luz]	el-tercero

495 | 1055	500	501	401	317	92	80
שקה	שרר	ראש	את	נשא	עבד	כלל
הַמַּשְׁקִים	שַׂר	רֹאשׁ	אֶת־	וַיִּשָּׂא	עֲבָדָיו	לְכָל־
hamashkim	*sar*	*rosh*	*et*	*vayisá*	*avadav*	*lejol*
המשקים	שר	ראש	את	וישא	עבדיו	לכל
𐤄𐤌𐤔𐤒𐤉𐤌	𐤔𐤓	𐤓𐤀𐤔	𐤀𐤕	𐤅𐤉𐤔𐤀	𐤏𐤁𐤃𐤉𐤅	𐤋𐤊𐤋
los-coperos	mayoral-de	cabeza	··	y-alzó	sus-siervos	para-todos

40:21

318	92	428 | 908	136 | 696	500	501	407
שוב	עבד	תוך	אפה	שרר	ראש	את
וַיָּשֶׁב	עֲבָדָיו׃	בְּתוֹךְ	הָאֹפִים	שַׂר	רֹאשׁ	וְאֶת־
Vayáshev	*. avadav*	*betoj*	*ha'ofim*	*sar*	*rosh*	*ve'et*
וישב	עבדיו	בתוך	האפים	שר	ראש	ואת
𐤅𐤉𐤔𐤁	𐤏𐤁𐤃𐤉𐤅	𐤁𐤕𐤅𐤊	𐤄𐤀𐤐𐤉𐤌	𐤔𐤓	𐤓𐤀𐤔	𐤅𐤀𐤕
E-hizo-volver	. sus-siervos	en-medio-de	los-panaderos	mayoral-de	cabeza	y-···

91	466 | 1116	451	100	495 | 1055	500	401
כוס	נתן	שקה	עלה	שקה	שרר	את
הַכּוֹס	וַיִּתֵּן	מַשְׁקֵהוּ	עַל־	הַמַּשְׁקִים	שַׂר	אֶת־
hakós	*vayitén*	*mashkehu*	*al*	*hamashkim*	*sar*	*et*
הכוס	ויתן	משקהו	על	המשקים	שר	את
𐤄𐤊𐤅𐤎	𐤅𐤉𐤕𐤍	𐤌𐤔𐤒𐤄𐤅	𐤏𐤋	𐤄𐤌𐤔𐤒𐤉𐤌	𐤔𐤓	𐤀𐤕
la-copa	y-dio	su-copero	por	los-coperos	mayoral-de	··

40:22

435	136 | 696	500	407	355	100 | 820	100
תלה	אפה	שרר	את	·	כפף	עלה
תָּלָה	הָאֹפִים	שַׂר	וְאֵת	פַּרְעֹה׃	כַּף	עַל־
talah	*ha'ofim*	*sar*	*Ve'et*	*. paroh*	*kaf*	*al*
תלה	האפים	שר	ואת	פרעה	כף	על
𐤕𐤋𐤄	𐤄𐤀𐤐𐤉𐤌	𐤔𐤓	𐤅𐤀𐤕	𐤐𐤓𐤏𐤄	𐤊𐤐	𐤏𐤋
colgó	los-panaderos	mayoral-de	Y-···	. faraón	palma-de	sobre

40:23

500	227	37	156 | 876	90 | 650	680	521
שרר	זכר	לא	יסף	הוא	פתר	אשר
שַׂר־	זָכַר	וְלֹא־	יוֹסֵף׃	לָהֶם	פָּתַר	כַּאֲשֶׁר
sar	*zajar*	*Veló*	*. Yosef*	*lahem*	*patar*	*ka'asher*
שר	זכר	ולא	יוסף	להם	פתר	כאשר
𐤔𐤓	𐤆𐤊𐤓	𐤅𐤋𐤀	𐤉𐤅𐤎𐤐	𐤋𐤄𐤌	𐤐𐤕𐤓	𐤊𐤀𐤔𐤓
mayoral-de	recordó	Y-no	. Yosef	para-ellos	interpretó	como según

355	156 | 876	401	495 | 1055
שכח	יסף	את	שקה
וַיִּשְׁכָּחֵהוּ׃	יוֹסֵף	אֶת־	הַמַּשְׁקִים
. vayishkajehu	*Yosef*	*et*	*hamashkim*
וישכחהו	יוסף	את	המשקים
𐤅𐤉𐤔𐤊𐤇𐤄𐤅	𐤉𐤅𐤎𐤐	𐤀𐤕	𐤄𐤌𐤔𐤒𐤉𐤌
. y-le-olvidó	Yosef	··	los-coperos

Total de palabras hebreas: 312.
Total de consonantes hebreas: 1194.
Consonantes ausentes: -

Made in United States
North Haven, CT
09 October 2023

42560161R00078